陈总编爱车热线书系

陈新亚　编著

这是一本专为汽车专业人员、汽车爱好者，以及汽车维修服务等汽车行业从业人员精心编著的图解式汽车构造和原理画册。书中将汽车化整为零、化繁为简，从外观到内部，从总成到零部件，逐一介绍其构造和工作原理。

本书文字通俗易懂，图片形象具体，讲解机械原理和科学道理深入浅出，非常适合各种水平的车友们阅读、使用。

图书在版编目（CIP）数据

魅力汽车：拆开汽车看奥妙 / 陈新亚编著. —2版.
—北京：机械工业出版社，2015.8 （2016.10重印）
（陈总编爱车热线书系）
ISBN 978-7-111-51336-0

Ⅰ.①魅… Ⅱ.①陈… Ⅲ.①汽车—构造—图解
Ⅳ.①U463-64

中国版本图书馆CIP数据核字（2015）第206409号

机械工业出版社（北京市百万庄大街22号 邮政编码100037）
策划编辑：李 军 孙 鹏 责任编辑：李 军 孙 鹏
责任校对：高 华 责任印制：常天培
北京联兴盛业印刷股份有限公司
2016年10月第2版第2次印刷
210mm×225mm · 10印张 · 2插页 · 321千字
4001—8000册
标准书号：ISBN 978-7-111-51336-0
定价：60.00元

凡购本书，如有缺页、倒页、脱页，由本社发行部调换

电话服务	网络服务
服务咨询热线：010-88361066	机工官网：www.cmpbook.com
读者购书热线：010-68326294	机工官博：weibo.com/cmp1952
010-88379203	金书网：www.golden-book.com
封面无防伪标均为盗版	教育服务网：www.cmpedu.com

前言

拆开外表看透本质

大多数人对汽车的内部构造及原理的了解都是源于书本，很少有机会去拆开一辆真正的汽车。当然如果能够亲手拆开并组装一辆汽车，一定会让自己的汽车知识得到极大的丰富和提高，即使是想想自己亲手拆车这事儿都是一种享受。

一直想弄辆汽车拆开看看，使自己对汽车“内脏”的理解不止来源于想象。终于有那么一天，参加了一次公开拆车对比活动，把四款同级别的轿车同时同地拆开，让人们对比它们的构造设计、制造工艺和材质选用。虽然并没有完全彻底把车辆拆散，但已明显对比出车与车之间巨大的内在差别，高品质和低劣质一目了然，让在场的人们看得瞠目结舌，一个劲地感叹：要了解一款车的庐山真面目，必须把车拆分来看！

看车如看人，汽车的构造也正如人体的构造。本书按照从整车到总成、从车外到车内的顺序，以剖视图的形式将汽车各零部件拆开展示，带您一起认识汽车上的每个部位、每个总成、每个零部件的具体构造。如果您有幸也能亲手拆开一辆车来看，那么这本书无疑为您拆车做好了充足的知识储备；如果不能亲自拆开来看，那么这本书也实实在在地替您把车拆开来看，让您同样享受到亲自拆开车一样的真实视觉感受。

本书是《魅力汽车：拆开汽车看奥妙》第2版，在第1版基础上补充了很多新鲜知识和技术，页码也增至接近200页，使本书内容更加丰富和完整。

270963083@qq.com
2015年9月于北京

目录CONTENTS

目录

第九章 汽车的速度变换 132

第十章 汽车的方向掌控 154

第十一章 汽车的四条腿 156

第十二章 汽车的脚和鞋 166

第十三章 汽车的保镖 172

第十四章 汽车的眼睛 182

第十五章 汽车上的附件 189

旅行轿车
三厢轿车
轿跑车
敞篷轿车

Chapter 1 第一章
汽车的身材和长相

汽车和人类一样也分许多种族，而且种类繁多，我们很难将其百分之百地合理分类。首先从国别上可分为美系、日系、德系、法系等；其次从级别上可分为经济型、豪华型等；其三还可从用途上分为家用汽车、公务用车、商务用车等。目前较为通行的分类法还是以车身造型进行分类。

掀背轿车Hatch

掀背轿车（英文Hatch或Hatchback）是指后风窗设计得非常陡直，而且可以直接向上掀开的两厢小型轿车。这种车型适合个人和家庭使用，发动机排量相对较小，经济省油，停车方便，一般为5门5座设计，行李箱和驾乘室相通，很方便在座位上从行李箱取放东西。在性能设计上更注重实用性和经济性。

掀背轿车以小型车为主，常用作家庭车，发动机排量较小，一般在0.8~1.6升之间

掀背轿车

三厢轿车Saloon

三厢轿车是最常见的轿车，它的发动机室、驾乘室、行李箱设置明确清晰，车身两侧各有两个车门。这种车更适合公务用车和家庭用车，车身尺寸相对较大，发动机排量一般不会太小，外观造型更注重大气、平稳，内部更注重豪华、舒适，制造工艺和安全配备也要求更高。

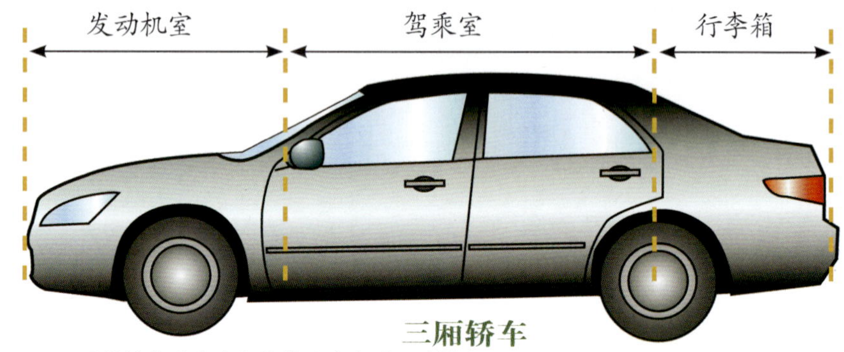

三厢轿车

四门三厢式轿车是马路上最常见的车型，前排和后排空间比较均衡，用途广泛，从家用车到豪华商务轿车，都采用这种车身形式

轿跑车Coupe

在三厢轿车中还有一种后风窗坡度比较小、后背造型更具流线形的车型，而且它的后风窗可以和行李箱盖一起打开，这种车型又称“快背轿车”（Fastback）或“遛背轿车”。如果这种车型的车身两侧各有一个车门，那么它们又被称为轿跑车（Coupe）。

轿跑车最典型的特征是只有两个车门

轿跑车

旅行轿车Wagon

旅行轿车是在三厢轿车基础上开发的衍生车型。它更适合家庭出游时使用，可以装载更多的行李，实用性更强。它在动力和底盘设计上与三厢轿车基本一致，但对舒适性和实用性要求更高。

对于非常喜欢驾车旅游的欧洲人来讲，他们更喜欢旅行轿车，不仅仍然保持与三厢轿车基本一样的操控性，而且装载空间较大，实用性非常强

旅行轿车

运动型多功能车SUV

SUV车身高大，驾驶视野好，给人以强大、安全的印象和感觉。多数SUV为四轮驱动，离地间隙大，通过性能好，适合坏路或恶劣气候条件行驶。轻型SUV常以轿车底盘打造，而重型SUV则一般采用非承载式车身，具有硬朗的悬架设定和刚性更强的车身架构。

为了降低SUV的销售价格，现在两轮驱动的SUV也越来越多

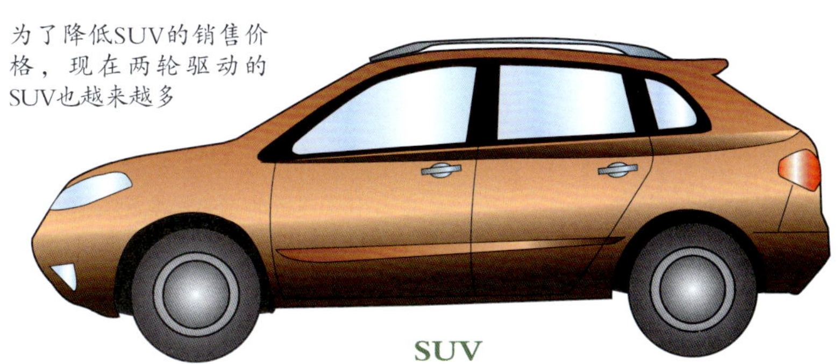

SUV

多用途车MPV

MPV是一种以轿车底盘为基础打造的多功能车，发动机盖和前风窗一般成一条斜线。它不仅拥有较强的装载能力，可以是5座或7座设计，而且拥有更灵活的内部空间布局，更适合于家庭出游、小公司商务活动等。这种车型对舒适性、便利性和装载能力要求更高。

由于车身外观流线形较强，造型饱满，因此MPV一般都被划为单厢式车型

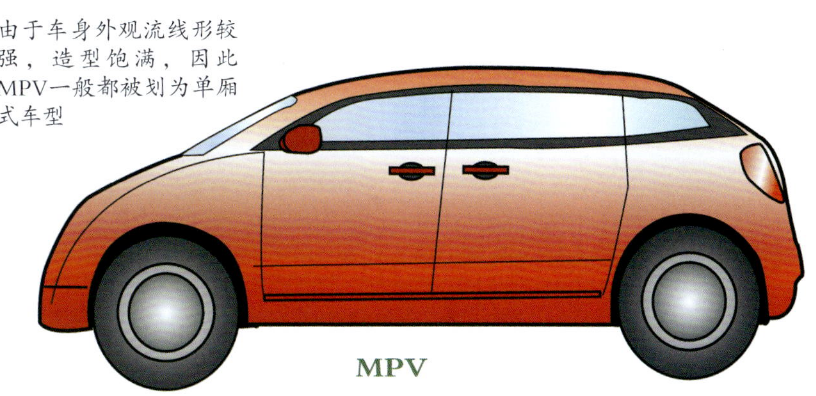

MPV

越野车Off Roader

越野车主要是指通过能力非常强的车型。越野车的造型线条突出，风格硬朗，车身离地间隙较大，具有较大的接近角、离去角，轴距相对较短，动力较强，四轮驱动系统性能卓越，一般都配备差速器锁。有时很难区分越野车和SUV，但明显以通过能力为第一诉求的车型，如奔驰G、吉普牧马人、北京勇士等，都是典型的越野车。

越野车

最大爬坡度

离去角　纵向通过角　接近角

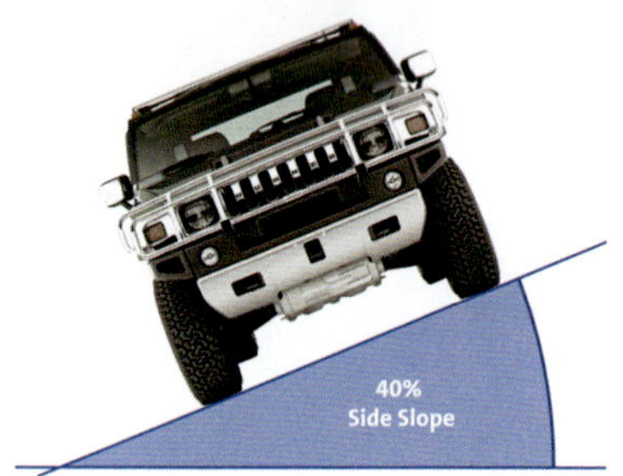

最大侧倾角

最大爬坡度

汽车的最大爬坡度有两种表述方法，一种是百分比坡度，它是指坡道的垂直高度与坡道的水平距离的比值，如30%，即表示此坡度为每水平方向前进100米，坡度便升高30米。

汽车最大爬坡度的另一种表述方法是坡道的倾角度。

它们两者之间的关系是一种三角函数(正切)关系，具体换算见右表。

角度(°)	百分比（%）
15	26.8
20	36.4
25	46.6
30	57.7
35	70.0
40	83.9
45	100

跨界车Crossover

一些车兼具轿车、MPV和SUV的部分功能和造型，无法把它严格划分为某类车型，只好称它为“跨界车”。这类车一般为两驱、两厢、五门造型，底盘比一般轿车高，但比SUV低。

跨界车

跑车Sport Car

跑车更强调拥有超高的性能和更炫目的外观设计，动力强大，操控性高，风阻系数小，悬架硬朗，轮胎大、宽、扁，车身离地间隙较小，行李箱空间狭小，一般只有两座，产量较小，售价较高，更适合于超级汽车发烧友。

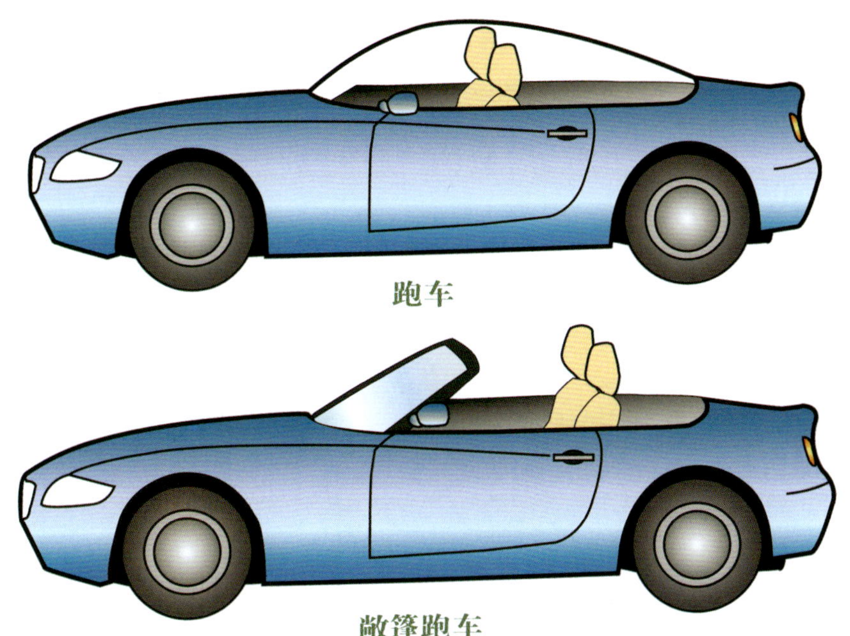

跑车

敞篷跑车

敞篷跑车Roadster

跑车的敞篷款车型称为Roadster。它们的底盘、发动机及车身造型和同款跑车基本一样，但由于增加了顶篷开关和收纳机构，增加了重量，因此它们的0~100公里/小时加速成绩往往要比同款跑车稍差一些。

Cabriolet VS Convertible

Cabriolet源自法语，指拥有活动软顶的轿车，此词也可简写为Cabrio。

而在美国，这种活动软顶轿车称为Convertible。现在这种车型越来越多地采用金属硬顶车篷。为了区别于Roadster，现在一般把两排座的敞篷轿车称为Convertible或Cabriolet。

敞篷轿车 Convertible

敞篷车分敞篷跑车和敞篷轿车两种，而敞篷轿车则称为Convertible，也称Cabriolet。敞篷轿车的动力未必如何强大，但外观造型设计一定要个性、新潮。它们一般和轿车共平台，动力、底盘甚至部分车身等都与三厢轿车采用同样部件，但一般采用两门、4座位设计。在中国，由于大城市空气污染严重，敞篷轿车销量较低。

敞篷轿车

单厢VS两厢VS三厢

为了更好地描述汽车造型特征，可把汽车按“厢”分类。一般把汽车的发动机室、驾乘室和行李箱分别称为汽车的“厢”。

从外形上看，如果这三个厢整合在一起（实际上三个厢都存在），就称为单厢车。一般MPV常为单厢车型。

如果驾乘室和行李箱在一个厢内（也就是两者是连通的），那么就称为两厢车。相对而言，两厢车可以装载体积更大或更长的物件，如右中图示。

如果三个厢从外形上看非常分明，中间的驾乘室明显高于前端的发动机室和后面的行李箱，那么就称为三厢车。

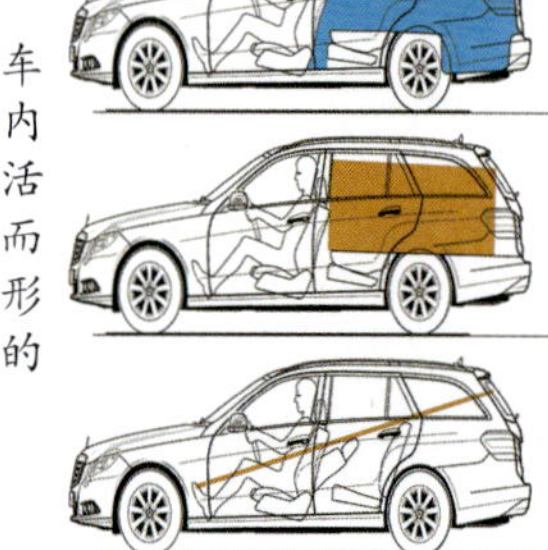

两厢车和单厢车的最大优势是内部空间可以灵活调整和布置，而且可以装载大形物件和比较长的物件

单厢车

两厢车

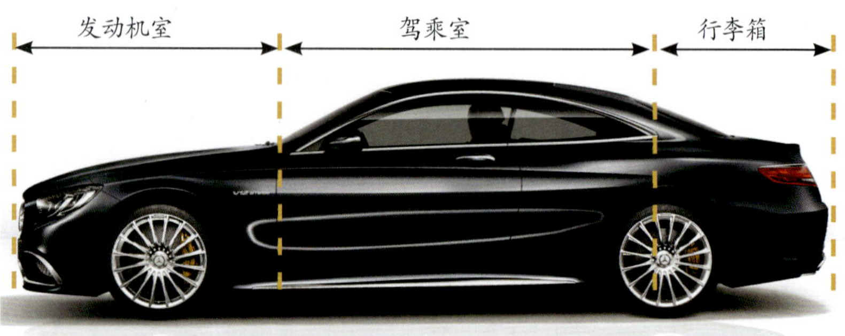

三厢车

三门VS四门VS五门

汽车也可以按“门”的多少来区分。两侧的车门比较明显，很容易确定，但尾门容易被人忽略。如果汽车的行李箱盖可以连同后风窗一块打开，也就是行李箱盖可以一直掀到车顶，那么就可以把这个行李箱盖称为一个“门”，或称为“尾门”。如果这样的车有两个侧门，那么就是三门车；如果还有四个侧门，那么就是五门车；如果有四个侧门，而且行李箱盖不能连同后风窗打开，那么就称为四门车。

三门车

五门车

五门车

造型演变VS历史名车

第一辆汽车

1886年戴姆勒发明的第一辆汽车的造型可谓是“山寨”马车的，它的车身、底盘和驾乘空间等造型，都和当时的马车一模一样。此车的布局为发动机后置，后轮驱动。

第一辆汽车（1886年）

前置发动机

1891年，潘哈德·勒瓦索尔（Panhard-Levassor）汽车公司在早期的汽车设计中取得了巨大进步，他们率先把发动机放置在车辆的前部，并通过离合器、变速器将动力传递到后轮。更有意义的是，至今每年生产的数百万辆大货车和豪华轿车仍在采用这种设计方式。

第一辆前置发动机汽车（1891年）

大规模生产

1912年，福特汽车率先在汽车生产中采用了流水线，从此汽车开始了大规模生产，并导致汽车价格迅速降低、工人工资大幅增加。福特T型车每三分钟就能生产一辆。它们都被漆成黑色，因为只有黑色才是能在流水线上快干的色漆。

首辆流水线生产的汽车福特T型车（1912年）

承载式车身

1922年，蓝旗亚（Lancia）Lambda是一款革命性的车型，它率先采用承载式车身，也就是不再使用大梁承载发动机、变速器等部件，而且采用单一式车身，由车身承载汽车上的主要部件。今天生产的绝大多数轿车都采用承载式车身设计。

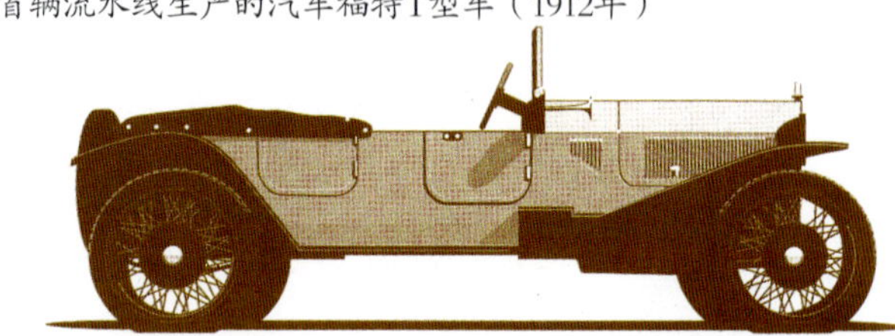

首辆采用承载式车身的轿车蓝旗亚 Lambda（1922年）

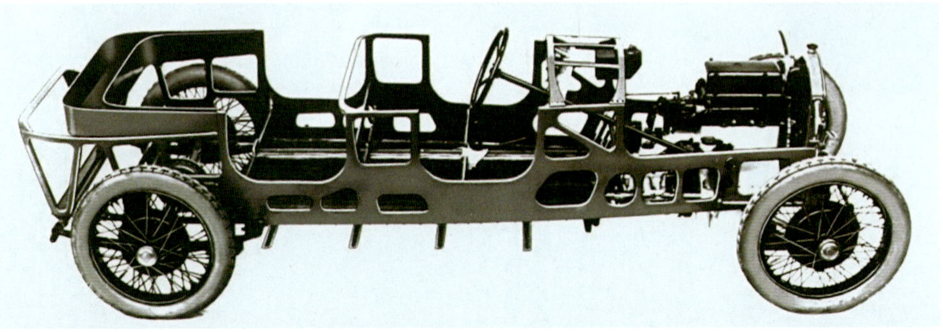

首辆流线形汽车克莱斯勒气流（1934年）

空气动力学

1934年，克莱斯勒公司率先将流线形汽车气流（Airflow）投入市场。这种车的外形是严格按照空气动力学的原理设计的，这辆车甚至像一架飞机一样被放在风洞中做试验。虽然这款车颇得空气动力学要旨，但对普通人来说却难以接受。1934年，克莱斯勒卖出了11292辆气流，1937年，气流销量降至4600辆。为什么气流失败了？从科学的角度来看，车的设计无懈可击，但从审美的角度来看，车的外形设计有欠缺。

首辆国民车大众甲壳虫（1938年）

国民车

1938年，费迪南德·保时捷设计了一款造型类似甲壳虫的车型，采用后置发动机（水平对置4缸），在1938~2003年，共生产了2100万辆。

首辆多用途四轮驱动车吉普威利斯（1945年）

4×4

1945年，根据第二次世界大战中的战地用车威利斯·奥佛兰（Willys Overland）生产的民用车吉普威利斯是第一款多用途4×4 SUV。豪华越野品牌路虎当初就是靠仿造吉普威利斯而起家的。

激情设计

1959年凯迪拉克推出Clyclone。20世纪五六十年代，对美国汽车工业来说是个激情的时代。经济强盛，油价下跌，人口激增，此时的汽车设计师随心所欲，把汽车设计得又宽又大，而且车头和车尾花样百出，还能从汽车上看出喷气飞机的造型来。

具有喷气飞机特色的凯迪拉克Clyclone（1959年）

经济小车

阿莱克（Alec Issigonis）被请求设计一款小型车，以应对英国出现的石油危机。阿莱克的回答就是迷你（Mini）。迷你保持生产50多年，共生产了五百多万辆。此车创新性地将发动机横置在车前部。现在生产的绝大多数小轿车都采用了这种设计布局。

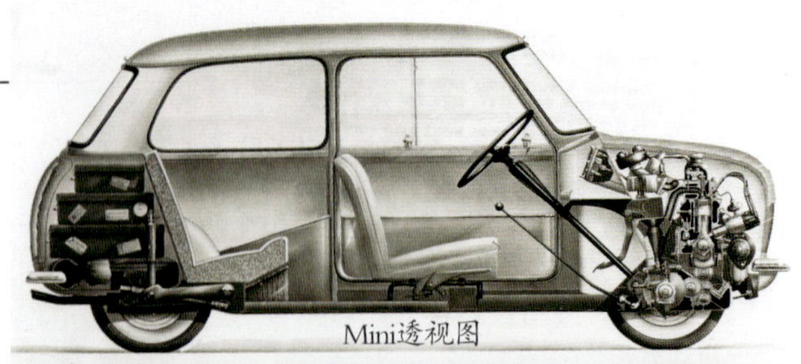

Mini透视图

中置发动机

Charles & John Cooper在1958年阿根廷F1大赛上率先使用一款中置发动机的赛车并赢得了胜利。中置发动机的赛车拥有更佳的平衡性能和较佳的空气动力学特性。Cooper Climax T51赢得了1959年和1960年的F1大赛，从此再没有采用前置发动机的F1赛车出现。虽然在20世纪二三十年代，德国的奔驰和汽车联盟（奥迪前身）曾采用过中置发动机的赛车，但Cooper却是第一款赢得比赛胜利的中置发动机汽车。

Cooper Climax T51

敞篷车

英国人Colin Chapman是路特斯（LOTUS）汽车的老板，他设计的敞篷汽车Elan曾引领世界潮流。至今此类汽车的设计都是以Elan为参照基础，只不过车身和空间变得更大、动力更强劲而已。

豪华 SUV

1963年的吉普Wagoneer作为第一款豪华SUV，是取得巨大成功的豪华SUV车型路虎揽胜在1970年时的设计灵感。豪华SUV曾只是极小众的尤物，然而现在它的市场已不算小了。

路特斯Elan敞篷汽车

吉普Wagoneer

下压力 DOWN FORCE

1965年，由Jim hall设计的Chapparel赛车，是第一款在不增加重量的情况下，通过加装大型尾翼而获得下压力，从而提高循迹性能的车辆。虽然从第二次世界大战后人们就了解到车辆上空气动力学的知识，但直到20多年后才真正实际应用在汽车上。

Chapparel赛车

1975的大众高尔夫

掀背车 HATCHBACK

高尔夫不是第一款掀背车，此荣誉应属于1954年的雪铁龙Traction Avant。但乔治亚罗1975年设计的高尔夫却让掀背车在欧洲大行其道，并因此成为掀背车的典型代表。

克莱斯勒Minevan

多功能车 MPV

虽然有关第一辆MPV的问题争论不休，但1985年克莱斯勒的Minevan却是让以轿车底盘为平台、采用前轮驱动、承载式车身的MPV流行起来的车型。

超微型车 & 超大型车

在20世纪90年代，曾出现超微型车和超大型车两种极端车型，它们的代表车型分别是1990年的Smart Fortwo和1992年的悍马H1。前者是为了应对城市停车难的问题，而后者则是1991年第一次海湾战争的产物。

Smart Fortwo

悍马H1

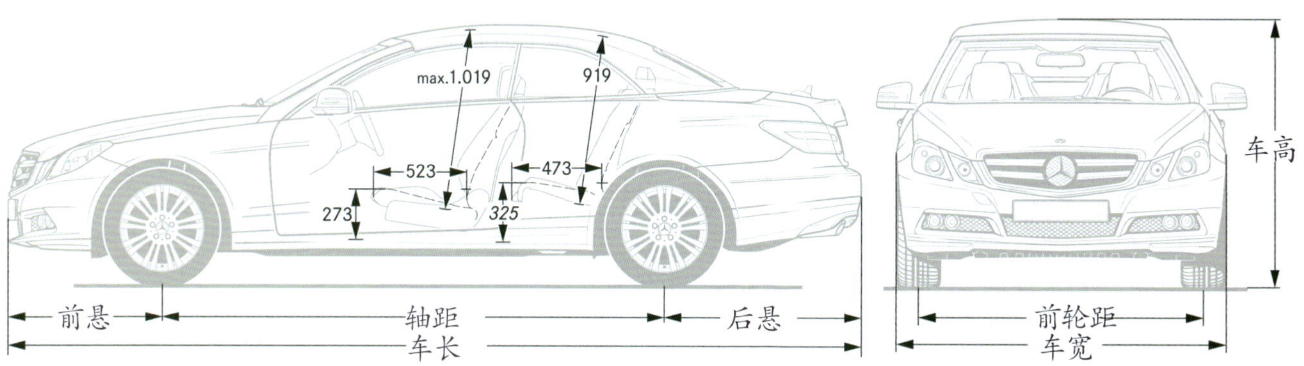

车头高度VS发动机技术

表面看来是汽车造型设计师让汽车的外形越来越流线形、越来越现代，风阻系数越来越低，难道说过去的汽车设计师们都不知道把汽车设计得低矮和流线形吗？显然不是，他们之所以要把那时的汽车设计得高高大大，而且车头又长又宽，主要是受限于发动机那曾经的庞大体形。

在20世纪初期，由于发动机技术水平较低，发动机的“比功率”（也就是功率与重量之比）较低，必须采用较多缸数的发动机才能驱动庞大的汽车，而且那时还没有V形发动机，一般都采用直列6缸或8缸设计，这样又高又长的发动机放在车上当然要占很大的地方，而且车头部位较高，流线形和风阻系数就更无从谈起了。

后来出现了V形发动机，并且随着发动机技术的进步，一般不需要大排量的发动机就能驱动汽车快速前进，甚至还可以配置涡轮增压器或机械增压器，进一步减小发动机的体积和重量。现在轿车上的发动机一般都和变速器整合在一起，体积越来越小。这样外观造型设计师便可以将车头设计得非常扁平，风阻系数也越来越小。

品牌脸谱VS进气格栅

在设计汽车造型时，汽车的前脸造型不可随意乱来，尤其是最能代表个性的进气格栅，已成为某些汽车厂家的家族脸谱，如宝马的“双肾形”、劳斯莱斯的“宫殿立柱”、吉普的“七竖孔”、阿尔法·罗米欧的“盾牌”、道奇的“田字”、克莱斯勒的“鸡蛋筐”、雪铁龙的“双人字”、奥迪的“大嘴”等，它们已成为这些汽车家族的象征性标志。而且，许多世界名车的脸谱一旦固定下来，就相当于拥有了肖像权，其他厂家在设计前脸时会尽力避免与其沾亲带故，否则会被认为是抄袭。现在也可能只在汽车工业新兴国家才会出现模仿他人家族脸谱的设计。

其实，要想形成既好看又能体现自己风格的汽车脸谱并不容易，除了历史较长的欧洲老牌车厂外，一些后起之秀们还真不容易找到自己的“脸”。比如，日本和韩国的汽车工业虽然发展较快，但至今很难形成让人印象深刻而又相对固定的汽车脸谱。好在更多的汽车厂商已开始“沉淀”，如雷克萨斯的“纺棰形”、马自达的“五边形”、三菱的“正梯形”、别克的“瀑布”等，渐渐为人熟知。

Chapter 2 第二章 汽车的整体构造

车身VS人体

雪佛兰克尔维特跑车构造图

雪佛兰克尔维特跑车底盘构造图

人类虽有各色人种，但基本结构都一样，人人都由五官、四肢、五脏六腑等组成。汽车也如此，不论是什么品牌的车型，只要是同类型汽车，它们的组成结构基本相同，所不同的只是长相、性格和能力。

其实，汽车的长相和人类也有许多相似的地方，比如都有躯干（车身）、眼睛（车灯）、嘴和鼻（进气孔）、耳朵（车外后视镜）、皮肤（车身外板）、骨骼（车身框架）、脊椎（传动轴）、心脏（发动机）、腿（悬架）、脚（车轮）、鞋（轮胎）等。

前置发动机前轮驱动车型

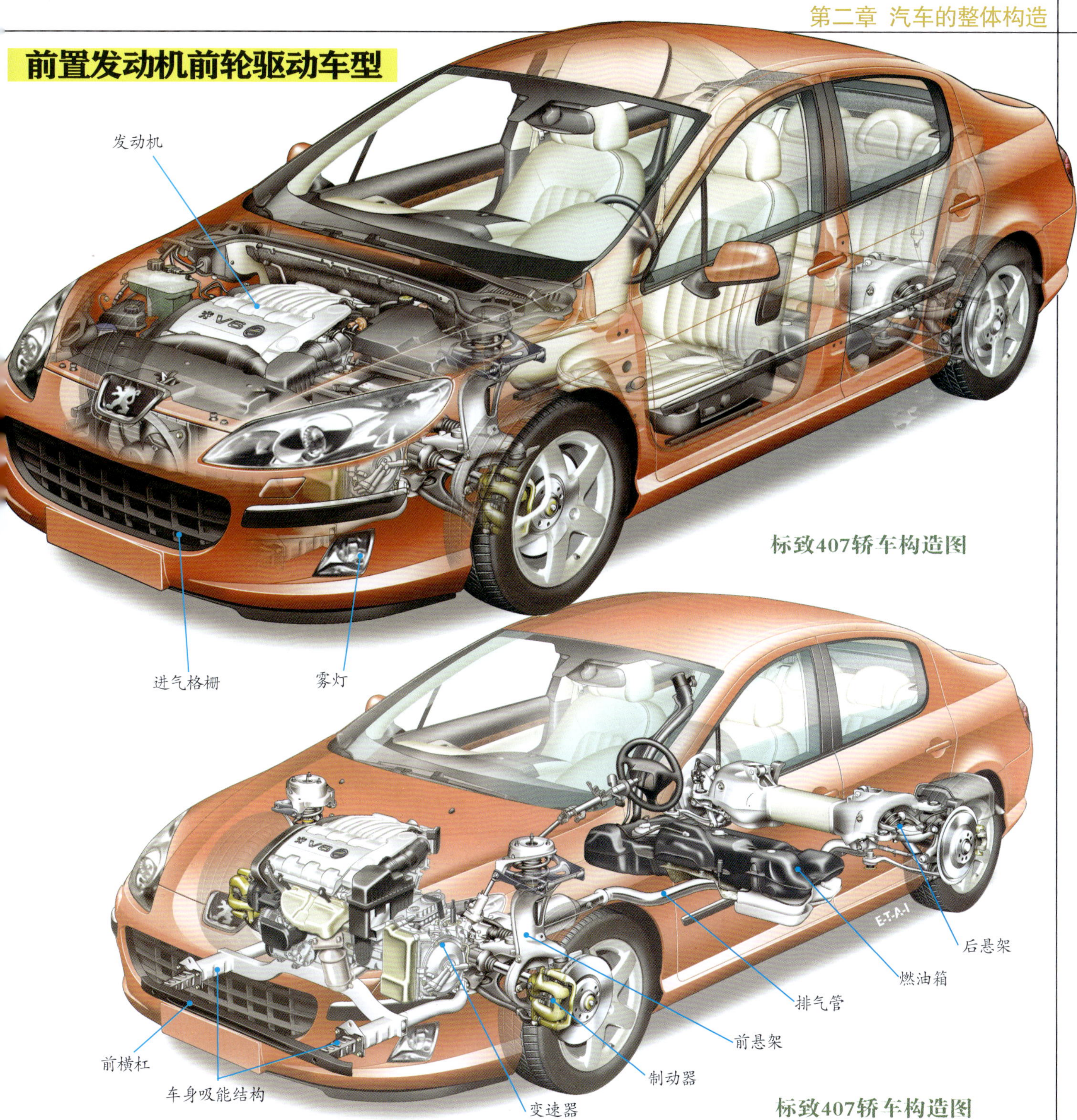

前置发动机后轮驱动车型

发动机放置在前端，两个后轮为驱动轮，豪华汽车一般都采用这种前置后驱方式，因为它们通常采用大排量发动机，发动机体积较大，如果把发动机和传动系统都放置在汽车前端，不仅布置困难，而且还会造成“一头沉”，影响汽车的操控性和安全性。

迈巴赫豪华轿车构造图

迈巴赫豪华轿车车身构造图

驻车制动器踏板

手拉式驻车制动器操纵手柄更常见，因此我们通常称驻车制动器为“手刹”。但一些豪华车上更愿意采用脚踏式驻车制动器操纵方式，以显示与众不同的设计，比如奔驰、雷克萨斯、凯迪拉克等车型，基本都是如此。

通风式制动盘

汽车制动的过程其实就是将动能转化为热能的过程。因此，如果能加快其转化速度，那么就能提高其制动性能。提高转化速度取决于两大因素，一是加大制动力，比如采用盘式制动器、增加制动盘的直径、增加制动活塞数量等；二是提高散热能力，比如采用盘式制动器、采用通风式制动盘、改善通风冷却效果等。

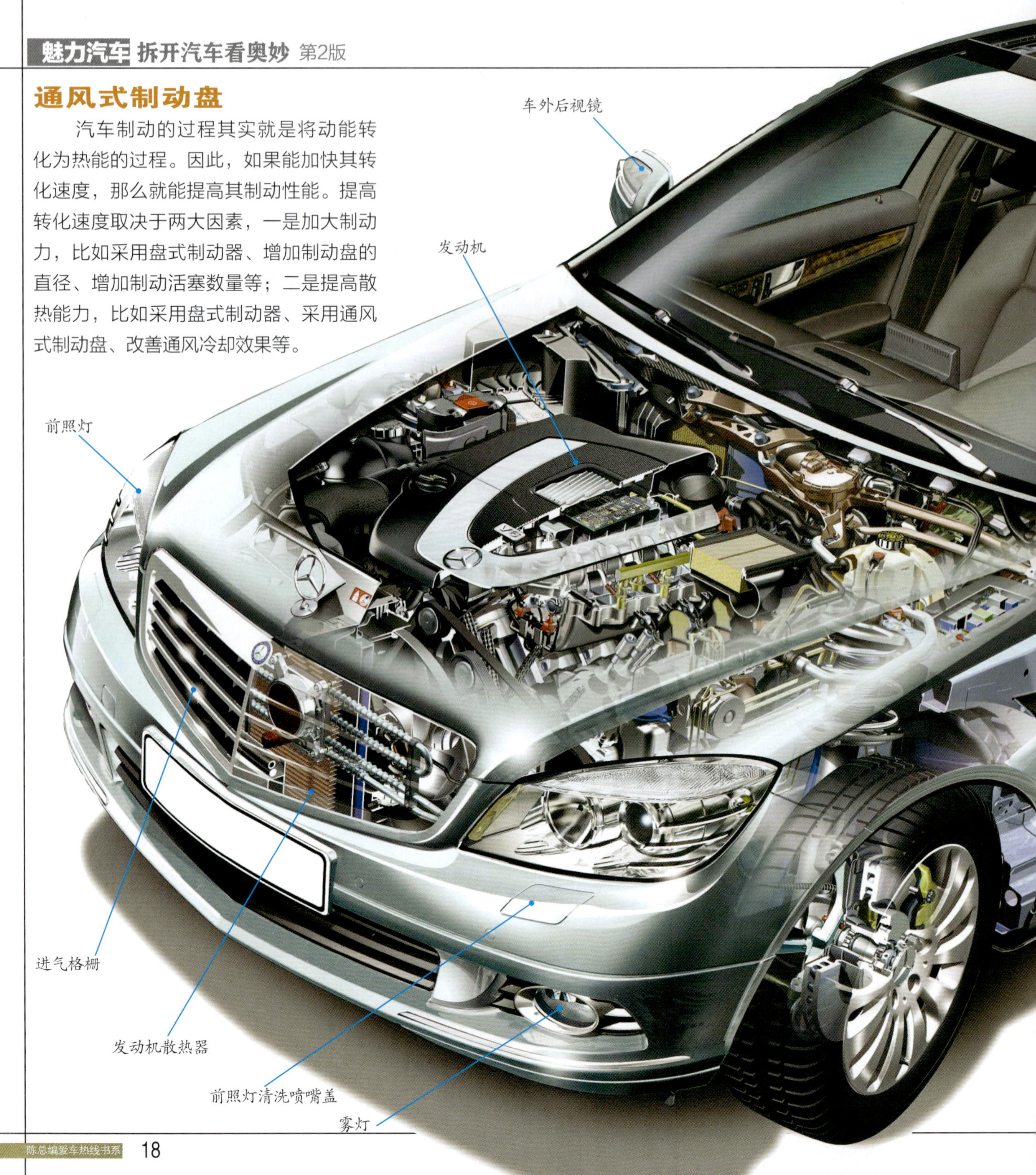

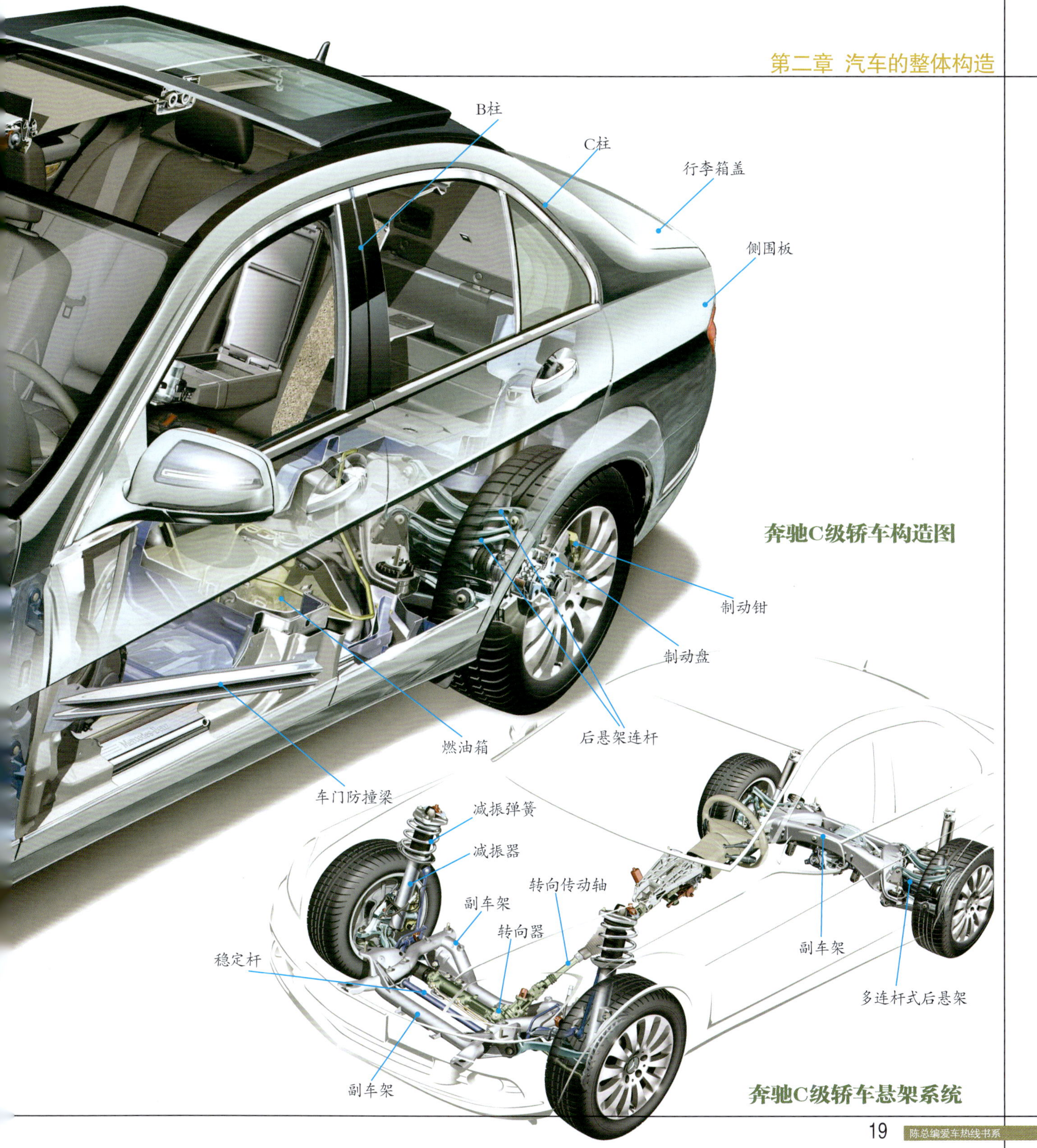

奔驰C级轿车构造图

奔驰C级轿车悬架系统

奔驰S级轿车车身

奔驰S级轿车构造图

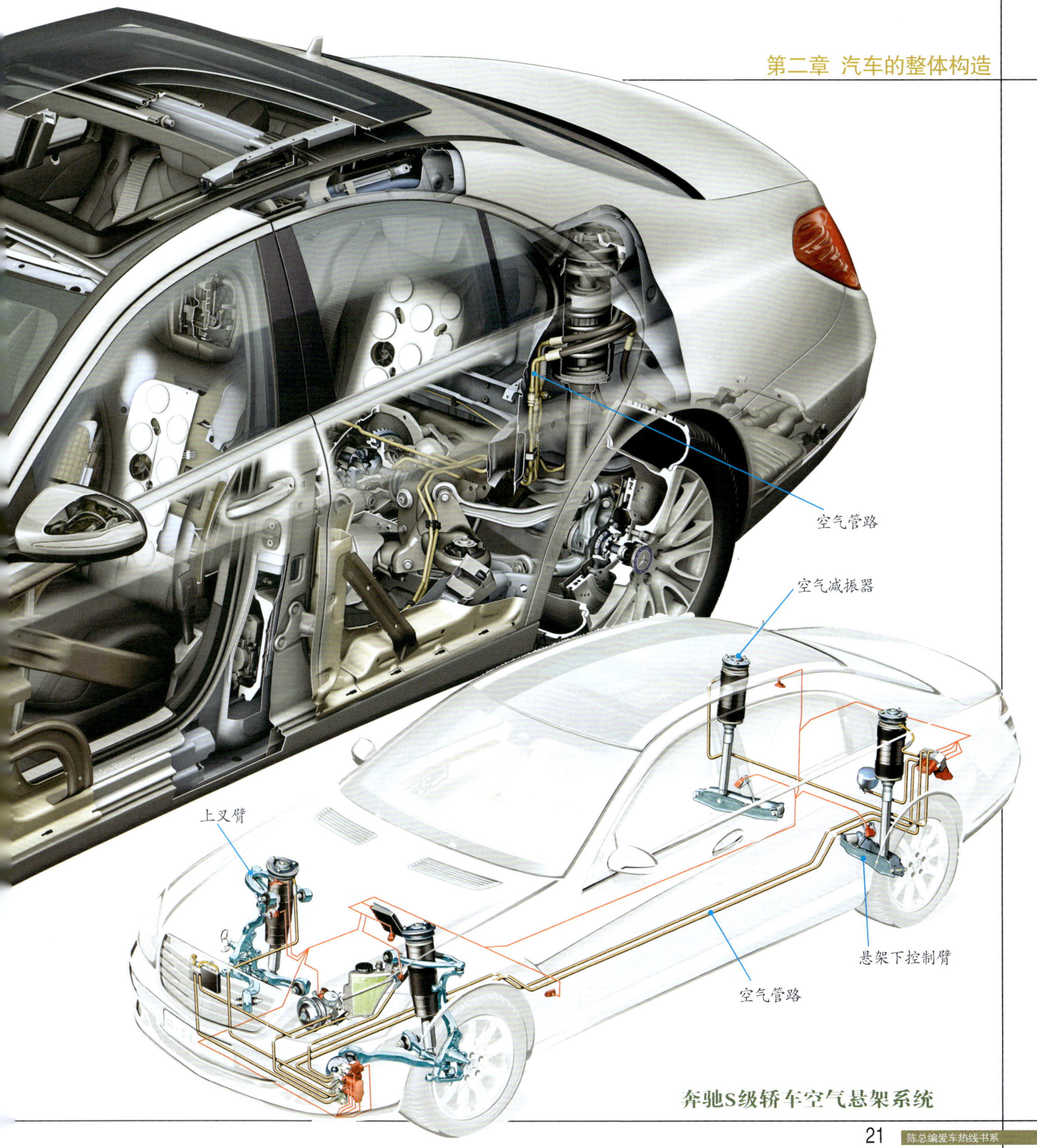

奔驰S级轿车空气悬架系统

前中置发动机后轮驱动车型

将发动机放置在前轴后方、采用后轮驱动，即称为前中置发动机后轮驱动方式。跑车喜欢采用这种驱动方式，因为这样可以将整车重心尽量靠近车身中间，使车辆拥有较高的操控性能。

扰流板

扰流板的作用一是为了美观；二是为了增加尾部的下压力，保证车辆行驶时的稳定性。尤其是对高速汽车而言，扰流板的作用显得更重要。

防滚杆

防滚杆的作用不仅是为了看起来美观，更为重要的是当车辆翻滚时它可以保护驾乘人员的头部，避免头部触碰受伤。

出气孔

在汽车制动时前制动盘比后制动盘要承受更大的制动力，它需要更快速地散热，尤其是对于车速较快的超级跑车而言，前制动盘的散热效果显得更为重要。因此多数超级跑车上都设置了专为前制动盘散热而设计的出气孔。

奔驰SLR McLaren Roadster构造图

敞篷车型

现在的敞篷车型大多采用硬顶顶篷，而且都是自动打开和关闭。硬顶顶篷打开后，自动折叠并存储于车尾行李箱空间内。硬顶顶篷车在顶篷关闭后，不仅外观看起来与非敞篷车无异，而且还能保证车身的安全性能。

奔驰SL硬顶敞篷跑车构造透视图

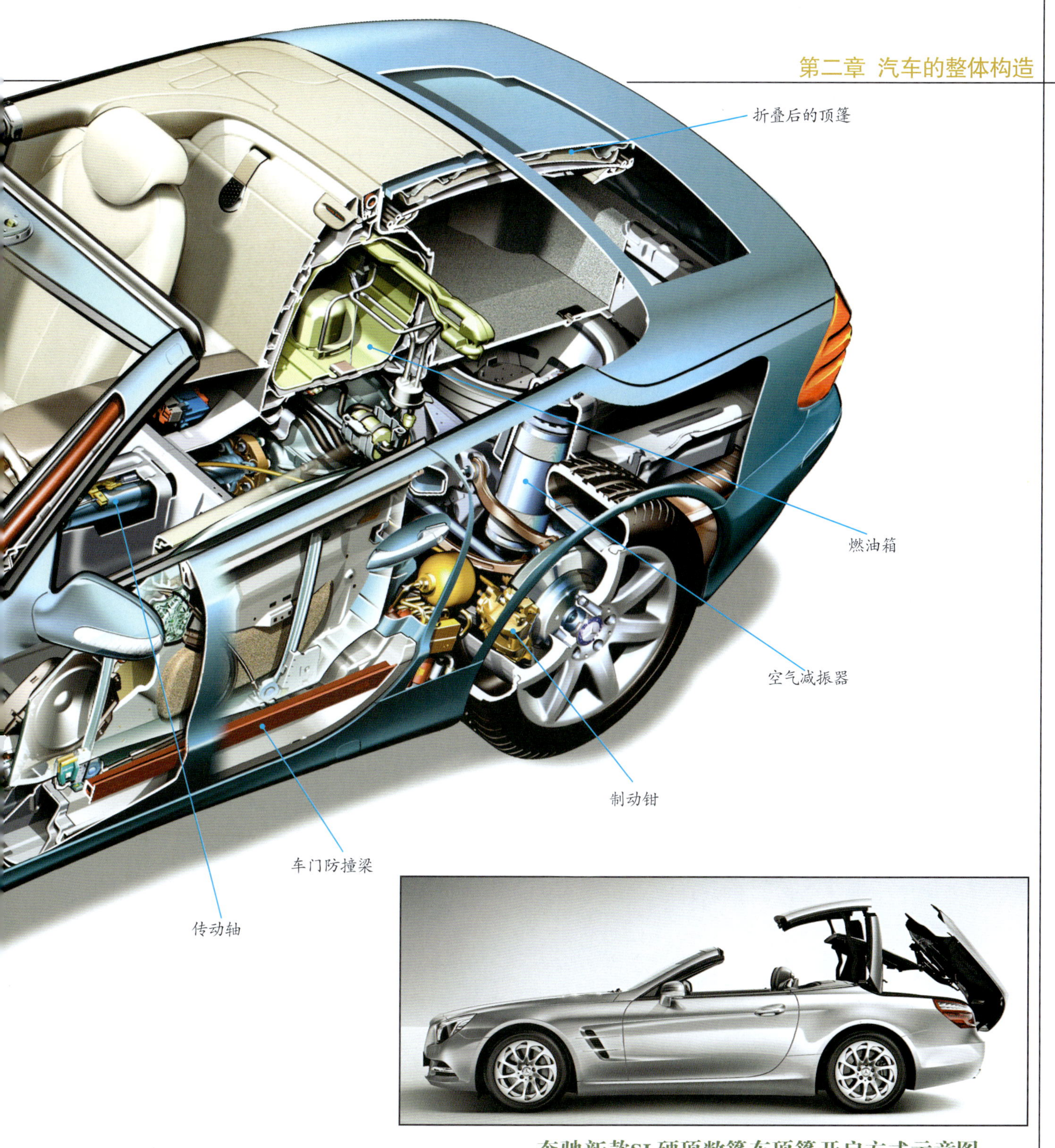

奔驰新款SL硬顶敞篷车顶篷开启方式示意图

后置发动机后轮驱动车型

将发动机放置在后轴后方并采用后轮驱动，即称为后置后驱方式。现在这种驱动方式只有保时捷在采用。

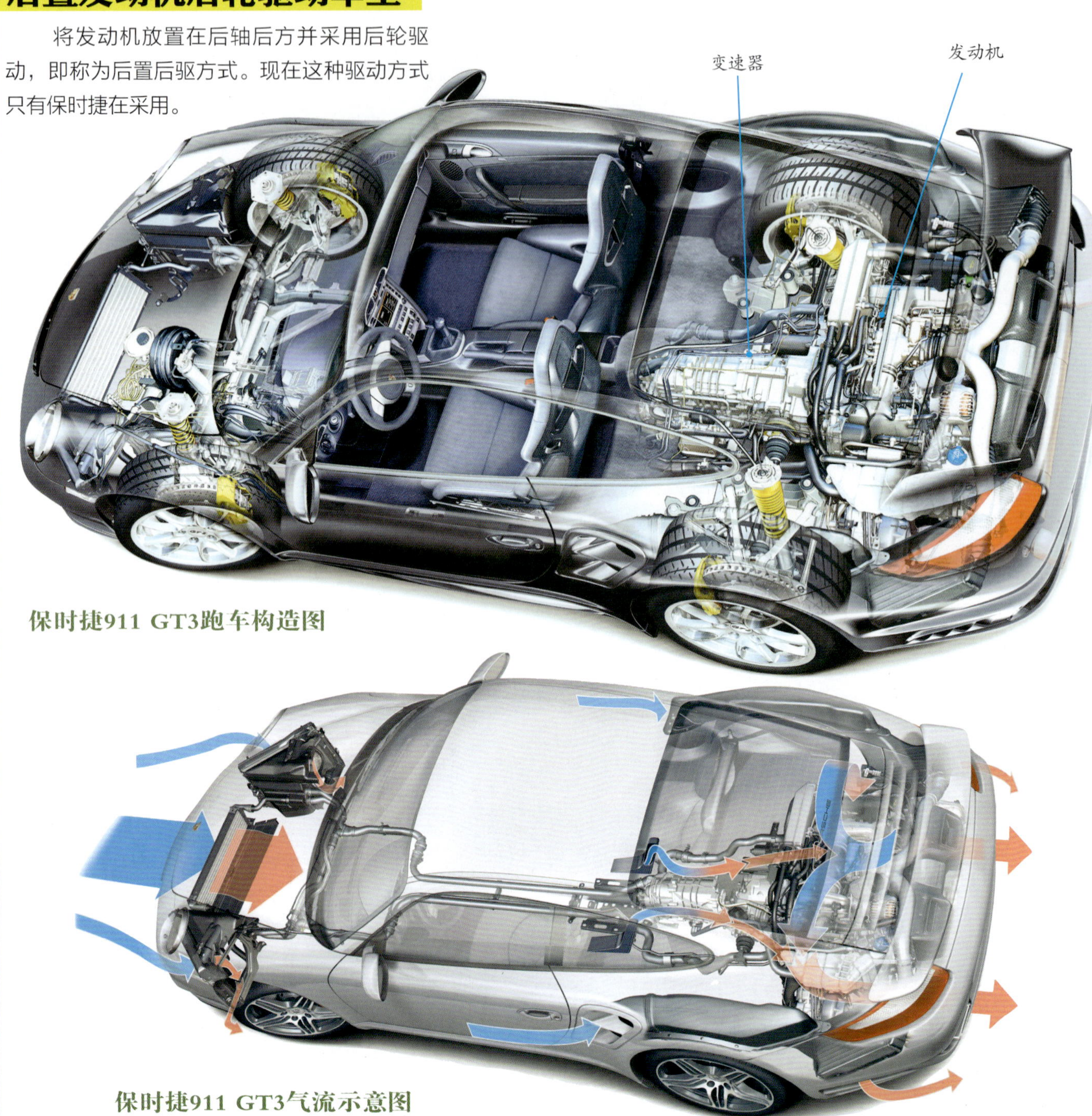

保时捷911 GT3跑车构造图

保时捷911 GT3气流示意图

后中置发动机四轮驱动车型

将发动机放置在后轴前端并采用四轮驱动，即称为后中置发动机四轮驱动方式。现在大多数超级跑车都采用这种驱动方式。

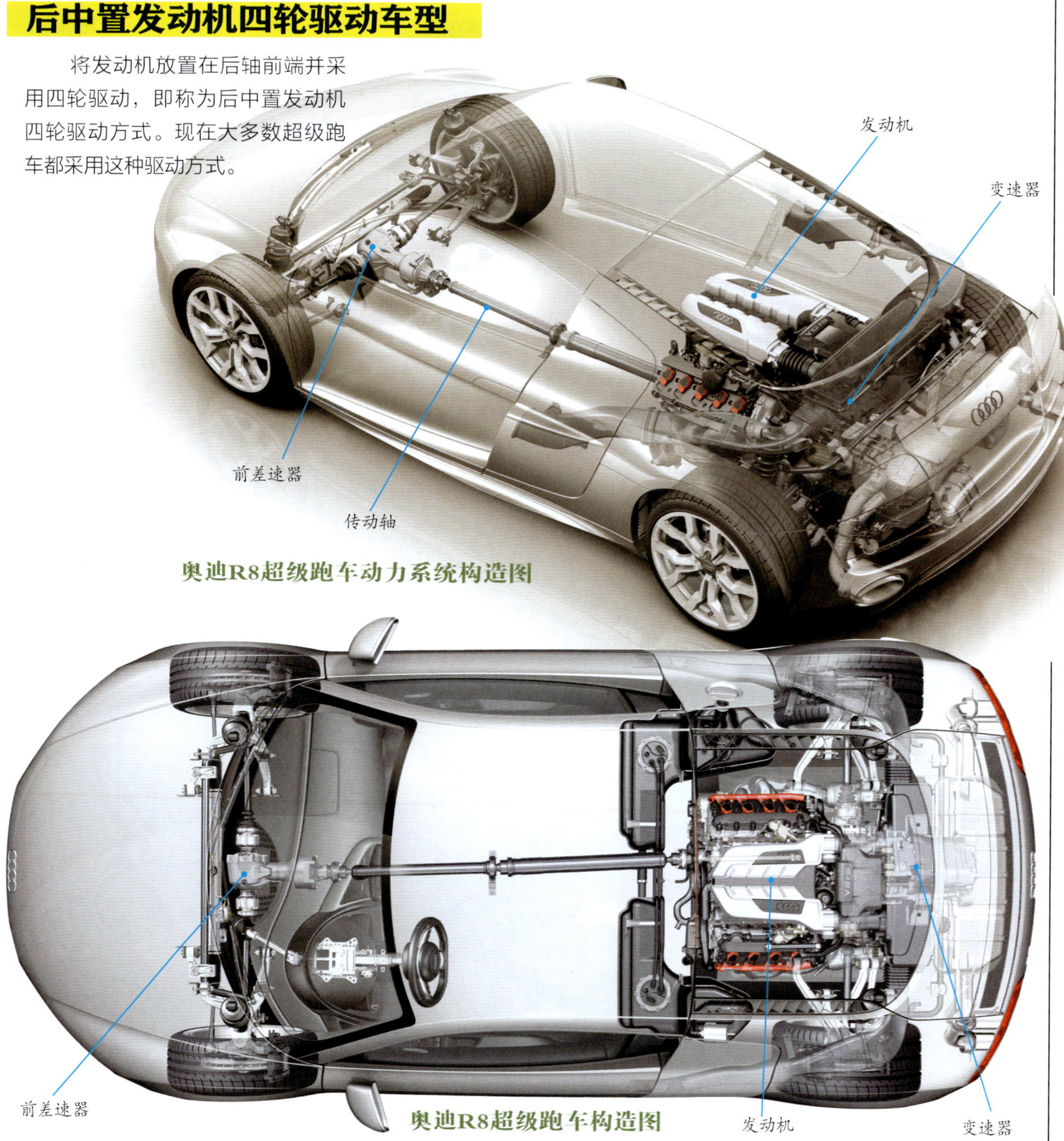

奥迪R8超级跑车动力系统构造图

奥迪R8超级跑车构造图

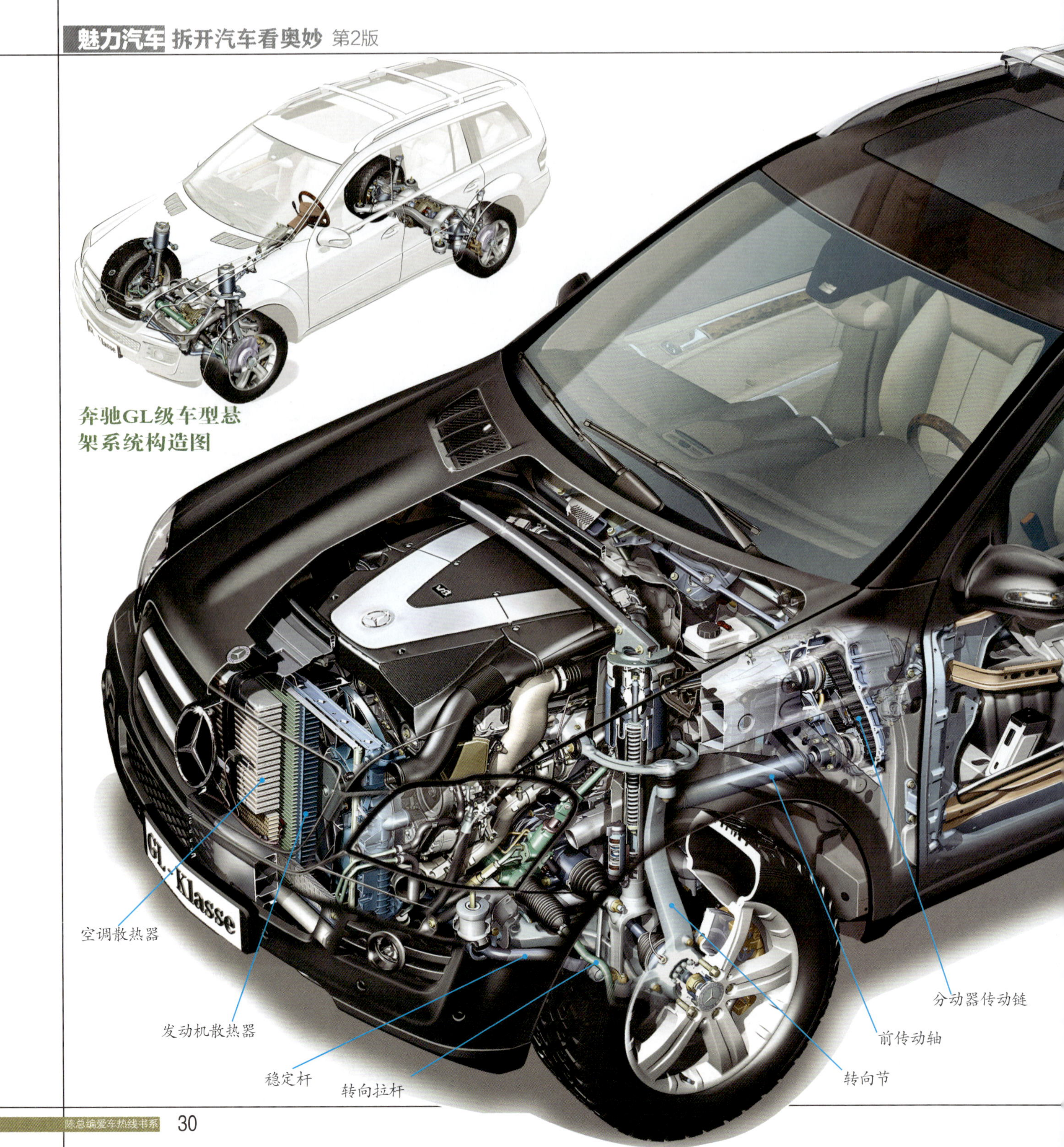

奔驰GL级车型悬架系统构造图

四轮驱动车型

大排量发动机的四驱车型一般都是从前置后驱车型改造来的，它的发动机采用纵置方式，动力经变速器后由分动器一分为二，分别传递给后轴和前轴。

一般四轮驱动汽车都有三个差速器，即前差速器、后差速器和中央差速器。前差速器是用来调整两个前轮之间的转速差，后差速器则是用来调整两个后轮之间的转速差，中央差速器则是用来调整前轮和后轮之间的转速差。

奔驰GL级车型构造图

奔驰GL级四轮驱动系统

重型载货车

载货车都采用非承载式车身，即利用坚固的车架（大梁）来承载发动机、变速器、车桥等总成部件。为了改善重型载货车的驾驶舒适性，往往将它的车身通过多个橡胶垫或减振器安装在车架上，利用橡胶垫或减振器的减振作用，可以吸收和缓冲来自不平路面的冲击和振动。

对于大货车来讲，由于基本都采用非独立悬架，汽车悬架的减振效果稍差，因此更要重视车身（驾驶室）和底盘（大梁）之间的缓冲性能。

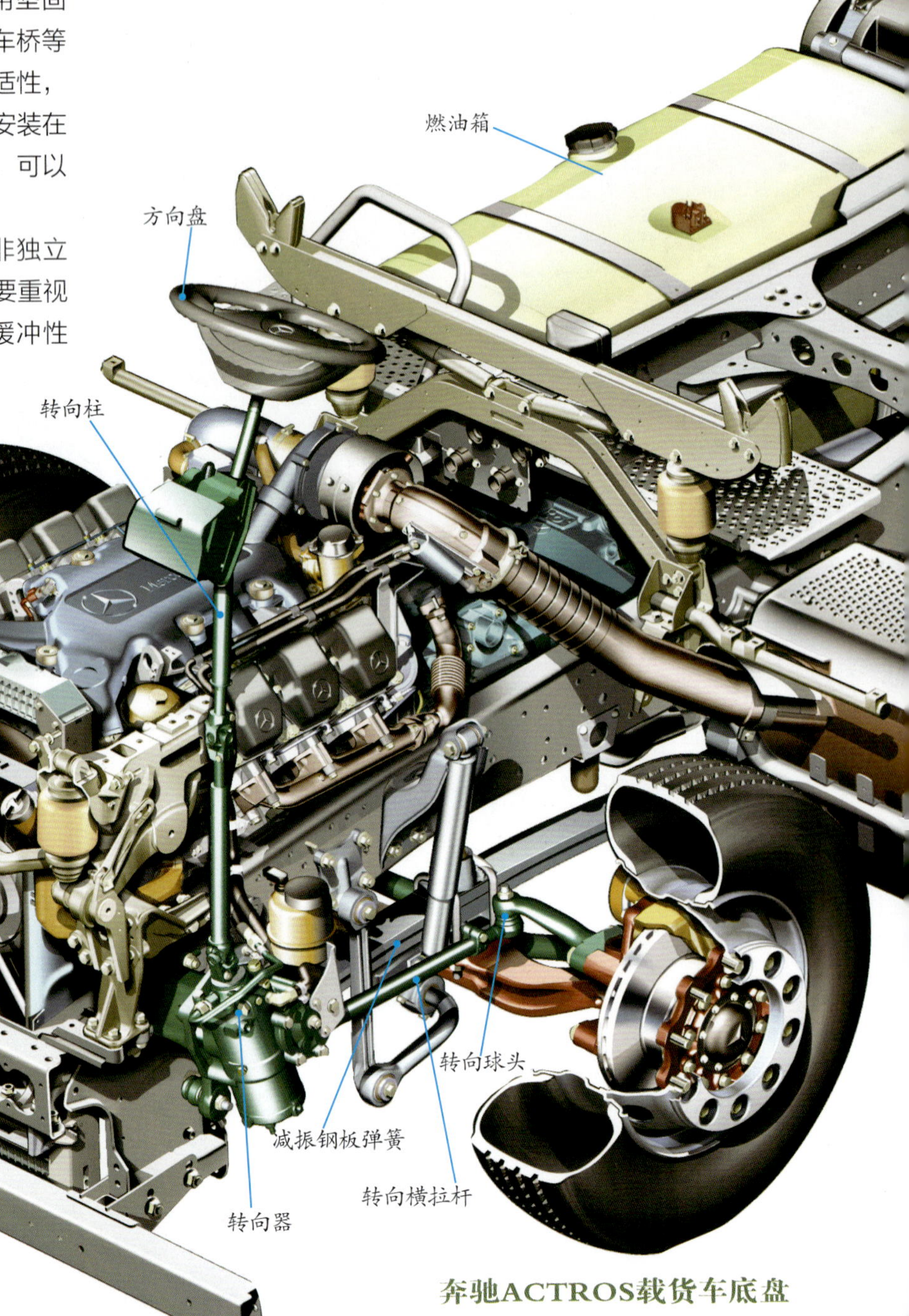

奔驰ACTROS载货车底盘

纵梁（大梁）

载货车、大客车、一些越野车和高级轿车，一般都采用非承载式车身，也就是有“大梁”的构造设计。这种车型的发动机、变速器等重要载荷都由大梁承担，基本都固定在大梁上，而不是固定在车身上，因此车身只在很小程度上承受由于车架弯曲和扭转所引起的载荷，也就是车身刚性会更强，从而提高车辆通过性和有效载荷。

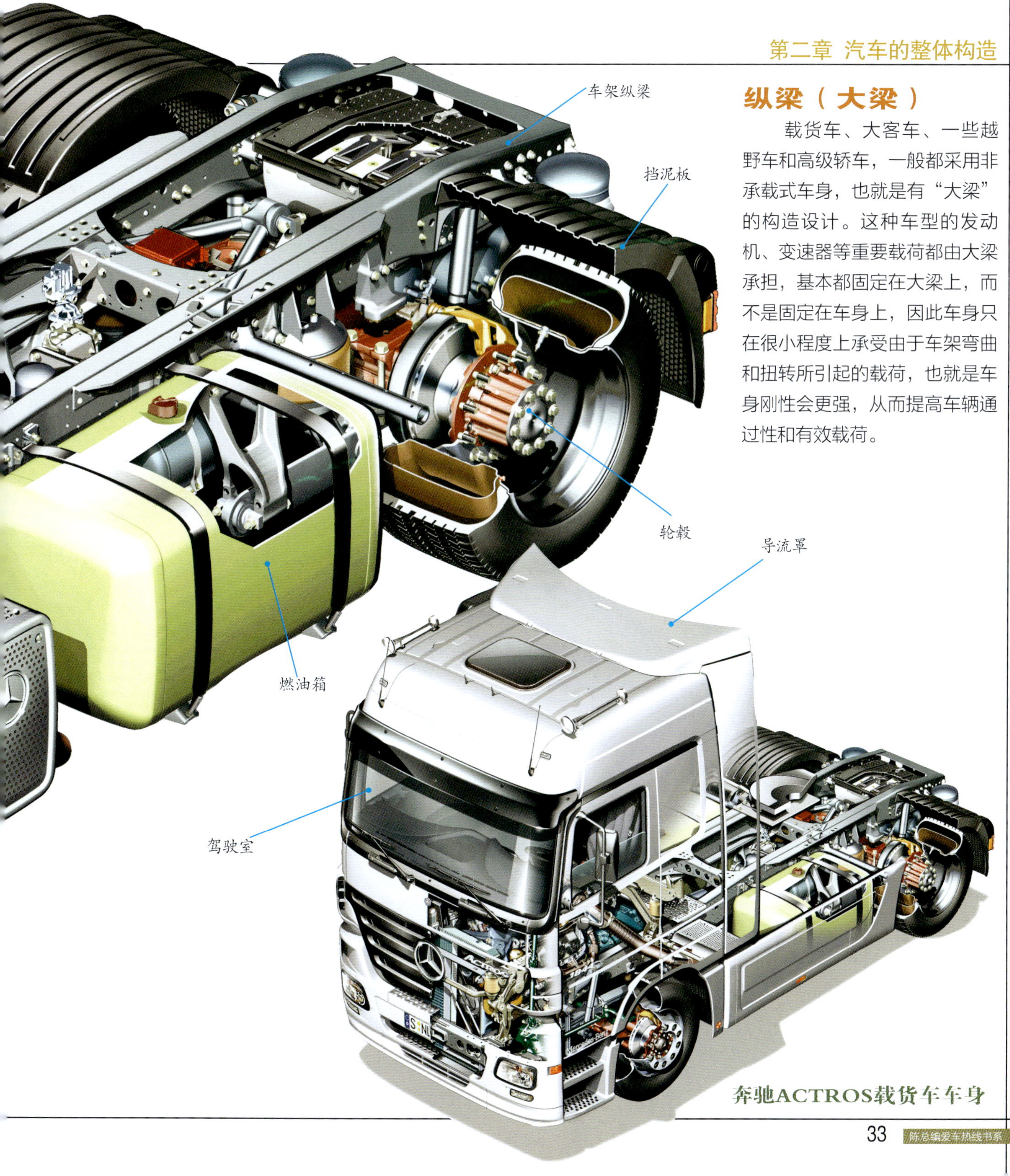

奔驰ACTROS载货车车身

Chapter 3 第三章 汽车上的物理奇迹

汽车VS牛顿

包括汽车在内的世间物体，它们的运动都存在一定的科学规律，而这些规律早被先人们揭示出来。其中最为重要的运动规律就是牛顿的三大定律。作为一个以运动为存在理由的汽车，它的运动规律同样遵循牛顿的三大定律。

牛顿（1643~1727年）

牛顿第一定律

牛顿第一定律：任何物体在不受任何外力的作用下，总保持匀速直线运动状态或静止状态，直到有外力迫使它改变这种状态为止。

这就是说，如果物体没有受到外力，它就不会加速，只会保持原来的状态。比如在火车上打扑克，虽然现在高铁可以达到300公里/小时的速度，但扑克牌在火车上并不会飞走，因为它没有受到外力，因此只能保持原来状态不变。

汽车转弯时，如果路面湿滑，同时车速又比较高，以至于汽车轮胎失去抓地力，此时汽车就相当于在水平方向上不受外力作用，会按原来的方向保持直线前进，直直地冲出弯道而不受驾驶人的控制。

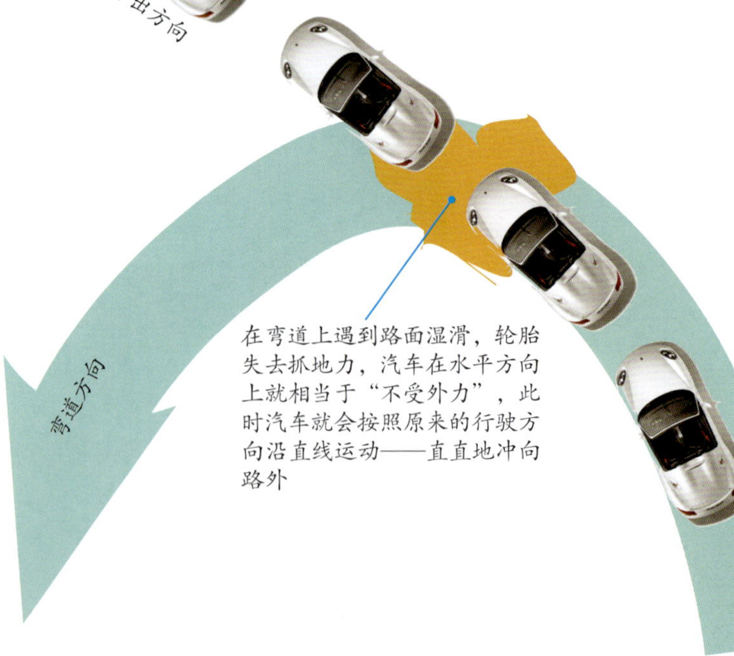

牛顿第二定律

牛顿第二定律：外力使物体产生加速度，而且外力越大或物体越轻，加速度就越大。

在日常生活中，我们所说的“加速”是指汽车变得越来越快，也就是指它的速度增加。然而，在物理学上的“加速”则是指三种情况：一是物体移动越来越快，二是指物体移动越来越慢，三是指物体移动方向发生改变。

牛顿第二定律的中心意思是，当让物体移动时，重量越轻的物体，它所需要的力越小；重量越大的物体，则需要更大的力。因此，车身重量相同的两款车，一个装备动力较强的发动机，一个装备动力较弱的发动机，动力较强的车型其加速性能更佳；同理，同样一款发动机装到车身重量不同的两款车上，车身重量轻者加速性能会更佳。

在动力相同的前提下，重量越轻，汽车的加速性能越好，因此，F1赛车重量最多只有620千克，这还包括赛车手的体重及所有装备的重量

牛顿第三定律

牛顿第三定律：当两个物体之间相互作用时，它们之间会产生作用力和反作用力，并且它们总是同时在同一条直线上，大小相等，方向相反，它们同时出现，也同时消失。

如果观看火箭发射时我们会很容易理解作用力与反作用力的原理。火箭升上天空时，它的尾部会发出大量的火焰一样的热气，正是向下吹热气的力量的反作用力，推动火箭向上升起。

当汽车的车轮向前旋转时，它的轮胎实际上是在利用轮胎与地面之间的摩擦力向后推动地球。而在牛顿第三定律的作用下，地球也会向轮胎施加一个向前的反作用力，从而推动汽车前进。如果地球的重量没有汽车大，那么汽车就可能会静止不动，而地球则会向后转动。

杠杆原理VS阿基米德

“给我一个支点，我就能撬起地球！”相传这是古代发现杠杆原理的阿基米德说的话。

杠杆是指中间有一个支点，支点两端为力臂，在力臂较长的端点只要用较小的力量，就可以在力臂较短的端点获得较大的力量。或者说，要使杠杆平衡，作用在杠杆两端上力的大小跟它们的力臂成反比。

当弱女子和老年人驾驶汽车时，他们自身的力量往往太小，在操作汽车尤其是手动档汽车时，如果力不从心就可能造成麻烦。为此，汽车的踏板和变速杆上都应用了杠杆原理设计，从而减轻他们的操作负担。驾驶人只需用较小的力，就可以轻松操作汽车。

阿基米德（公元前287~公元前212年）

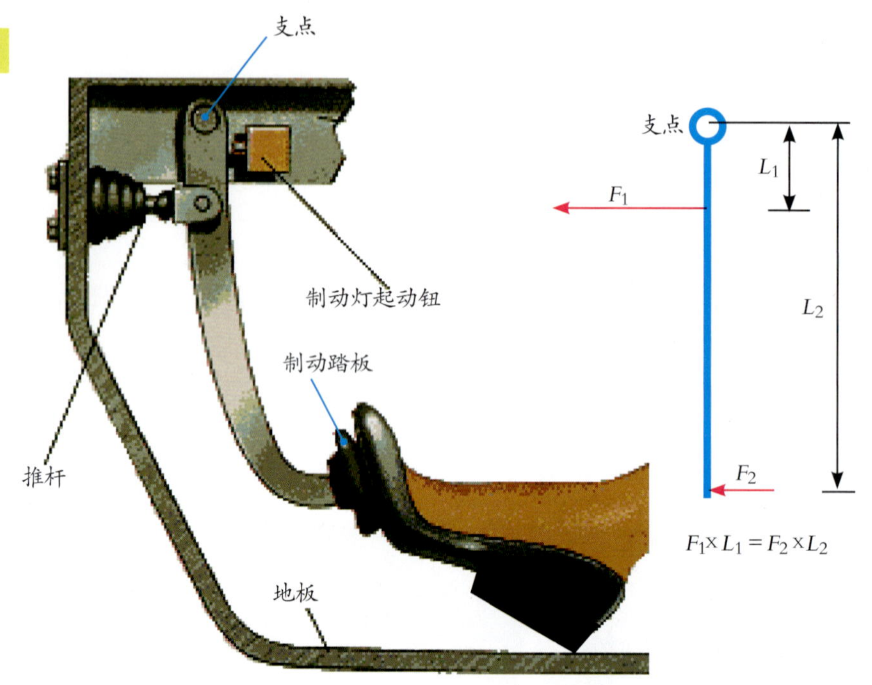

制动踏板杠杆原理应用

F_1

L_1

支点

L_2

F_2

$F_1 \times L_1 = F_2 \times L_2$

支点

手动变速器杠杆原理应用

驱动力VS附着力

车辆行驶时最危险的情形就是驱动轮打滑，尤其是在弯道上打滑更危险。在弯道上行驶时，如果是后驱车辆的后轮打滑，那么汽车就会产生甩尾现象，导致汽车掉头、转圈；如果是前驱车的前轮打滑，那么汽车就会直线行驶，也就是不转弯了，直直地冲出路面。车轮打滑后，驾驶人就很难控制车辆，此时只能是“被驾驶”了，你已处于危险之中。

为了探究车辆在弯道上的打滑现象，我们先分析车辆打滑的原因是什么。由于前轮兼有转向的作用，我们就以前轮驱动的车辆来分析。

前驱车的前轮在转向时主要受三种力量，一是驱动力，二是转向力或侧向力，三是地面附着力。驱动力大小与汽车当时的动力输出及驱动方式有关；转向力大小与转向角度有关；地面附着力大小则与地面条件有关。这三者的关系可用一个受力圆来表示。

如果驱动力和转向力的合力小于附着力，也就是说附着力没有被突破，那么车轮就不会打滑，否则车轮就要打滑。当地面干燥良好时，附着力较大，此时不容易被突破，因此车轮很难产生打滑现象。而在湿滑路面上，如雨水、冰雪等路面，地面的附着系数很小，此时的车轮附着力就相对较小，它很容易被驱动力与转向力的合力所突破，进而产生打滑现象。

从受力图中可以看出，如想不让汽车打滑，可以采取三大措施：

1）增大车轮附着力，这可以通过换用冬季轮胎或性能更好的轮胎、选择干燥和良好路面行驶等方法实现，但这与驾驶人的操作技术或车辆性能无关。

2）减小转向力，这可以通过缓打方向盘、以较缓角度转向等方法实现。

3）减小每个车轮上分配的驱动力，这可以通过缓踩加速踏板或采用四轮驱动方式来实现。这也是为什么四轮驱动汽车更不容易打滑的主要原因。

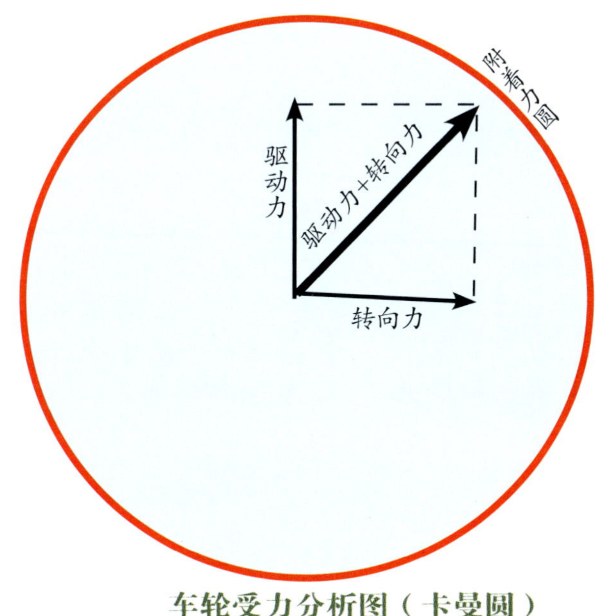

车轮受力分析图（卡曼圆）

（驱动力+转向力）<附着力

车轮不打滑

（驱动力+转向力）>附着力

车轮打滑

加速时间VS肾上腺素

衡量汽车动力性能的指标主要有三个：① 最高车速；② 爬坡能力；③ 加速能力。而其中加速能力更为常用。

在物理上一般用“加速度”来描述物体的加速性能。它的真正含义是“速度变化的速度”，是衡量速度变化的单位。但这个概念比较复杂，也不好理解，因此，我们在描述汽车的加速性能时采取一个更简单易行的办法：用加速时间来表示汽车的加速性能。比如，从静止加速到60公里/小时或100公里/小时所需的时间。目前加速性能最好的量产汽车是布嘉迪威航16.4超级跑车，它从静止加速到100公里/小时只需2.5秒，从静止加速到200公里/小时也只需要7.3秒。

任何汽车只要它能在6秒内从静止加速到100公里/小时，当你将加速踏板踩到底时它都会强烈刺激你的肾上腺素分泌。

布嘉迪威航16.4

0~100公里/小时加速时间：2.5秒
0~200公里/小时加速时间：7.3秒
0~300公里/小时加速时间：16.7秒
发动机形式：W形16缸
发动机排量：7993毫升
最大功率：1001马力/736千瓦
最大转矩：1250牛·米
零部件总数：3700个
变速器：7档双离合变速器
驱动形式：四轮驱动
前后重量比：前45/后55
最高车速：407公里/小时
401公里/小时~0制动时间：10秒
制动距离：
100公里/小时至0：31.4米
200公里/小时至0：126米
300公里/小时至0：283米
400公里/小时至0：540米

公路限速VS汽车极速

既然汽车的最高速度可以超过200公里/小时，为什么高速公路的最高限速只有120公里/小时？为什么不设定为200公里/小时或更高？

虽然汽车的最高速度非常高，但那是汽车在极限状态下达到的速度，而汽车在极限状态下长时间运行后非常容易“筋疲力尽”而导致故障出现。就像我们人一样，如果总处于亢奋状态或极限状态，再强壮的身体也受不了。为了安全起见，也为了保持汽车的寿命，便将汽车限制在一个合适的速度下行驶。

另外，汽车速度越高，其制动距离也越长。现在的轿车当以100公里/小时的速度开始紧急制动，也要继续行驶40多米后才能完全停止。而作为重量比较大的大货车、大客车等，它们的制动距离还会更长。当汽车高速行驶时如遇紧急情况，很容易造成严重事故。

最高车速VS最大功率

从理论上讲，当发动机输出最大功率并和行驶阻力达到平衡点时，汽车即达到最高速度。因此，汽车的最高速度主要受三大因素影响：

1）受发动机最大功率的限制。小马拉大车，肯定跑不快。当发动机输出最大功率时，并且汽车以恒定速度行驶时，此时的汽车速度就是最高车速。

2）受汽车风阻系数大小的限制。当汽车以最高速度行驶时，也就是驱动力与汽车受到的以空气阻力为主的行驶总阻力达到平衡的时刻，如果最大功率一定，那么空气阻力系数越小，汽车上升到最高速度的时刻也越晚，或者也可以说汽车的最高速度越高。反之亦然。

3）受变速器传动比的限制。变速器的最终传动比限制了发动机转速与车轮转速之间的比值，自然也限制了车轮的最大转速极限，从而限制了汽车的最高速度。比如一辆拖拉机，即使它的动力再强大，但由于受其变速器传动比的影响，它的最高速度也不会太高。

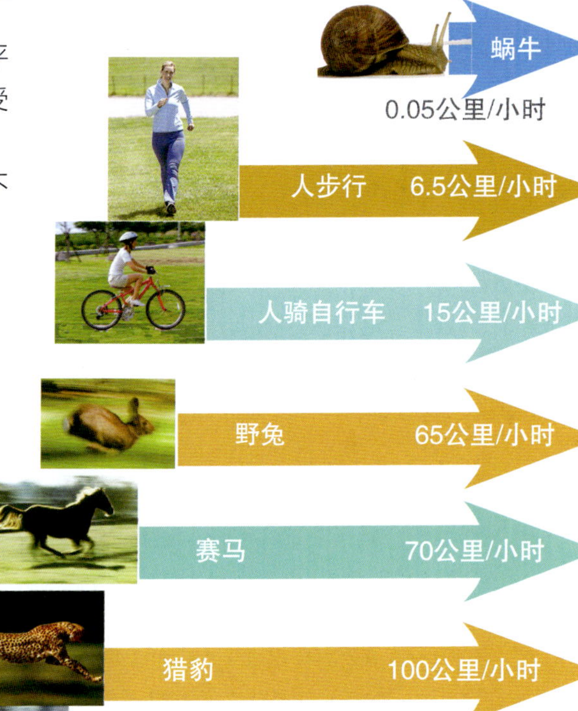

Thrust SSC（SSC是超音速汽车之意）喷气汽车，曾创下1228公里/小时的世界陆地速度纪录

加速性能VS比功率

影响汽车加速性能的因素很多，如发动机、变速器、车身重量、车身造型、轮胎等。但根据前面介绍的牛顿第二定律“受力越大或物体越轻，加速度就越大”的原理，影响汽车加速性能的两大重要因素则是发动机动力和车身重量。发动机动力越大或车身重量越小，那么汽车的加速性能就可能越强。因此人们用发动机功率与汽车重量的比值来作为初步判断汽车加速性能的主要因素，并且将此比值命名为“比功率”。

比功率就是用汽车发动机的功率（马力或者千瓦）除以汽车的重量（吨），如某辆汽车的最大功率是 150马力，重量是1.5吨，那么它的比功率就是100马力/吨。这个数值越高，说明此车的加速性能可能越好。但更常用的是把此值倒过来计算，用汽车重量（千克）除以汽车的最大功率值（马力或千瓦），它可以更形象地表示汽车的加速潜力。以刚才那辆汽车为例，用1500千克除以150马力，比功率是10千克/马力，表明1马力只负责驱动10千克的重量。此值越小，则说明此车的加速潜力越大。

大型拖挂车

虽然发动机功率高达300马力，但其总重量可能高达100吨，因此，它的比功率为333千克/马力，也就是说1马力的动力要驱动333千克的重量，相当于5个人骑在一匹马上，因此其0–100公里/小时加速时间需要30多秒。

333千克/马力

35秒

奔驰Actros

发动机最大功率为408马力，最大总重量17吨，比功率为42千克/马力，0-100公里/小时加速时间为20多秒。

宝马535Li

发动机最大功率为306马力，整车重量为1850千克，比功率为6.1千克/马力，0-100公里/小时加速时间为6.2秒。

宝马Z4 35i：

宝马Z4 35i跑车的最大功率为306马力，重1.6吨，比功率为5.2千克/马力，0-100公里/小时加速时间为5.1秒。

F1赛车：

F1赛车重量仅为620千克，发动机最大功率高达800马力，它的比功率更是达到0.78千克/马力，0-100公里/小时加速时间仅为2.5秒左右。

神奇g值VS推背感

g是一个物理名词，意为“重力加速度”。我们在正常状态下承受的重力就等于自身的重力，也就是重力加速度1g，约为9.8米/秒^2。可以这样理解，几个g就表示身体所受的力为自身重量的几倍。比赛中，飞快的车速加上急剧的转弯，使得赛车手一般要承受大约3~6g的力。例如，在一个5g的弯道上，一个赛车手所受的力等于他自身重量的5倍，大约有二三十千克的力将车手的头拉向一边，所以如果脖子不够强劲一定会断掉。

想象你是一位F1赛车手，当你驾驶速度可以达300公里/小时的F1赛车通过一个个弯道时，会不停地加速、减速、左转、右转，而你的前胸、后背会感觉到不停地被挤压、推动(俗称“推背感”)，并且一股力量会把你一会儿推向座椅的左侧，一会儿推向座椅的右侧。头部、脖颈也会受到前、后、左、右的推力。这股奇妙的推力，就是所谓的g力。

在赛车上，g力是表示赛车受力大小的单位，比如一辆600千克的F1赛车在弯道受到600千克力的侧向力，那么就可以说赛车受到的侧向力是1g。F1赛事中g力最大可达6g。

一般而言，正常状态下的人体所能承受的最大极限为正9g到负3g之间，而当正g力越大时，血液会因压力从头部流向腿部而使脑部血液量锐减，此时二氧化碳浓度会急遽增加，并因缺血缺氧而影响视觉器官造成所谓的“黑视症”（Blackout）。现在战斗机所能承受的最大负荷是9g，也就是说，超过这个值，飞机就会有解体的可能。所以，战斗机飞行员在训练的时候，不可能超过9g的超重值。而事实上，一般战斗机的飞行不会超过5g。航天员在升天时所承受的超重值在4~4.5g之间，还没有F1赛车手承受的g力大。航天员在训练时一般不会超过9g，否则会对航天员的身体造成伤害。

g力极限

-3g——人体所能承受的最大负g力是-3g，如果超过此值，人体血液会快速涌向大脑并使脑部血管爆裂。

0g——太空失重状态。

1g——正常重力状态，也就是你现在的状态。

3g——在大型过山车的最底部时所承受的力量。

4.3g——民用飞机所能承受的最大G力。

5g——如果持续承受此G值，大多数人在此时会感觉眼前一片黑暗。

9g——战斗机飞行员和航天员训练时所承受的最大g力。

g值冲击VS F1赛车

3g——加速

F1赛车可以在2秒内从静止加速到100公里/小时，来自前方的g力会将赛车手紧紧地压向座椅后背，此时的g力相当于3倍赛车手的体重，也就是说F1在加速时的g力为3g。

4g——转弯

当F1赛车高速转弯时，在牛顿第一定律的作用下，赛车手会试图继续保持直线行驶，也就是试图继续向弯道路外侧冲去，但赛车在前轮转向力的作用下一个劲地要往弯道方向驶去，这样赛车手就会感觉到自己的身体重重地压向座椅的一侧，此时的g力为4g，也就是有4倍赛车手重量的力量压向赛车手，因此赛车手此时必须强迫自己扭转脖颈看清前方并紧握方向盘，否则就可能被甩出赛车。

5g——下压力

当F1赛车在直道上以最高车速行驶时，此时赛车在空气动力学部件（导流板和扰流板）的作用下，可以产生最大5g的下压力，以便让轮胎紧紧地抓着地面前进。但此时赛车手并不会感觉到任何下压力，更不会有5g的力量压迫自己。

6g——制动

没有制动就没有速度。F1的高速度是建立在其高效的制动性能的基础之上。F1赛车采用高性能的碳纤维制动盘，它可以将300公里/小时的赛车快速制动，但此时赛车手的后背将承受6g的推力，也就是6倍身体重量的力量仍然在推动赛车手向前运动。据说可以将F1赛车手的眼泪挤压出来并可能模糊视线。

风阻VS空气阻力

风阻也称空气阻力。汽车在行驶中才会遇到风阻。风阻虽然看不见，但可以摸得着。当汽车行驶时把手伸出窗外，就会很容易感觉到风阻，一股力量往后推动你的手，这个力量就是风阻。

汽车风阻由压力阻力和摩擦阻力两部分组成。流动的空气作用在汽车外形表面上的压力，称为压力阻力；由于空气的粘性而在车身表面产生的摩擦力，称为摩擦阻力。

一般汽车在前进时所受到的风阻大致是来自前方，除非侧面风速特别大，不然不会对车辆产生太大影响，就算有，也可通过方向盘来修正。

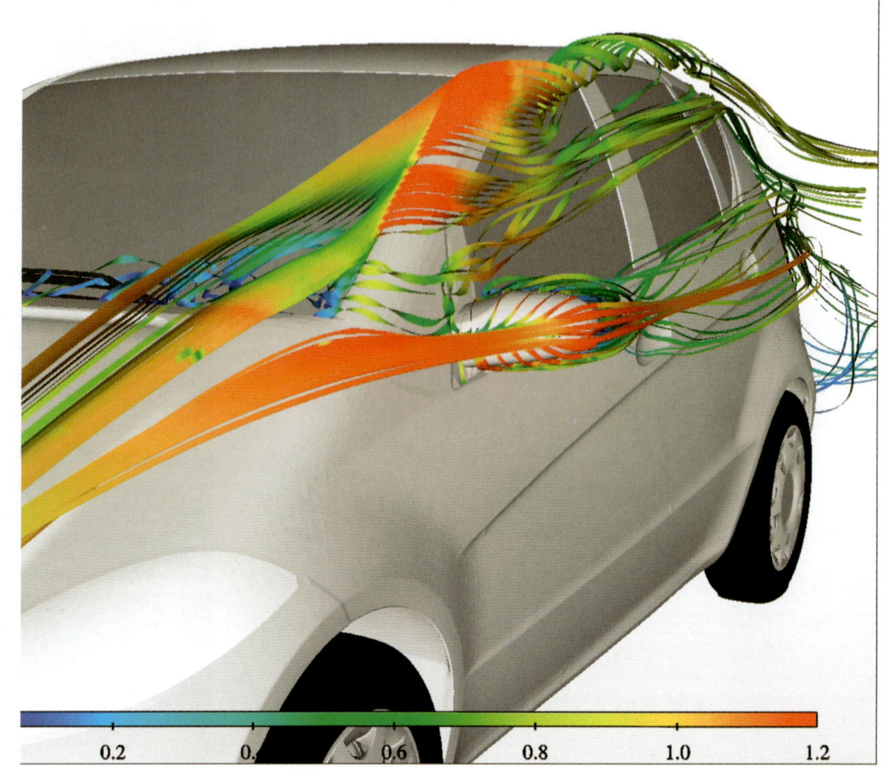

空气阻力VS燃油消耗

一款新车型能否顺利从设计阶段发展到生产阶段，它的燃油消耗标准非常重要。空气阻力对燃油消耗有相当大的影响。因为当车辆在行驶时，空气阻力与车速的平方成正比，比如，100公里/小时行驶时受到的空气阻力是50公里/小时时的4倍，是25公里/小时时的16倍。空气阻力越大，发动机就需要燃烧更多的燃油来增加力量，用来克服汽车遇到的空气阻力。若外形设计不良，车身风阻系数较大，燃油消耗就较高，就会失去市场竞争力。根据测试，当一辆轿车以80公里/小时的速度前进时，有60%的燃油消耗是用来克服风阻的。

空气阻力VS车身高度

当汽车在马路上飞奔时，它实际上是要在空气中钻过一个洞。空气虽然看不见，但它确实存在。车体越高的汽车，在空气中钻过的洞就越大，同时要付出更艰辛的努力并消耗更多的燃油，而且行驶起来稳定性较差；而追求速度的跑车等，一般都会把车身设计得很低，这样在行驶时只需在空气中钻过一个较小的洞，就可让汽车以更高的速度稳定行驶。

车体越高的汽车，在空气中钻过的洞就越大

三厢车只会在行李箱后面形成紊流，而在后风窗上气流则会顺利流过

风洞实验VS风阻系数

风洞实验室并不真的是个“洞”，而是一条大型隧道或管道。风洞里面有一个巨型风扇，能产生一股强劲气流。气流经过一些风格栅，减少涡流产生后才进入试验室。

风洞的最大作用是用来测量汽车的风阻，风阻的大小用风阻系数C_d表示，风阻系数越小，说明它受空气阻力影响越小。

除了用来测量风阻外，风洞实验室还可以用来研究气流绕过车身时所产生的效应，如升力、下压力，并可以模拟不同的气候环境，如炎热、寒冷、下雨或下雪等情况。这样，工程师们便可以知道汽车在不同环境下的工作情况，特别是散热器散热、制动器散热等问题。

①车辆入口
②滚动测力仪
③风机
④出风口
⑤收风口
⑥热交换器
⑦湿度管理
⑧太阳光模拟
⑨尾气排放系统

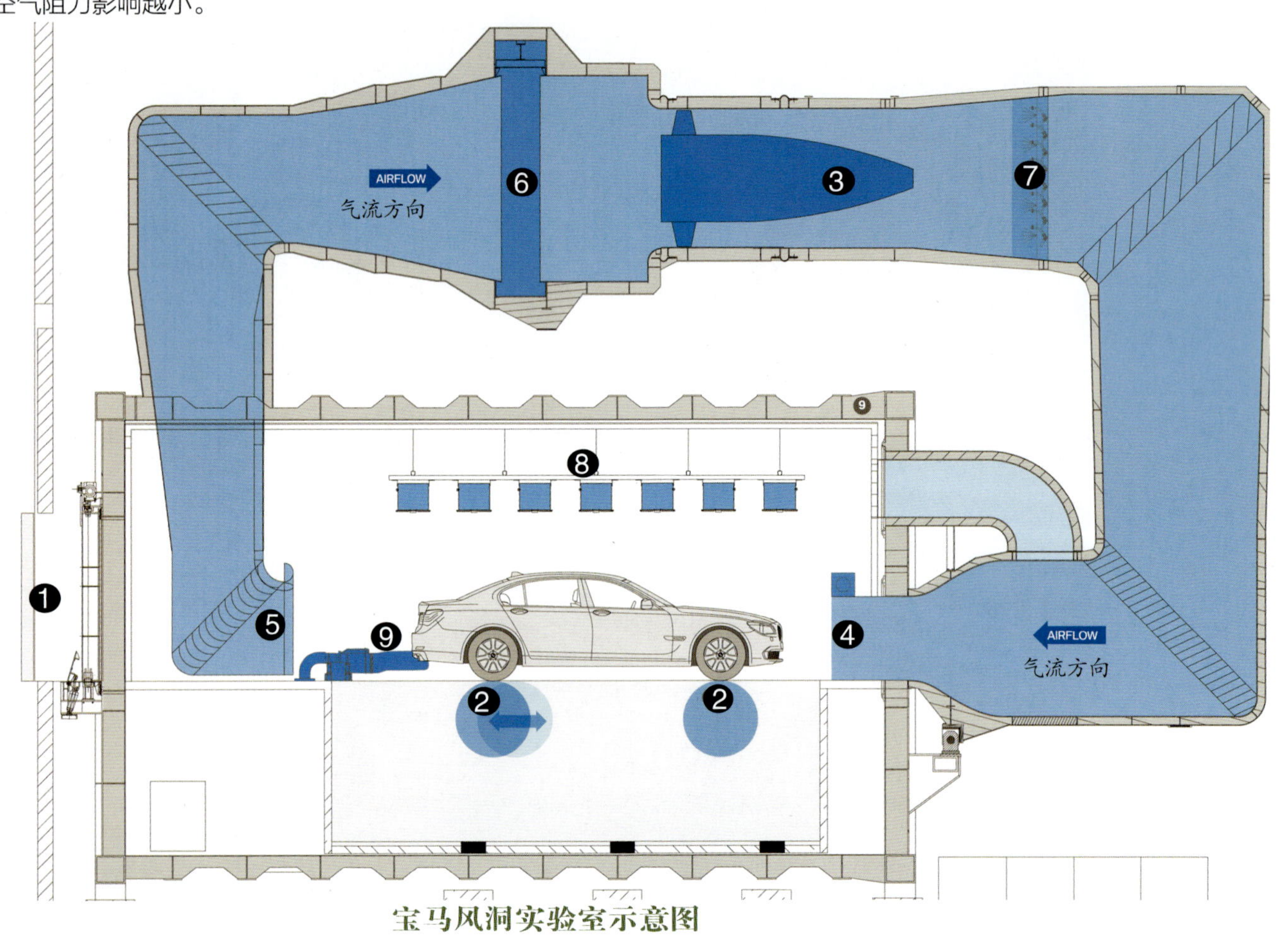

宝马风洞实验室示意图

风阻系数VS计算公式

一般来讲，当一辆汽车在正常行驶中，它所受到的主要力量大致来自三个方面：① 它本身由发动机输出的前进力量；② 来自地面的摩擦力；③ 风阻。风阻可以通过汽车本身的风阻系数计算出来。

风阻系数是根据风洞测试结果计算出来的。当车辆在风洞中测试时，借由风速来模拟汽车行驶时的车速，再以测试仪器来测知这辆车需花多少力量来抵挡这风速的风阻，使该车不至于被风吹得后退。在测得所需之力后，再扣除车轮与地面的摩擦力，剩下的就是风阻了，然后再以空气动力学的公式就可算出所谓的风阻系数。

$$风阻系数=\frac{空气阻力\times 2}{空气密度\times 正面面积\times 车速平方}$$

一般来讲，我们在马路上看到的大多数轿车的风阻系数在0.30左右,流线形较好的汽车如跑车等,其风阻系数可达到0.28以下,一些特制赛车可以达到0.15左右。

空气阻力VS四大影响因素

首先明确一个概念：并不是只有汽车的外观形状才会影响汽车所受空气阻力的大小，汽车的底部、车轮和车轮室等也会影响汽车所受风阻。宝马集团的空气动力学技术专家认为：

汽车的外观形状和车身比例，对空气阻力的影响占40%。

车轮和车轮所在空间（或者说车轮室）对空气阻力的影响要达到惊人的30%。

车身底部带来的风阻占20%。

空气进入车内造成的风阻占10%。

从上面也可看出，要想让汽车拥有一个较小的风阻系数，主要应在4个方面做文章：

1）将汽车设计得更流线形、更平滑，车身附件更小巧和隐蔽，让空气更容易、更顺畅地通过车身，在尾部不能产生较大的紊乱气流。

2）车轮不能太宽，车轮室不能太深。

3）车身底部应布局合理，排气管等部件应尽量平整，利于空气从车底通过。

4）车前部的进气孔设计要合理，让进入到车内的空气不能太多也不能太少，因为冷却发动机和制动盘时都要用空气，而且也要通气顺畅。

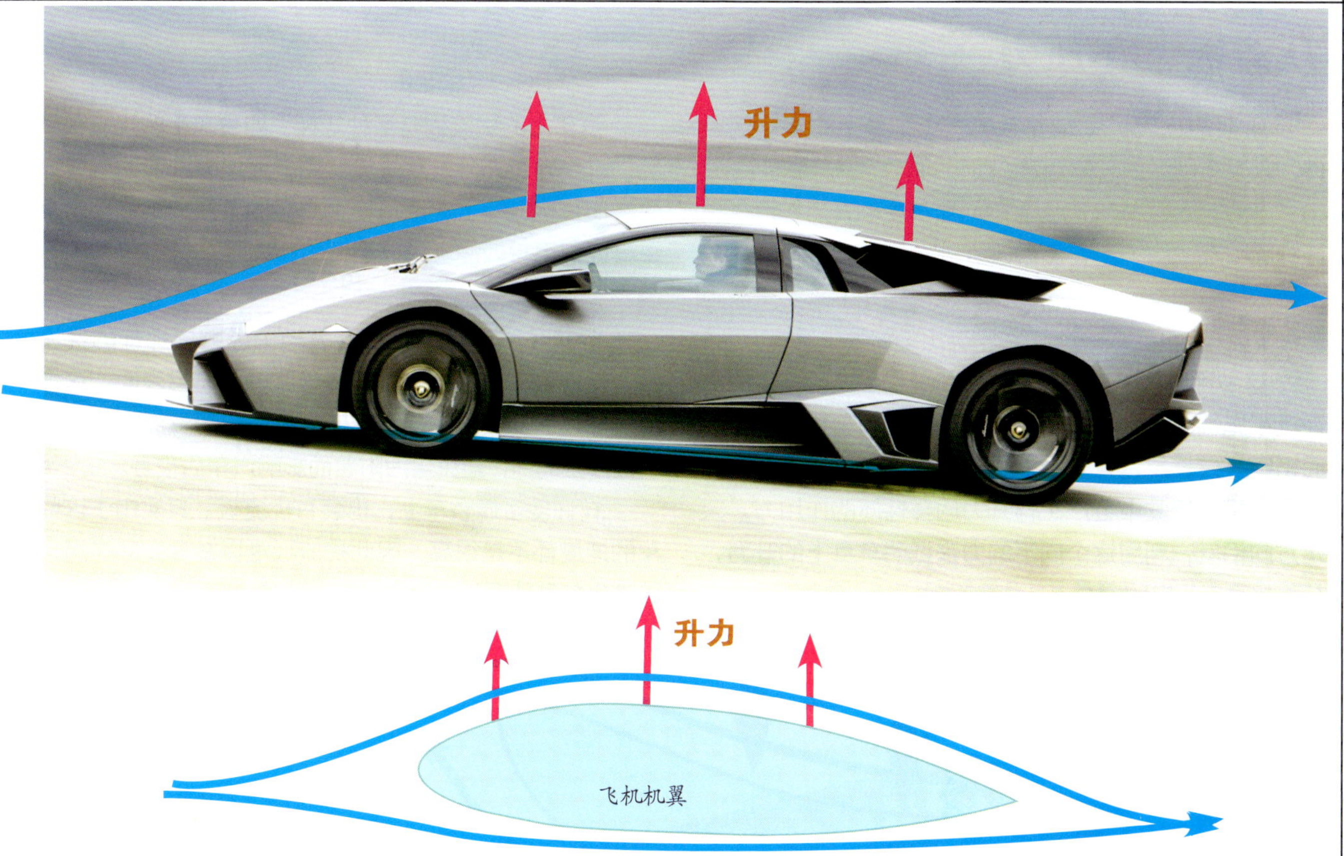

根据伯努利（Bernoulli）定律，流体速度越快，压力就越小。汽车通过汽车顶部的空气速度比流过汽车底部的空气速度快，因此汽车上面受到的压力比底部受到的压力小。这种压力差造成空气对汽车有一个升力。飞机就是靠这种升力而能够起飞上天的。

汽车车身VS飞机机翼

汽车车身与飞机机翼有一个共同点：在它们上部表面掠过的空气，其流程比在它们底部掠过的空气流程长。空气流程越长，其速度也越快。根据流体力学中伯努利（Bernoulli）定律：流体速度越快，压力会越小。因此，汽车上部所受的空气压力要比底部小，结果便会产生升力。

或者这样理解升力产生的原因：当汽车前进时，气流与车头互相碰撞后，有一部分气流会从车子上方飘过，一部分则从车底飘过。因为从车顶飘过的气流行程较长，因此气流密度也就降低了；而从车底飘过的气流，则有点被“压缩”的情形，压力较上部气流大，因此每辆汽车多少都会受到些升力，而且汽车的行驶速度越高，升力越大。

F1赛车VS空气动力学

当F1赛车达到其最高速度360公里/小时，就相当于一场龙卷风从它上面刮过，因此它在行驶中稍有不稳定的因素就可能导致车毁人亡。因此，F1赛车设计与空气动力学的关系非常大，其设计师几乎多半时间都是在风洞中度过的，以寻求空气动力学方面的最佳设计方案。其实，F1赛车上的所有部件几乎都是空气动力学部件。当F1赛车以300公里/小时的速度行驶时，大约将产生1000千克力的下压力，而F1赛车车身、车手及装备的总重量仅有600多千克。因此，从理论上讲也可以将F1赛车倒过来贴着天花板上行驶。

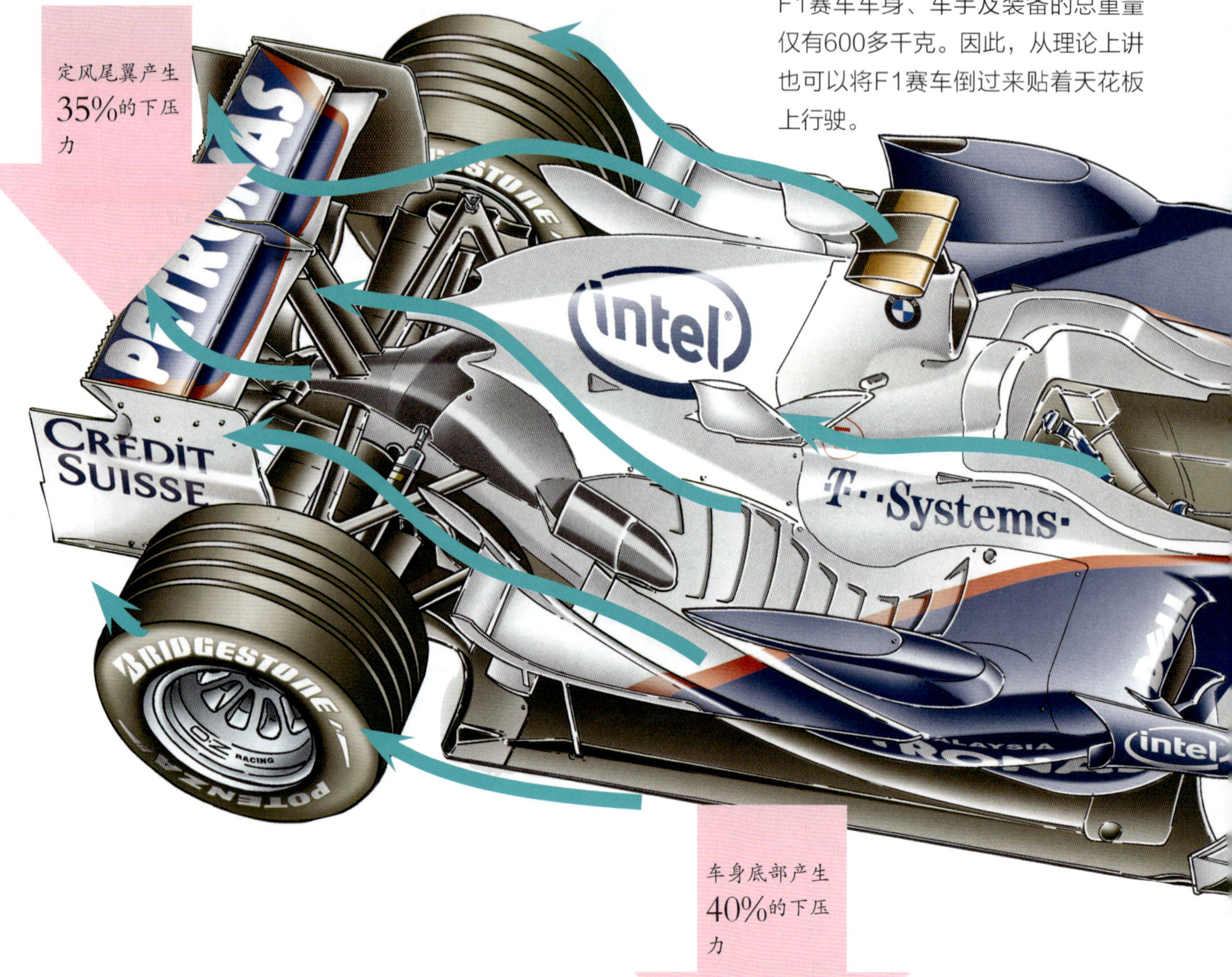

F1赛车车身下压力示意图

车前导流板

F1赛车在前部装有导流板，它的作用是引导气流按照设计师的要求流通，比如引导气流流向制动盘、车身上部、车身两侧等。

前导流板大约可以产生25%的下压力。

定风尾翼

在F1尾部装有扰流板，它们的作用都是为了产生下压力，让赛车拥有更强的操控性和行驶稳定性。F1尾部的扰流板也称“定风尾翼”，一般倾斜15°，当前进时可以产生巨大的下压力。但由于有一个倾斜角度，因此同时也会产生一定的风阻，使F1的风阻系数加大，一般F1的风阻系数达到1.0左右，而一般轿车仅为0.3左右。这就要求设计时必须“恰到好处”，使增加的风阻与改善的性能相比非常小。

定风尾翼大约可以产生35%的下压力。

扩散器

让F1产生下压力的另一个主要部件就是车体本身。根据伯努利定律：在一个流体系统，比如气流、水流中，流速越快，流体产生的压力就越小。F1赛车的底部都铺设一个顺滑的平板，然后在车尾下方还设计有“扩散器”（利用多个沟槽向外分流），引导车底部的气流能加速流过车底。车底部的空气流速增加后，车底部的空气压力便会减小，从而增加车身受到的下压力，这就相当于将赛车“吸”在地面上。

车底部产生40%的下压力。

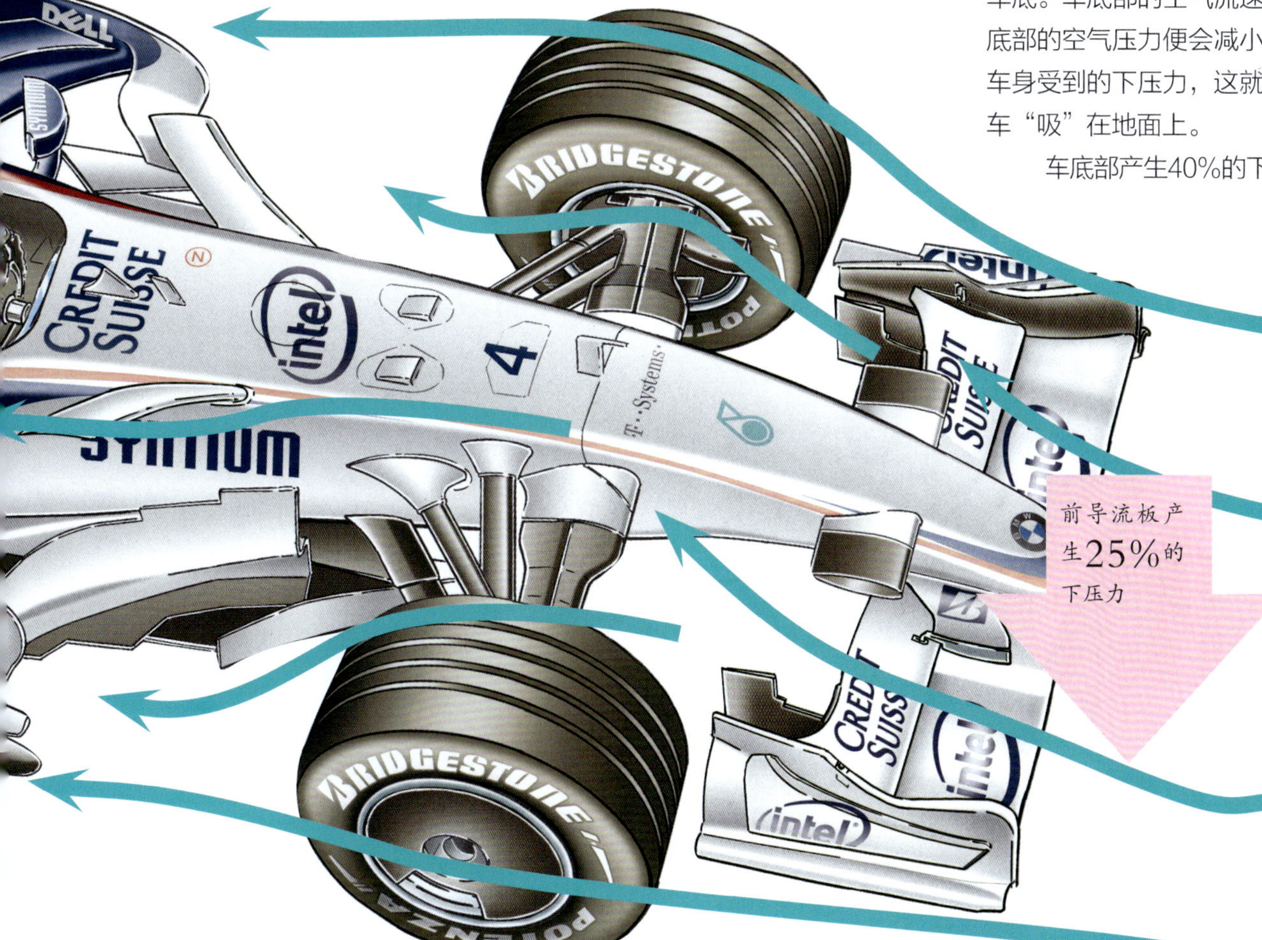

离心力VS汽车爬墙

在环形高速试车道上，当汽车达到一定高速时，它就会“爬升”到试车道的上部。

在马戏团也常常有一个名为“死亡墙”的表演，在一个非常陡峭的圆壁上，杂技演员驾驶摩托车甚至是汽车，可以垂直地行驶在陡峭的墙壁上，汽车和摩托车就像是悬架在圆形墙壁上。难道这些车辆就不受重力吸引了吗？显然不是的，它们能悬架在墙壁上的主要原因有两个，一是离心力的作用，二是摩擦力的作用。

任何物体沿圆周运动时都会受到一个离心力的作用，也就是有一个力量向圆外推动物体。洗衣机就是利用这个原理对洗好的衣服进行甩干。当物体沿圆周运动速度越快时，它所受到的离心力也越大。当汽车高速沿圆周运动时，非常大的离心力会将汽车狠狠地压向墙壁上，而轮胎与墙壁之间的摩擦力又会使汽车继续快速运动。当汽车慢慢将速度降下来时，离心力也逐渐减小，当小于重力时，汽车就会从墙壁上滑下来。

环形高速试车道上的汽车在离心力、摩擦力、重力和地面支撑力的共同作用下，保持一种平衡。然而，如果汽车速度减小，离心力就会减小，使汽车失去平衡，滑落下来后再建立新的平衡

马力VS马的力量

现在衡量发动机多么有力量的方式有多种，但我们最为熟悉的可能还是“马力”。虽然英制和米制马力之间有微小差别，但我们仍然最喜欢用“马力”来表述一款汽车的动力强劲程度。

有人以为“1马力”就相当于一匹马的力量，这句话也对也不对。因为世上马匹各不相同，到底是以哪匹马的力量来作为参照呢？这还要从“马力”的来历说起。

“马力”（Horsepower）是由苏格兰科学家詹姆斯·瓦特首先提出的。瓦特是蒸汽机的发明者。为了推销他的蒸汽机，瓦特需要用一种办法来表示蒸汽机的力量大小。当时蒸汽机的潜在客户主要是矿井老板，他们使用大量的马匹拉动抽水机来抽取矿井中的水，或提升从矿井中挖出的煤。因此，瓦特就想到了用“马力”来表示蒸汽机的力量大小。瓦特是以当时小马驹的力量来作为估算基础的。

一只小马驹可以在1分钟内将220磅的煤提升100英尺（即22000磅·英尺/分钟）。瓦特考虑到成年马匹的力量更大些，他估计（实际是错误的）应大出50%，也就是一半，因此，他就将“1马力”简单定义为33000磅·英尺/分钟。后来马力又被定义为：1米制马力=75千克力·米/秒，或者是4500千克力·米/分钟。

瓦特（1736—1819年）

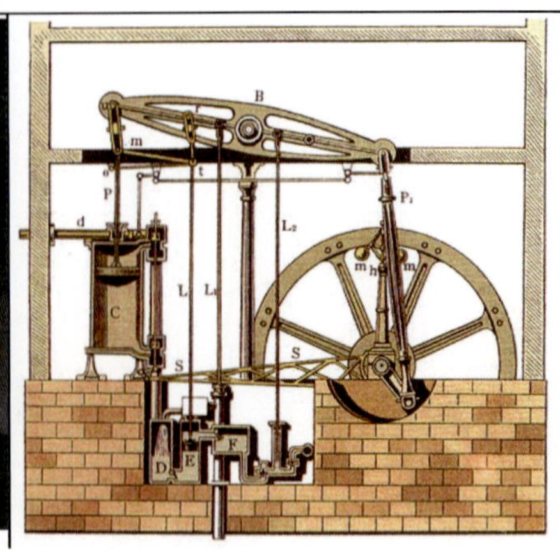

实际上，一匹成年马不比小马驹的力量大出一半，达不到他定义的“1马力”的力量，只相当于他定义“1马力”的70%的能力。所幸的是，在正规场合或专业术语中，人们基本不再使用“马力”作为功率的单位，而是使用“瓦特”（W）或“千瓦”（kW）作为功率的标准单位。

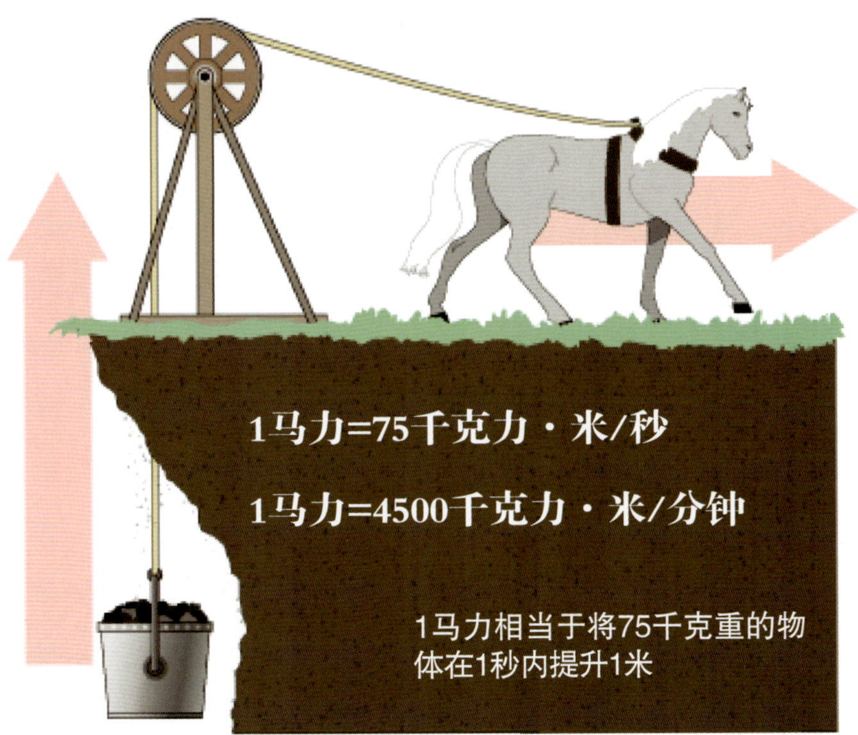

灯泡：0.13马力，0.1千瓦

成人：0.25马力，0.19千瓦

空调：2马力，1.5千瓦

除草机：4马力，3千瓦

微型车：60马力，45千瓦

马：0.7马力，0.52千瓦

坦克：900马力，670千瓦

普通轿车：135马力，100千瓦

高速列车：
24500马力，18400千瓦

飞机：27000马力，20000千瓦

航天飞机：15000000马力，11250000千瓦

Chapter 4 第四章 汽车的皮肤和骨骼

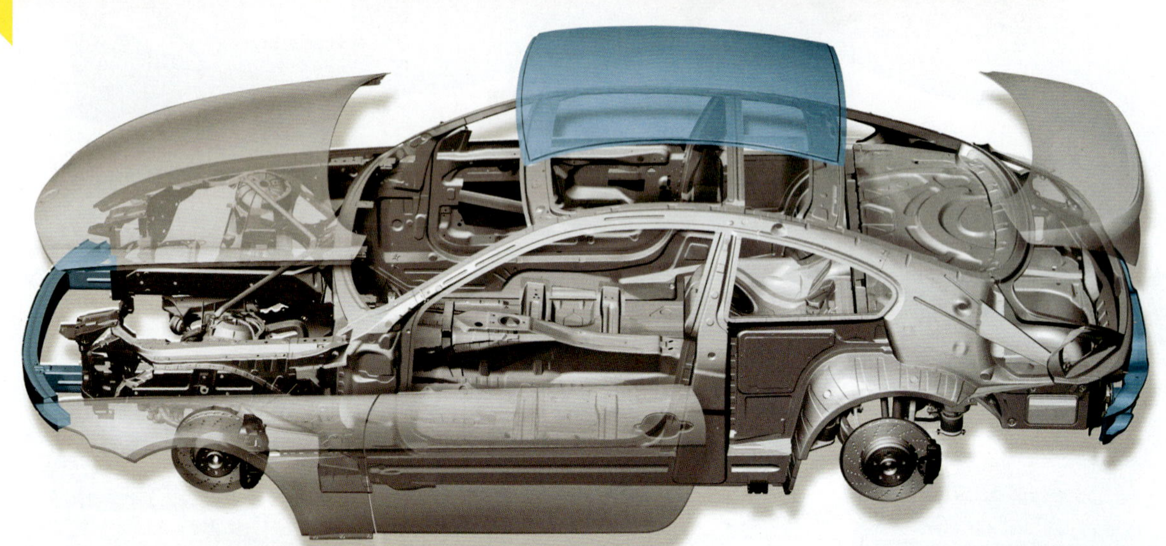

车身面板VS鸟笼骨架

每个人的身体都是靠206块骨骼支撑的，所以才能站立和行走，然而由于每人的骨骼架构不一，因此才会有不同的身材和长相。汽车也一样，它的身材和长相也由其表皮下面的骨骼架构决定。

你看到的车身面板只是汽车的“皮肤”，其实它的厚薄甚至强度如何，对汽车的安全性没有太大影响。你看到的所有车身面板，只是起到防风挡雨和美观的作用，它们都焊接固定在特别设计的钢铁骨架上。骨架的形状基本决定

大众高尔夫汽车鸟笼车身骨架示意图

了车身的造型。

为了使车身更加安全，分散来自各方向的撞击力，现在的汽车厂商在设计汽车时往往都要把车身做成像一个鸟笼子那样，也称为“网状交叉式设计”。这种钢制安全车厢能按照设计师预先设计的方向传递撞击力，从而将强大的外力分散到多个钢梁上，帮助乘员抵抗极大的撞击力，使他们免受伤害。

当汽车受到轻微碰撞时，车身最外面的钢板可能会起一定的保护作用，不让碰撞物进入到车内。但如果受到较严重的碰撞时，这些面板就无法阻挡撞击力了，因为它们很薄，而且强度较小，很容易被外力穿透。这时就只能是靠面板下面的骨架来阻止撞击力了。

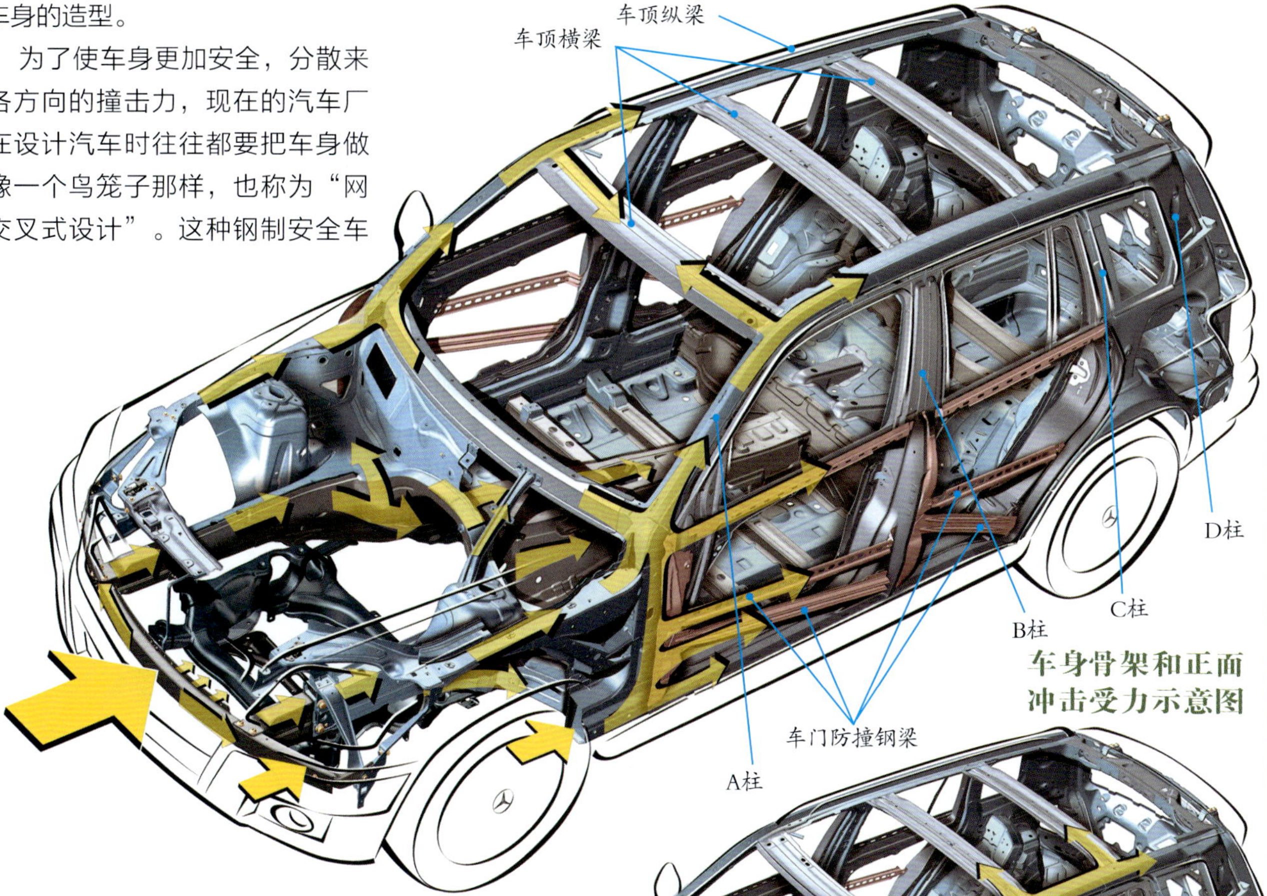

车身骨架和正面冲击受力示意图

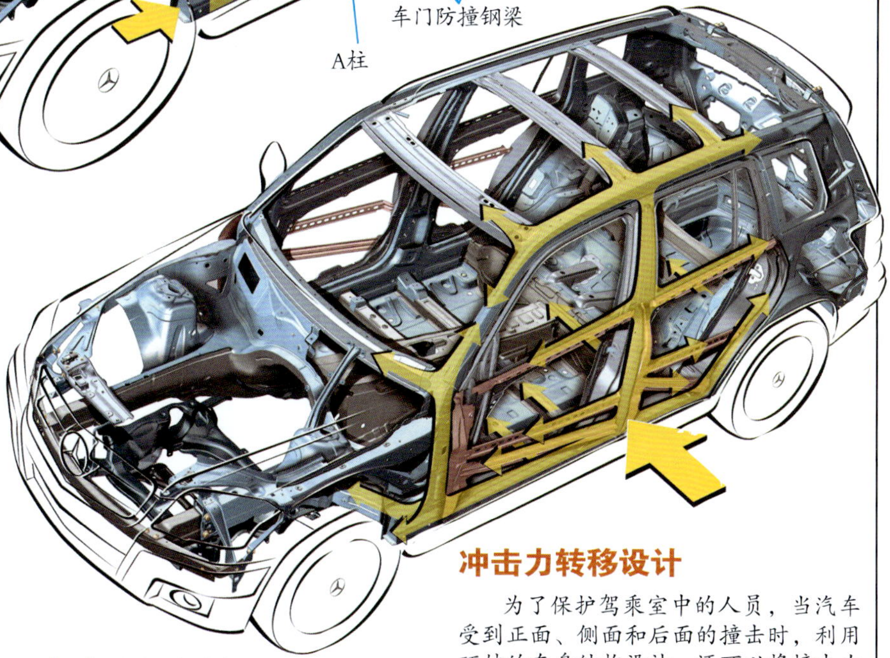

车身骨架和侧面冲击受力示意图

冲击力转移设计

为了保护驾乘室中的人员，当汽车受到正面、侧面和后面的撞击时，利用巧妙的车身结构设计，还可以将撞击力分散、转移到更大范围，从而减轻驾乘室的变形，保护车中乘员安全。

侧撞防护VS车门防撞杠

当汽车受到侧面撞击时，车门很容易受到冲击而变形，从而直接伤害到车内人员。汽车厂商为了提高汽车的安全性，便在车门夹层中间放置一两根非常坚固的钢梁，即车门防撞杠。这样当汽车受到侧面撞击时可减轻车门的变形程度，从而起到对驾乘人员的保护作用。

车中的驾乘人员在受到侧面撞击时更危险，因为驾乘人员的身体与车门间没有多大空隙，它不像受到正面撞击时，至少驾乘人员前方

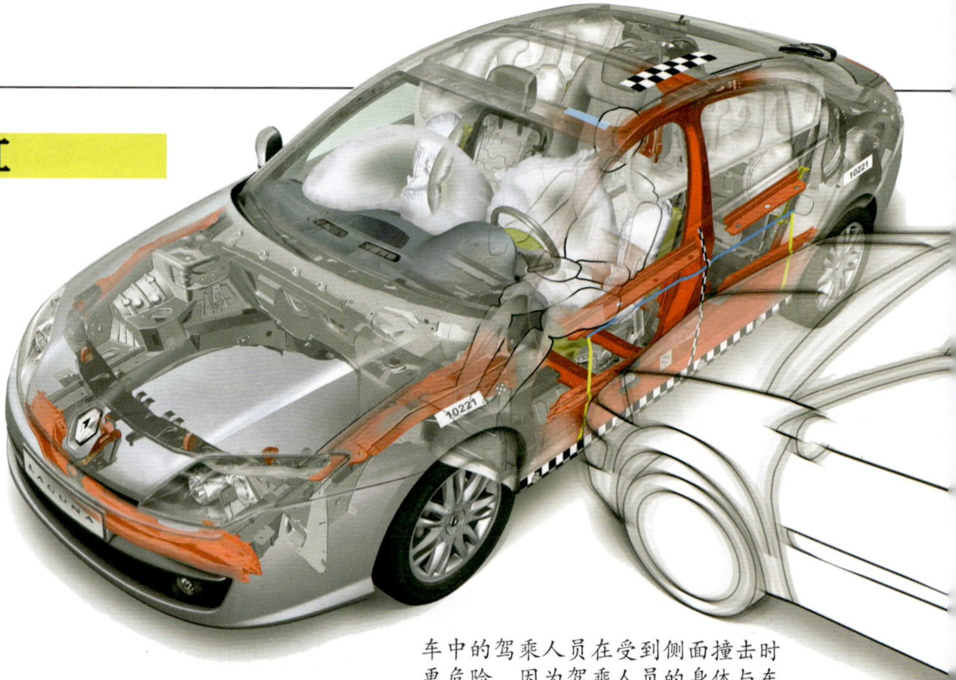

车中的驾乘人员在受到侧面撞击时更危险，因为驾乘人员的身体与车门间没有多大空隙

铝板
铸铝
铝型材
热成型钢
冷成型钢

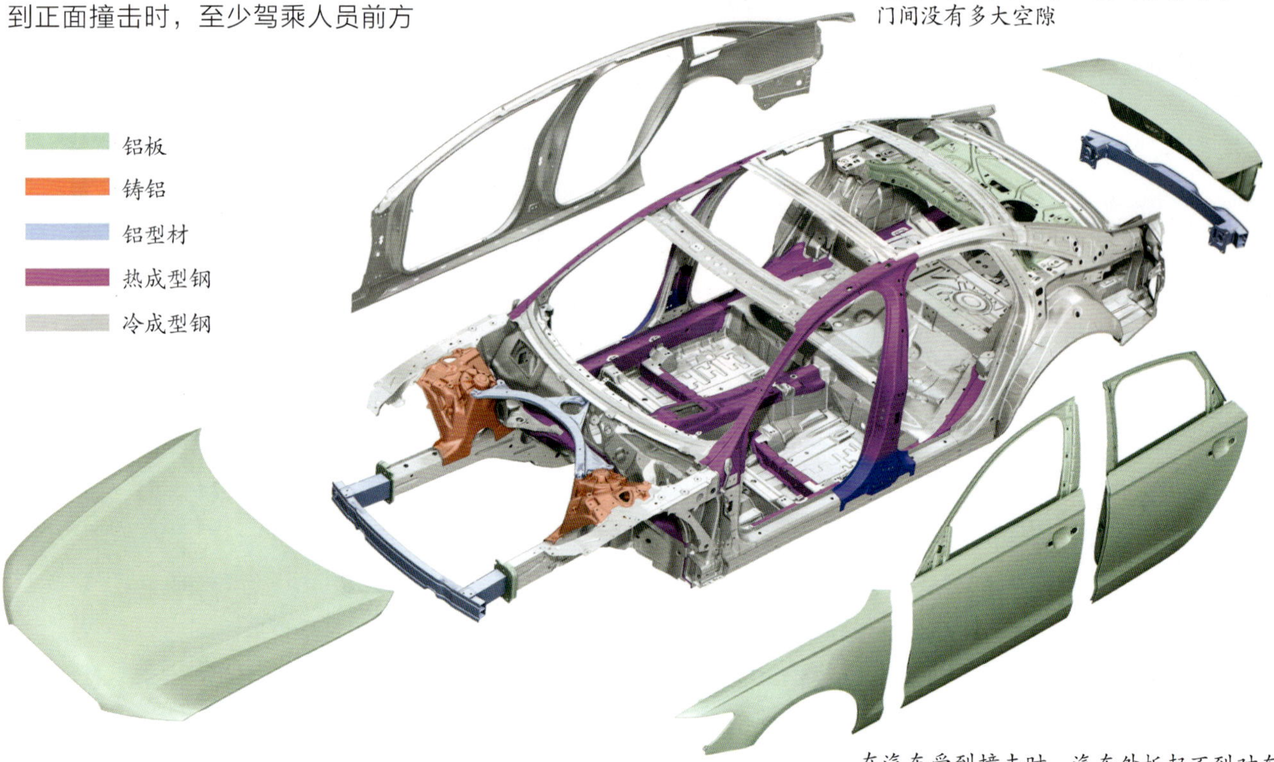

在汽车受到撞击时，汽车外板起不到对车内驾乘人员真正有效的保护作用，车身骨架才是保护驾乘人员的主要防线；而在侧撞时，车门内的防撞杠则是第一道防护线

车身面板和车身骨架示意图

还有一定的空间作为缓冲，侧面受到撞击时几乎没有什么可缓冲的余地，驾乘人员的胸部直接就会受到外力的侵害。因此，车门防撞钢梁就成为了最重要的防线，是驾乘人员的贴身保镖。

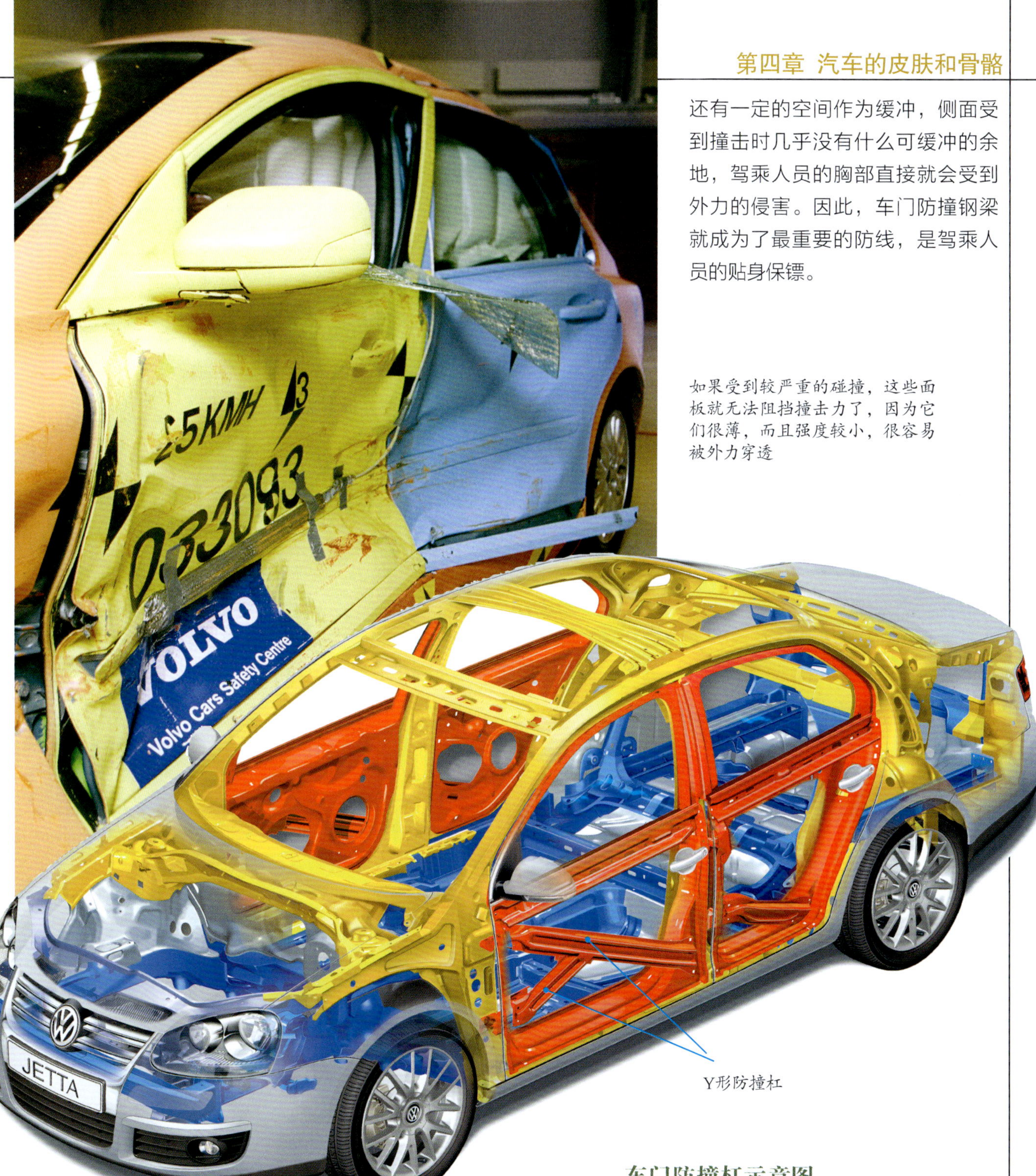

如果受到较严重的碰撞，这些面板就无法阻挡撞击力了，因为它们很薄，而且强度较小，很容易被外力穿透

车门防撞杠示意图

Chapter 5 第五章 汽车心脏内的爆炸

能量VS太阳

汽车和我们人体一样，所有能量都源自太阳。世间万物所获得的能量，其实都来自于太阳。

太阳普照大地，利用光能促进万物生长，并将光能以分子的形式储存在植物中。这些植物直接成为我们人类的食物，或作为我们所食动物的食物间接为我们人体提供能量，提供我们身体所需要的热量，使我们能够走路和跑步。

而数百万年前地球上的植物要比现在多得多，但在地壳变动后它们都被埋在了地下，经数百万年的储藏，如今已变成了石油，并不断地由现代人开采出来炼成汽油或柴油，作为驱动汽车前进的能量。

这个能量转变过程也符合能量守恒定律：能量既不会凭空产生，也不会凭空消灭，它只能从一种形式转化为其他形式，或者从一个物体转移到另一个物体，在转化或转移的过程中，能量的总量不变。

学过化学的都知道，当分子由一种形式转变为另一种形式时会吸收或释放能量。我们人体和汽车的能量来源其实是一样的，几乎经历同样的化学反应过程。

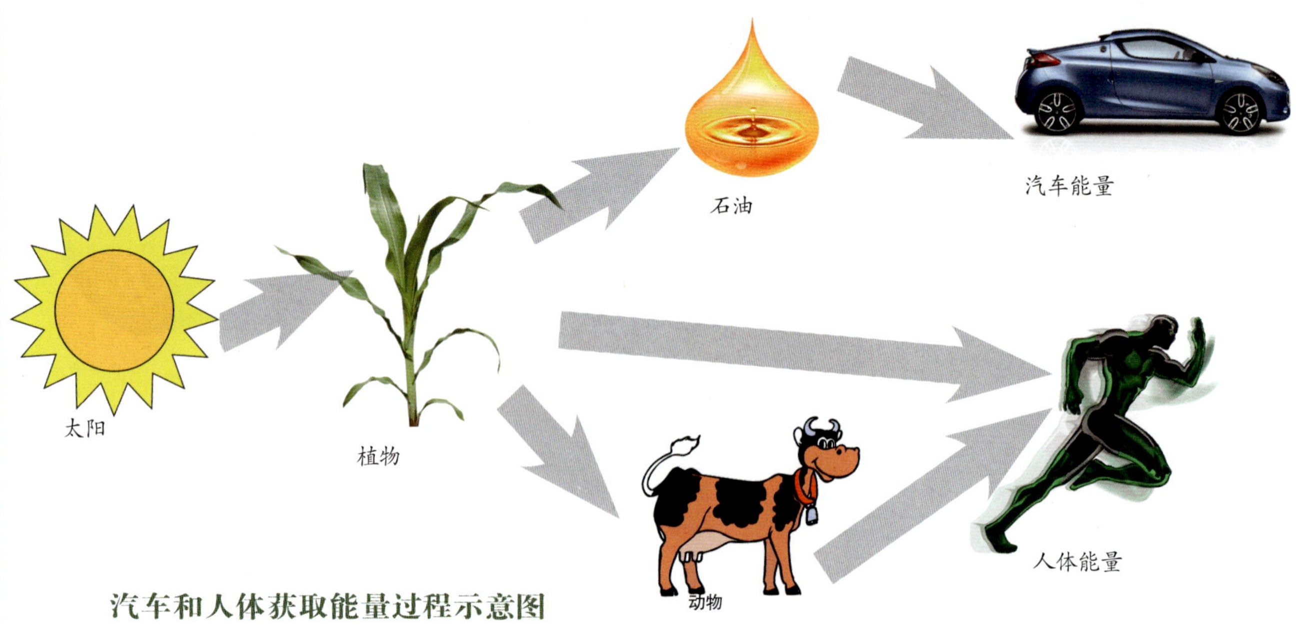

汽车和人体获取能量过程示意图

人体能量VS汽车能量

人体获取能量的过程

1. 吃食物——不论是我们吃的植物还是动物，它们都是含有大量碳元素的碳水化合物。

2. 食物到胃中后与吸入的氧气进行化学反应，使食物中的分子结构被打破，并对碳元素进行重新排列，然后生成含有碳元素的新分子物质。在重新排列碳元素的过程中就会释放出能量。

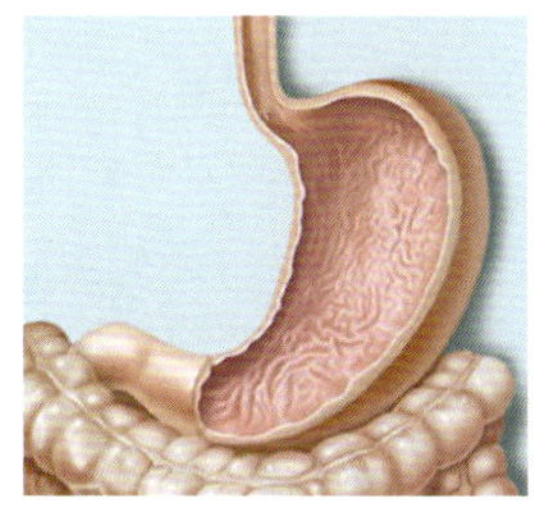

3. 释放的能量再转变成人体所需要的热能和动能，使人体有温度并可以运动。

4. 化学反应后产生的二氧化碳等通过肺部再排放出去。

汽车获取能量的过程

A. 吸入汽油或柴油，它们的成分主要是由大量碳元素组成的碳氢化合物。

B. 进入到气缸后与氧气进行化学反应，使燃油中的分子结构被打破，并对碳元素进行重新排列，然后生成含有碳元素的新分子的物质。在重新排列碳元素的过程中就会释放出能量。

C. 释放的能量再转化成热能和动能，驱动发动机运转和汽车前进。

D. 化学反应后产生的二氧化碳等通过排气管排出去。

内燃机VS外燃机

现在把汽车的发动机称为内燃机，难道还有外燃机不成？是的，真有外燃机，比如原来火车上用的蒸汽机，发电厂和轮船上使用的汽轮机等，都是外燃机。它们都是利用燃料在发动机气缸的外部燃烧来产生动力的发动机。如早期的蒸汽机，它利用燃料（木材、煤、煤气、柴油等）烧开锅炉中的水，使之产生高压蒸汽并进入气缸内，利用蒸汽压力推动活塞做功，从而产生动力。由于燃料在气缸外燃烧，因此称为外燃机。

内燃机则是相对早期的外燃机而言，它的燃料是在气缸内燃烧，如现在的汽油发动机和柴油发动机，都是内燃机。

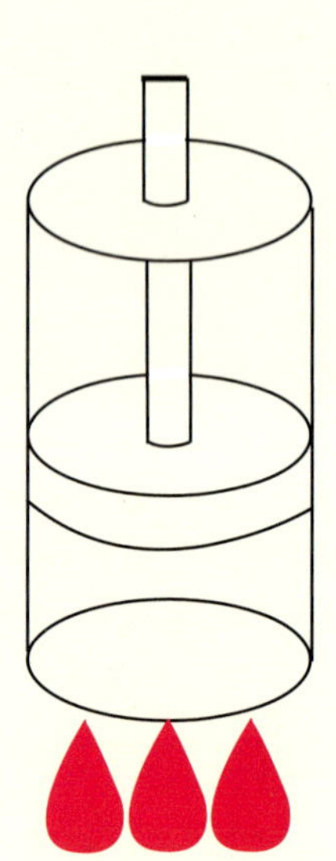

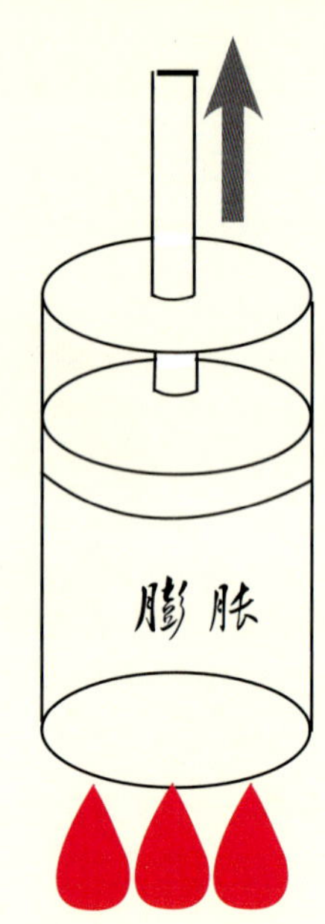

外燃机工作原理示意图

炮筒VS气缸

内燃机的最初设想由荷兰科学家霍因斯于1680年提出。他是受大炮发射炮弹的原理启发，因此，他一开始也用火药作为燃料，将炮弹改成“活塞”，炮筒改成“气缸”，并开一个单向阀，当点燃火药后，火药猛烈爆炸燃烧，推动活塞运动，并产生动力。当然，他最后没有成功。但后人在霍因斯“大炮式发动机”的基础上不断改进，才产生了驱动汽车高速前进的现代内燃机。

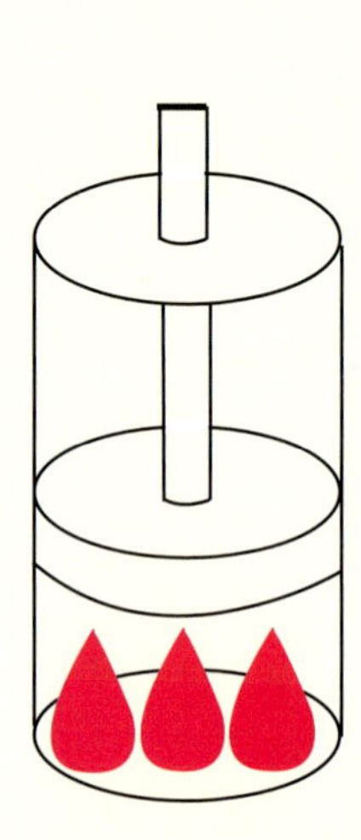

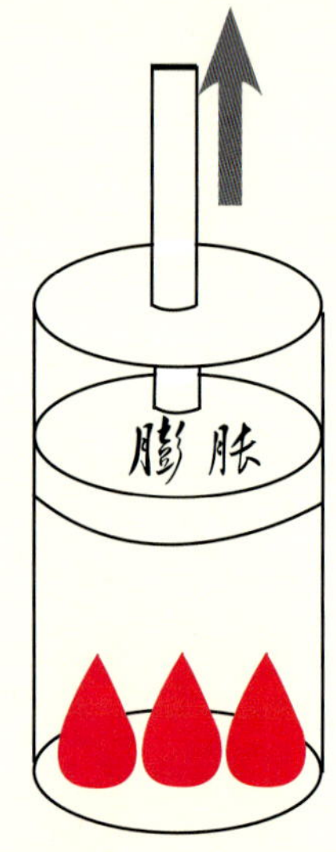

内燃机工作原理示意图

燃烧VS爆炸

燃烧是物体快速氧化而产生光和热的过程，而燃烧必须是三个条件并存才能发生。这三个条件分别是可燃物——燃料（Fuel），助燃物——氧气（Oxygen）及温度要达到燃点——热量（Heat），它们被称为燃烧三要素——火三角。

在发动机中，燃油进入气缸后与氧气进行化学反应，使燃油中的分子结构被打破，并对碳元素进行重新排列，然后生成含有碳元素的新分子的物质。在重新排列碳元素的过程中就会释放出光能和热能。

气缸是汽车产生动力的源点，这个源点的中心是燃烧室。与其说是燃烧室，不如说是爆炸室，因为汽油或柴油在燃烧室中并不是“燃烧”，而是爆炸。在燃烧室中，当汽油和氧气混合在一起并被严重压缩到一个封闭狭小的空间时，此时火花塞上的高压电火花突然点燃混合气，高速的化学反应并伴随着巨大能量的释放，也就形成了爆炸，而且在每秒内产生数百次的微爆炸。其实我们听到的汽车发动机声音，基本就是气缸内发生的爆炸声。当这种爆炸一旦停止，也就意味着汽车发动机熄火了。正是这种强烈的爆炸生产的力量推动活塞上下运动，然后再通过一系列的动力传递，最终推动车轮旋转。

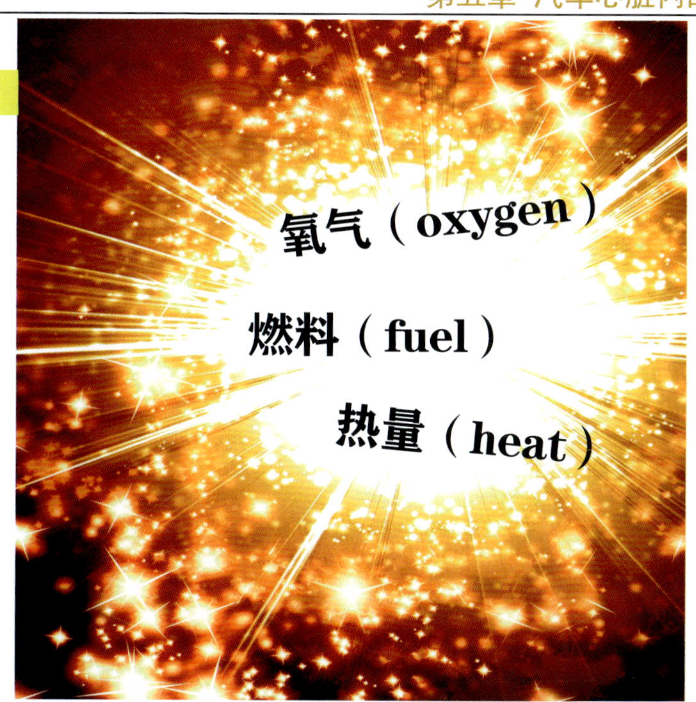

转速VS爆炸次数

一个气缸的活塞在气缸中完成“进气”、“压缩”、“做功”、“排气”四个工作循环，活塞在气缸内上下各两次，曲轴则旋转两周。如果注意一下汽车上的转速表就会知道这个过程有多快。如果转速表的指针指向6，则表明此时的发动机转速为每分钟6000转，相当于每秒钟100转。如果是一个直列四缸发动机，那么一个活塞在1秒内就要完成50个工作循环，也就是在一个气缸内要爆炸50次，那么在1秒内四个气缸则要产生200次爆炸。

爆炸VS排放物

汽油中最主要的成分是碳氢化合物，这个物质分子中只含有碳和氢两种原子。在汽油爆炸燃烧时，碳氢化合物与吸入的空气中的氧产生了化学反应，其中1个碳原子和2个氧原子化合生成1个二氧化碳分子，2个氢原子和1个氧原子化合生成1个水分子。如果吸入的空气量不足，那么和碳原子结合的氧原子就会少，这样就不会完全都生成二氧化碳，而是会生成一部分一氧化碳。在爆炸燃烧的过程中，由于温度极高，还会造成空气中的氮原子被氧化生成一氧化氮和二氧化氮。因此，汽车排气中的主要成分就是一氧化碳、二氧化碳、水、一氧化氮和二氧化氮等。

空燃比VS理想空燃比

由于汽油在发动机内部发生的爆炸实际上就是一种化学反应，因此，参与化学反应的物质之间就有理想的混合比，这个理想的混合比是根据汽油和空气之中参与化学反应的分子的原子量计算出的。空气与汽油的混合比也称空燃比，根据计算，它的理想值大概在14.7:1左右，也就是燃烧1千克的汽油需要吸入14.7千克的空气。如果按体积之比，则大概在9000:1左右，就是说要燃烧1升的汽油，必须吸入9000倍的空气。这样算来，汽车每分钟要吸入大概3000~5000升的空气，而我们人体每分钟只需吸入6升空气就够用了。

每分钟吸入空气量比较

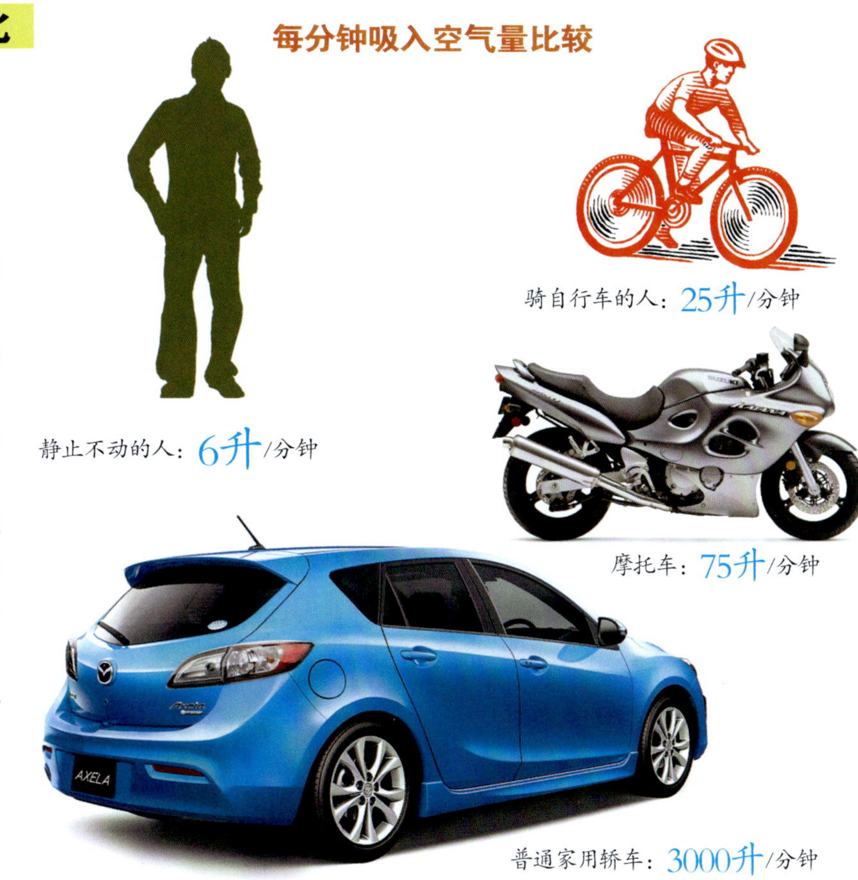

静止不动的人：6升/分钟

骑自行车的人：25升/分钟

摩托车：75升/分钟

普通家用轿车：3000升/分钟

布嘉迪威航超级跑车：12000升/分钟

F1赛车：18000升/分钟

Chapter 6 第六章

汽车心脏的整体构造

发动机罩
发电机传动带
气缸盖
气缸垫
空调压缩机
气门
节气门体
活塞环
发电机
活塞
活塞销
气门弹簧
连杆
水泵
凸轮轴
曲轴轴承
机油泵链条和链轮
曲轴
机油泵
连杆
曲轴带轮
活塞销
活塞
活塞环

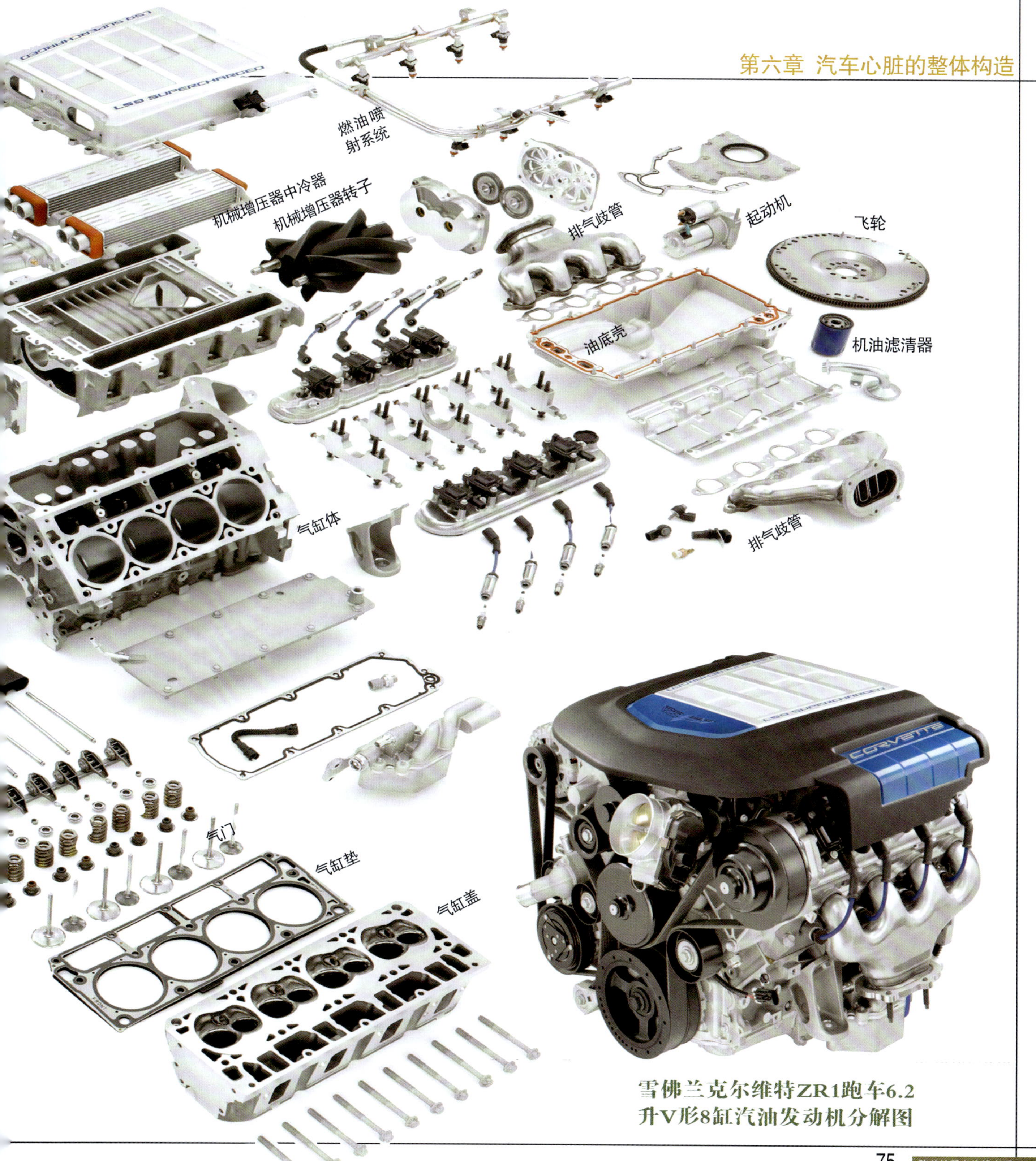

雪佛兰克尔维特ZR1跑车6.2升V形8缸汽油发动机分解图

直列5缸汽油发动机构造图

奥迪2.5升直列5缸
TFSI汽油发动机

V形6缸汽油发动机构造图

V形6缸汽油发动机构造剖视图

可变气门发动机构造图

讴歌V6 VTEC汽油发动机构造图

柴油发动机构造图

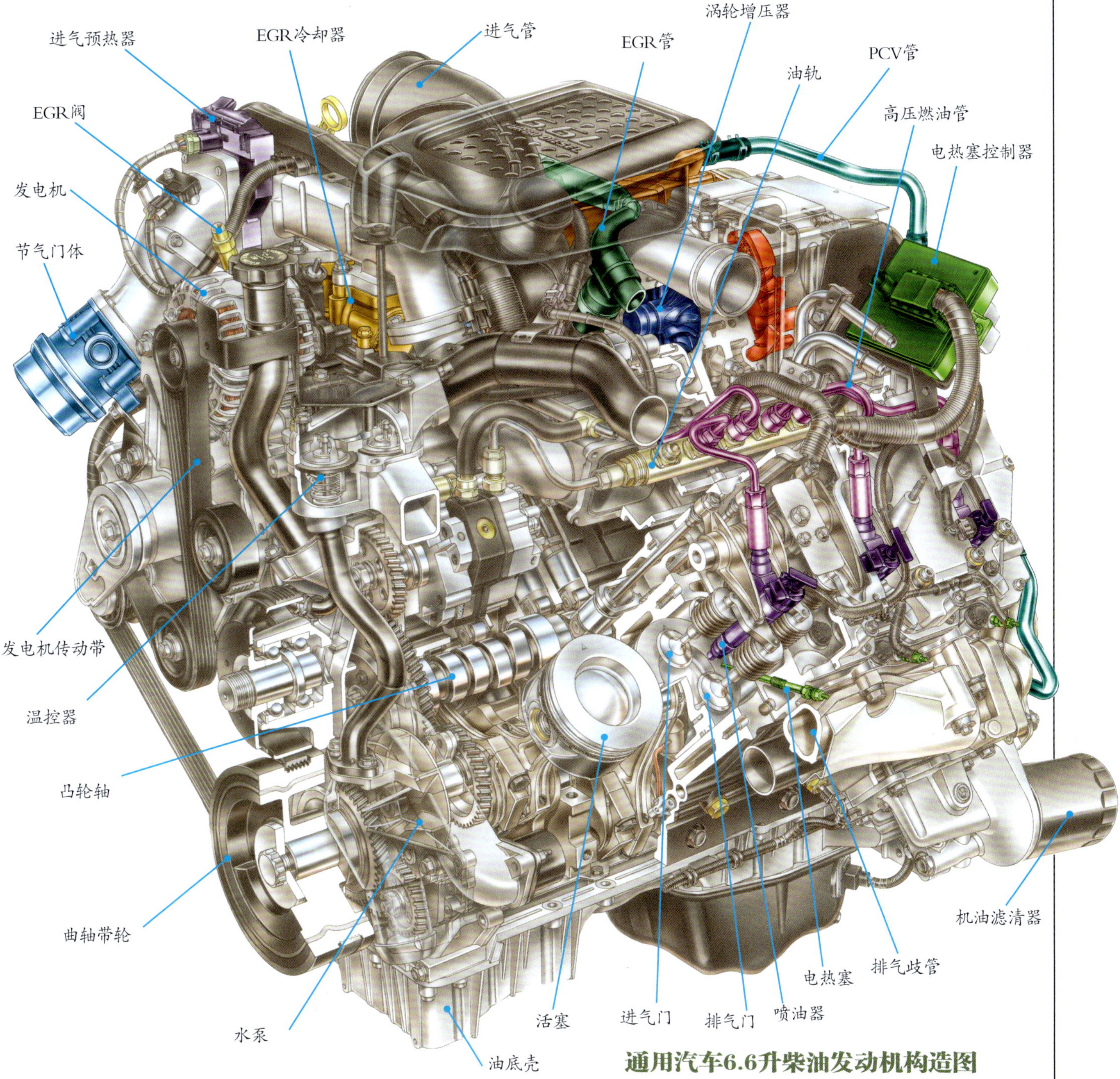

通用汽车6.6升柴油发动机构造图

Chapter 7 第七章 汽车心脏的解剖

进气门VS排气门

要想将汽油或柴油燃烧，必须将氧气引入气缸与燃料混合。在气缸顶端设计的进气门就是为了吸入空气，而空气中含有大量的氧气。

同时在气缸顶端还设计有排气门，它可以把燃烧后的废气排出去。

然而，就像人呼吸一样，往外呼气非常容易，根本不需要用力就可呼出；而吸入空气就相对难些，你必须用力才能将空气吸入肺中。汽车也一样，排气容易吸气难，因此一般都将进气门设计得大一些或多一些，而排气门可以设计得小一些或少一些。

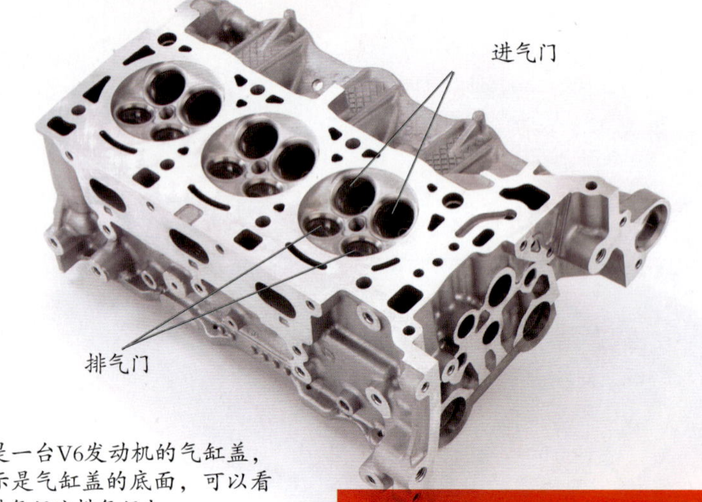

这是一台V6发动机的气缸盖，图示是气缸盖的底面，可以看到进气门比排气门大

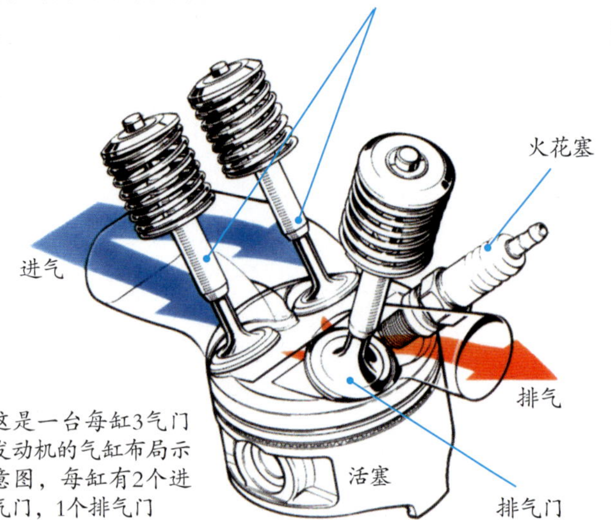

这是一台每缸3气门发动机的气缸布局示意图，每缸有2个进气门，1个排气门

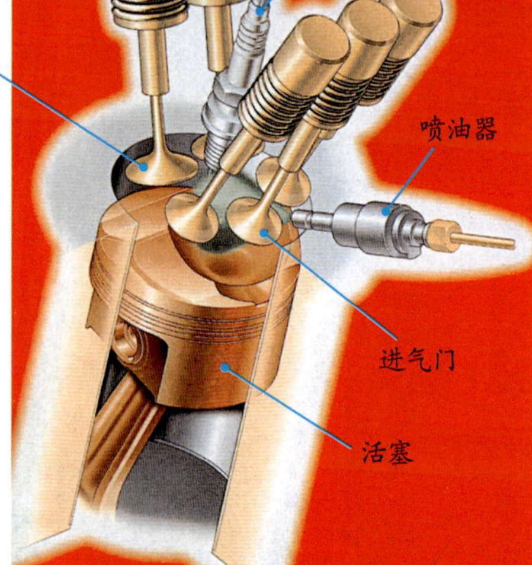

这是一台5气门发动机的气门布局示意图，每缸有3个进气门，2个排气门

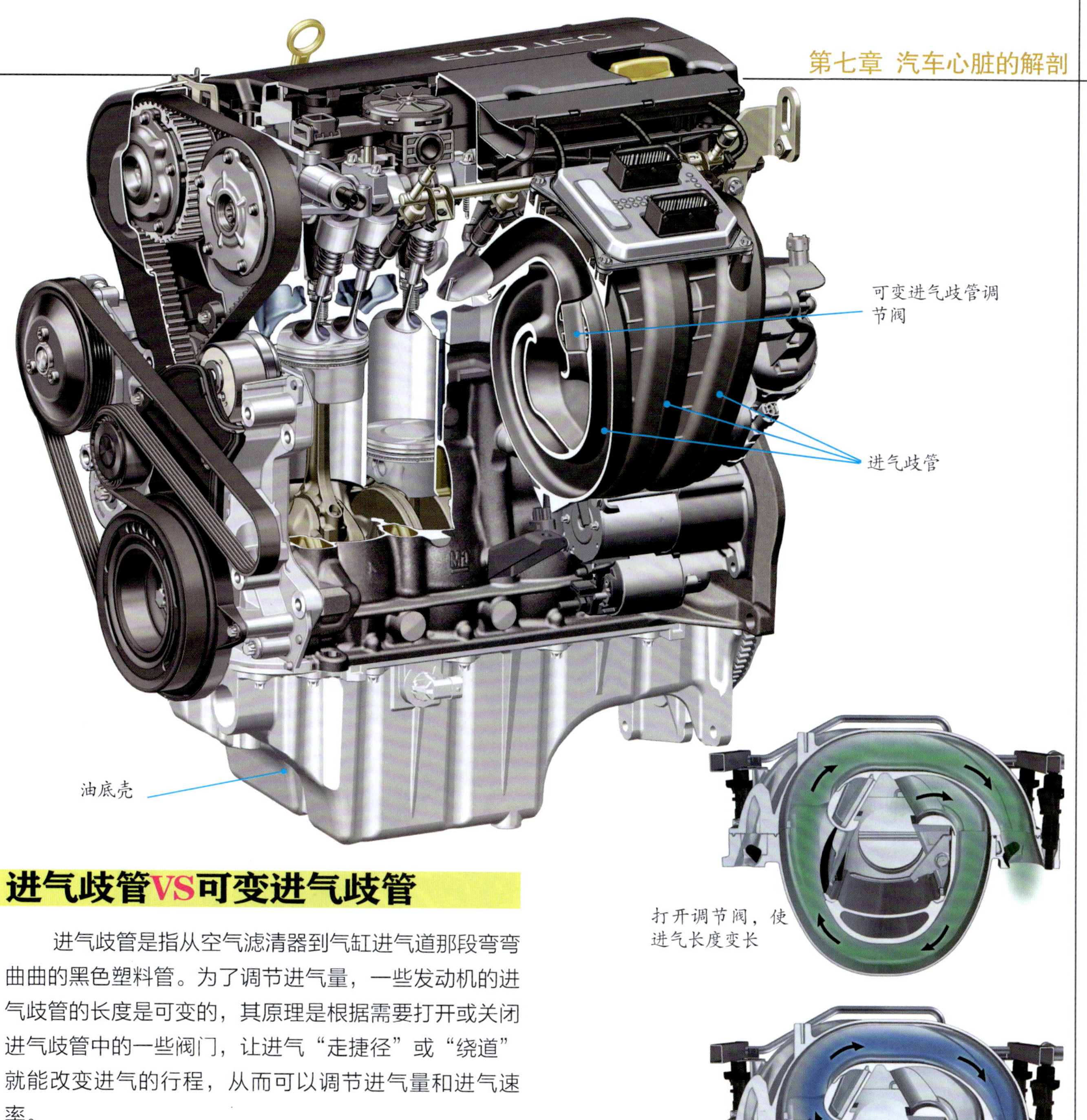

进气歧管VS可变进气歧管

进气歧管是指从空气滤清器到气缸进气道那段弯弯曲曲的黑色塑料管。为了调节进气量，一些发动机的进气歧管的长度是可变的，其原理是根据需要打开或关闭进气歧管中的一些阀门，让进气“走捷径”或“绕道”就能改变进气的行程，从而可以调节进气量和进气速率。

一些发动机的进气歧管的粗细也可变。其实也简单，并不是进气歧管的粗细真的可以变，而是根据进气需求关闭副进气歧管，这样就可达到改变进气歧管粗细的目的。

自然进气VS增压进气

自然进气（Natural Aspiration）发动机是相对增压发动机而言的。就是说，如果一台发动机只利用活塞下行所产生的真空度来吸入空气，这种发动机就称为自然进气发动机。相对而言，自然进气发动机可靠性更高，对节气门加速的响应也更灵敏。

增压器的作用是提高汽车的进气量，相当于提高汽车发动机的肺活量，从而使发动机爆发出更大的动力。

大型发动机的动力之所以比小型发动机强大，主要原因就是大型发动机的气缸排气量大，能吸入更多的空气，从而可以同时燃烧更多的燃油，就会产生更大的爆炸和爆炸力，使发动机输出更大的转矩。然而，通过提高进气压力的办法也可以让发动机吸入更多的空气，将空气压缩后再吸入气缸，可以大幅增大进气量，这就是涡轮增压器和机械增压器的职责。

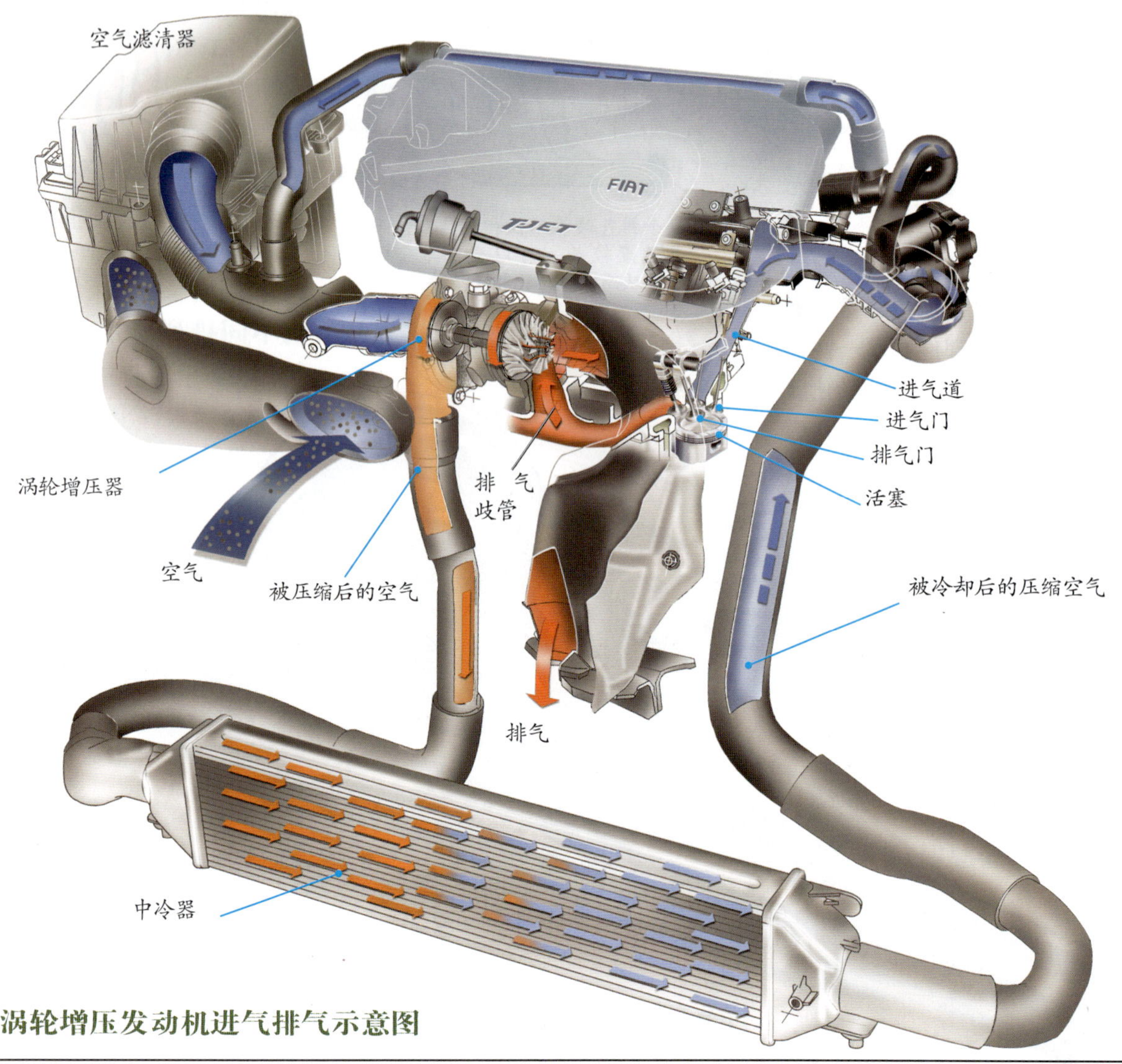

涡轮增压发动机进气排气示意图

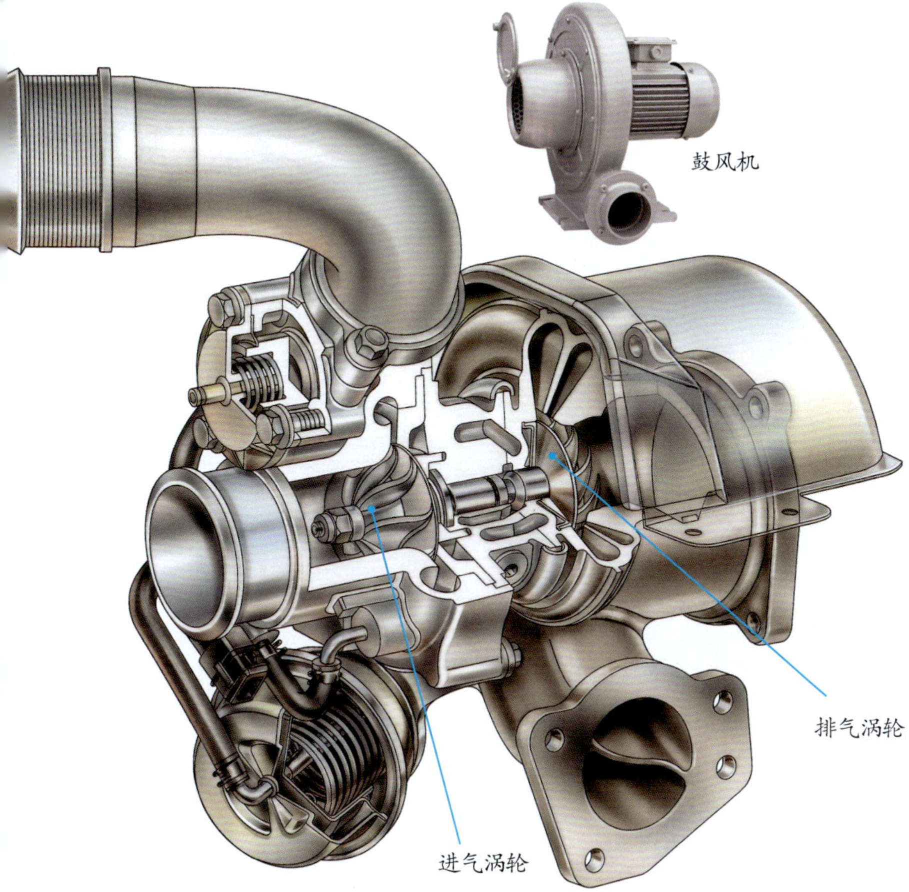

涡轮增压器VS鼓风机

涡轮增压器由发动机排出的废气来驱动，在废气的驱动下，它可以将即将进入到发动机的空气进行压缩，从而提高发动机的进气量。涡轮增压器在发动机转速较低时无法起动，只能到一定转速，比如1500转/分以上时涡轮增压器才能起动工作，因此在加速中有时会感觉到涡轮增压器起动的动静。

涡轮增压器的原理与锅炉上用的鼓风机差不多。锅炉上的鼓风机可以用来为炉火增加氧气，使炉火烧得更旺。发动机上的涡轮增压器也是为了增加用于燃烧的氧气量，使发动机内部实现更猛烈的燃烧，增强动力。两者不同的是，锅炉上的鼓风机由电动机驱动运转，而涡轮增压器则由发动机的排气吹动。当排气吹动排气管中的涡轮叶片时，就会带动设置在进气管中同轴的进气涡轮叶片旋转，使进气压力加大，从而增大进气量，增强动力。

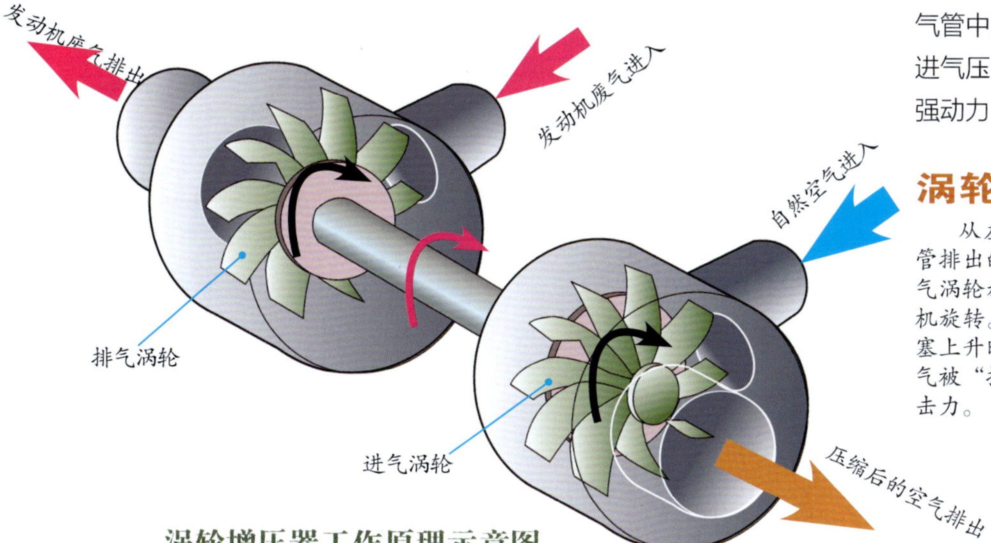

涡轮的动力来源

从左图中可以看出，正是从排气歧管排出的废气冲击涡轮叶片，才使得排气涡轮旋转，从而带动和它同轴的压气机旋转。废气的力量则来自曲轴带动活塞上升时向上挤压燃烧废气，使燃烧废气被“挤出”气缸，从而产生一定的冲击力。

涡轮增压器工作原理示意图

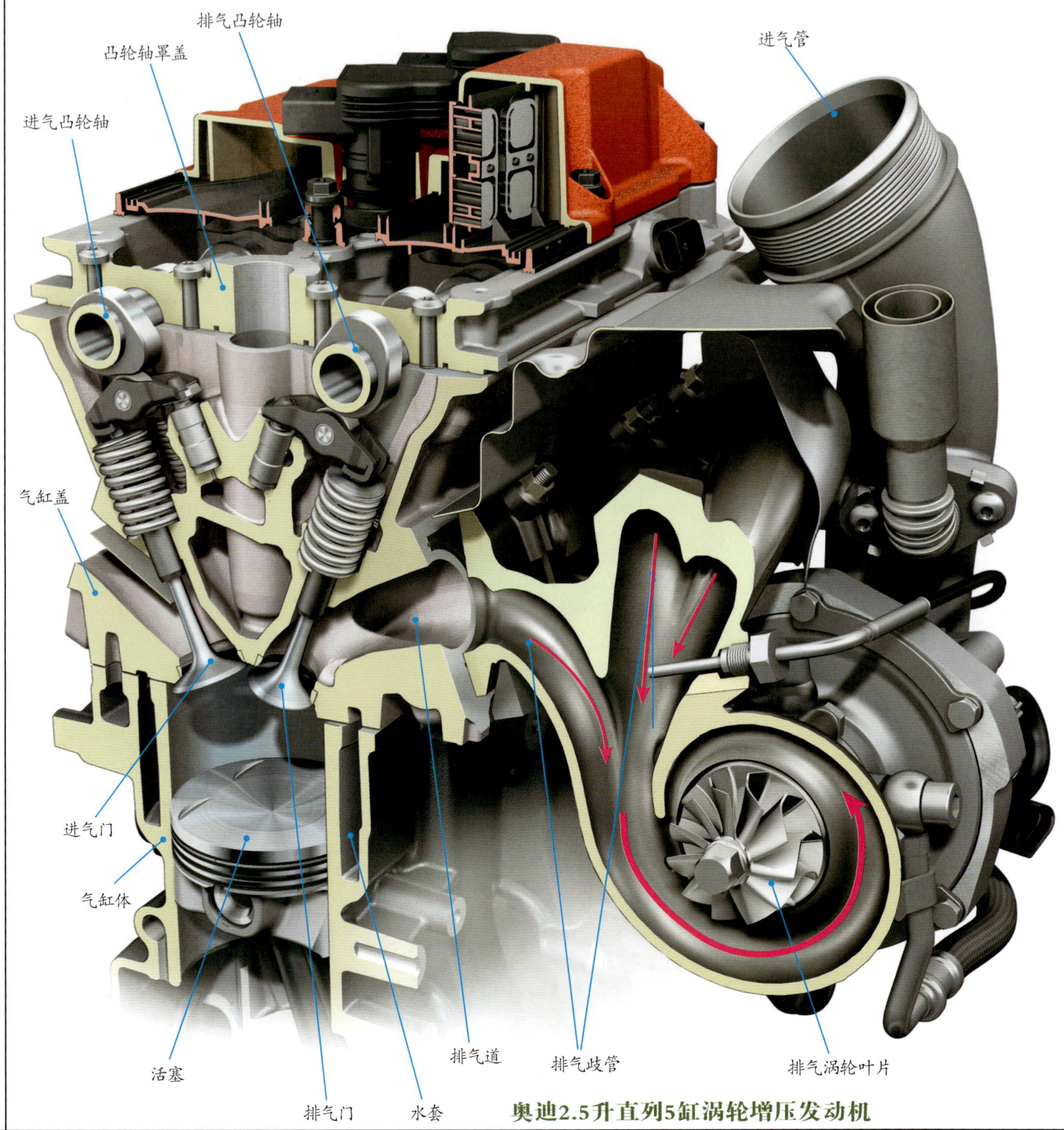

奥迪2.5升直列5缸涡轮增压发动机

机械增压器VS转子式压气机

机械增压器由发动机的曲轴传动带驱动，它一直处于工作状态，可以将吸入的空气加压到超过正常气压，从而增加进气量，可以向燃烧室注入更多的燃油，最终达到增强动力的目的。但随着车速的不断增高，机械增压器工作的声音会越来越大，而且它的增压作用会越来越小。

机械增压器实际上相当于是一个转子式压气机，通过转子的机械运转可以将即将进入气缸的空气进行压缩，从而达到增加进气量、增强动力的目的。

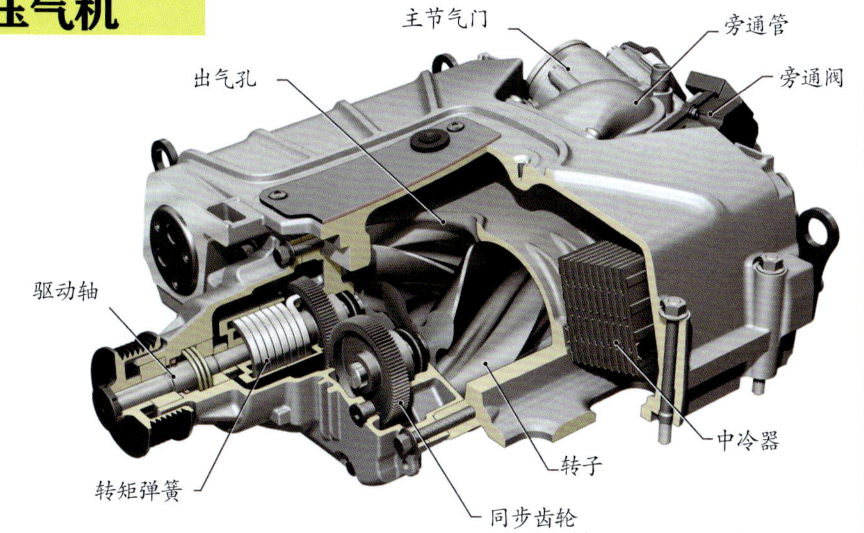

奥迪机械增压器构造图

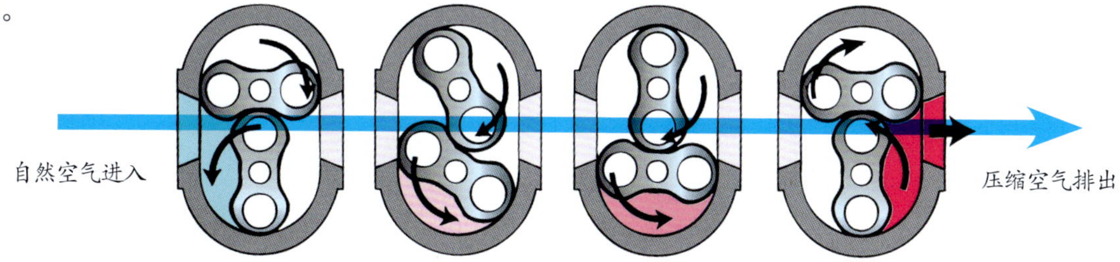

自然空气进入

压缩空气排出

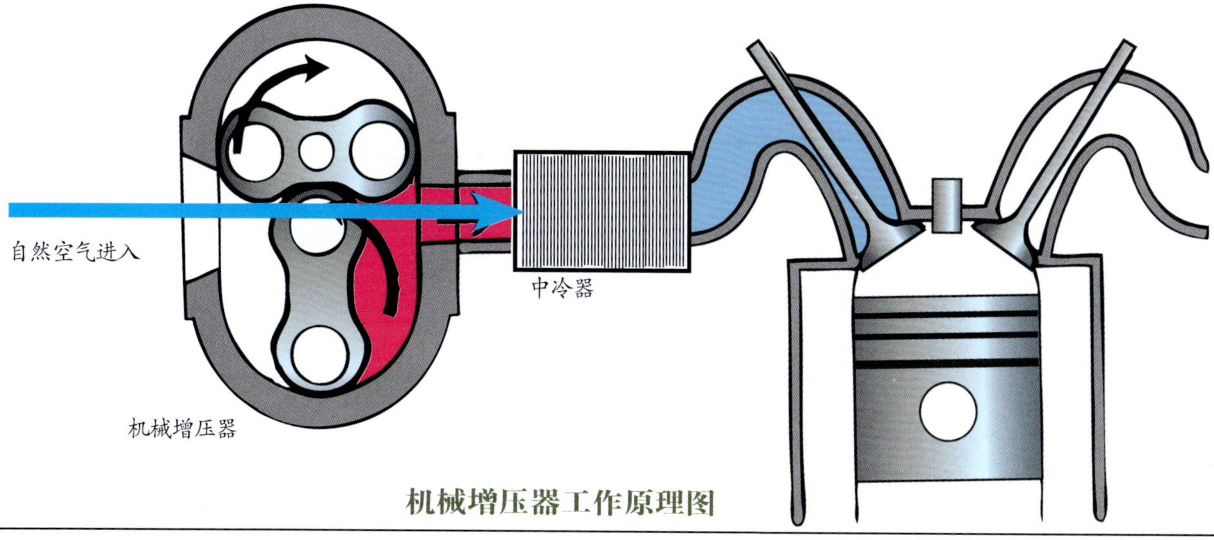

自然空气进入

中冷器

机械增压器

机械增压器工作原理图

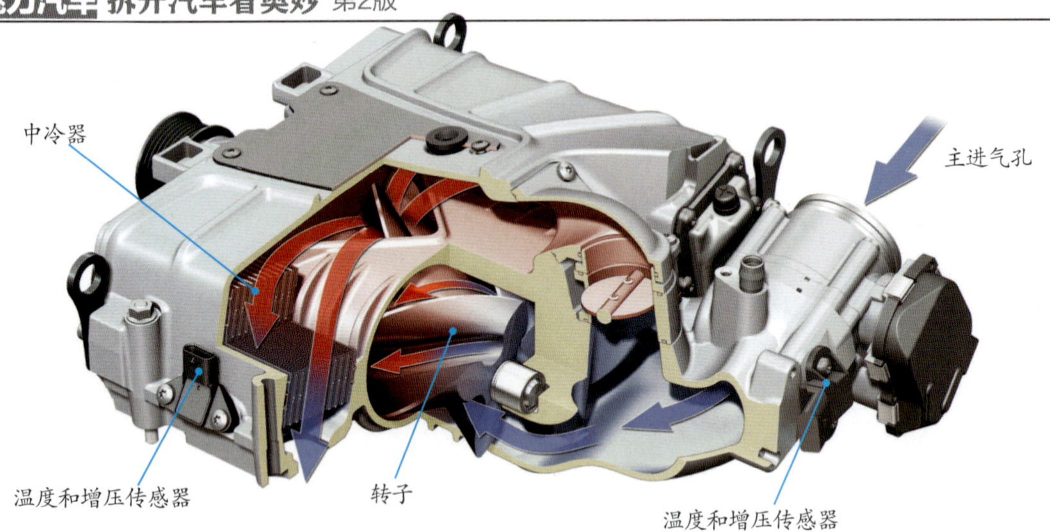

奥迪汽车3.0TFSI发动机机械增压器

水冷式中冷器

在涡轮增压器和机械增压器中都要设置“中冷器”，它的作用是对压缩后的进气进行冷却，从而保证充气效率。中冷器的冷却方式有风冷和水冷两种方式。

风冷式中冷器是将散热器直接放置在发动机前端或顶端，让自然风流过时直接将散热器中的热量吹走，从而起到冷却的作用。而水冷式中冷器则是把散热器放置在进气通道中，而在散热器内部让冷却液流过，不断地对散热器内部进行冷却，从而让吹过中冷器的压缩空气得到冷却。

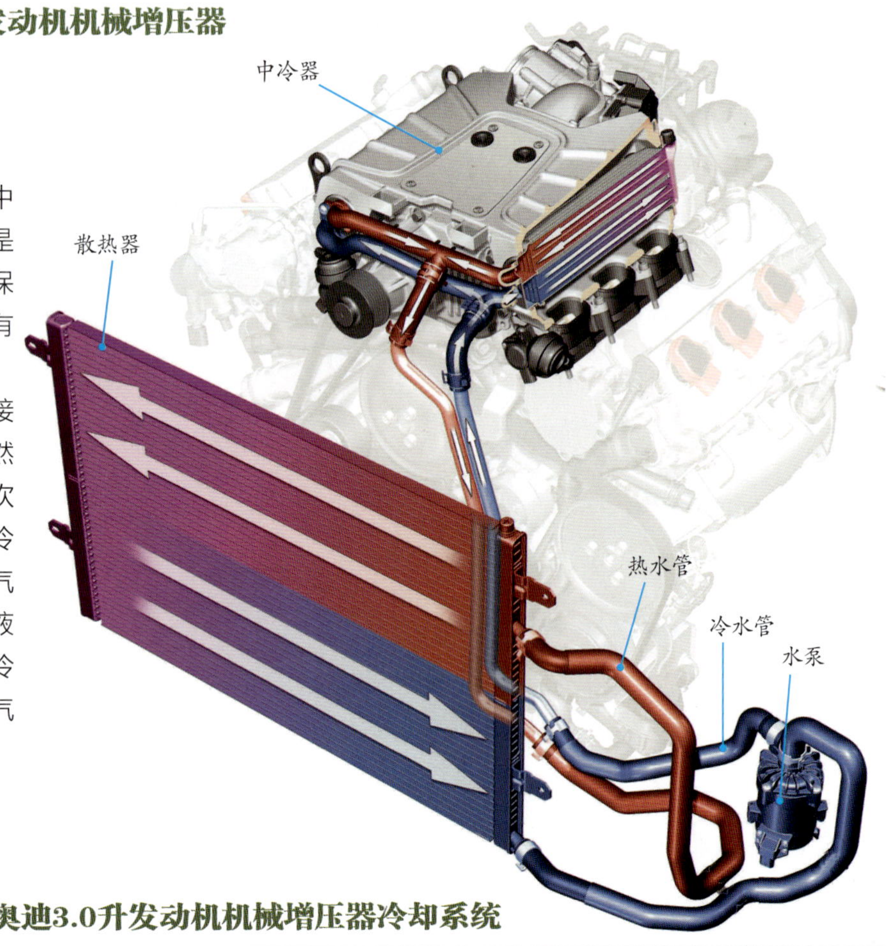

奥迪3.0升发动机机械增压器冷却系统

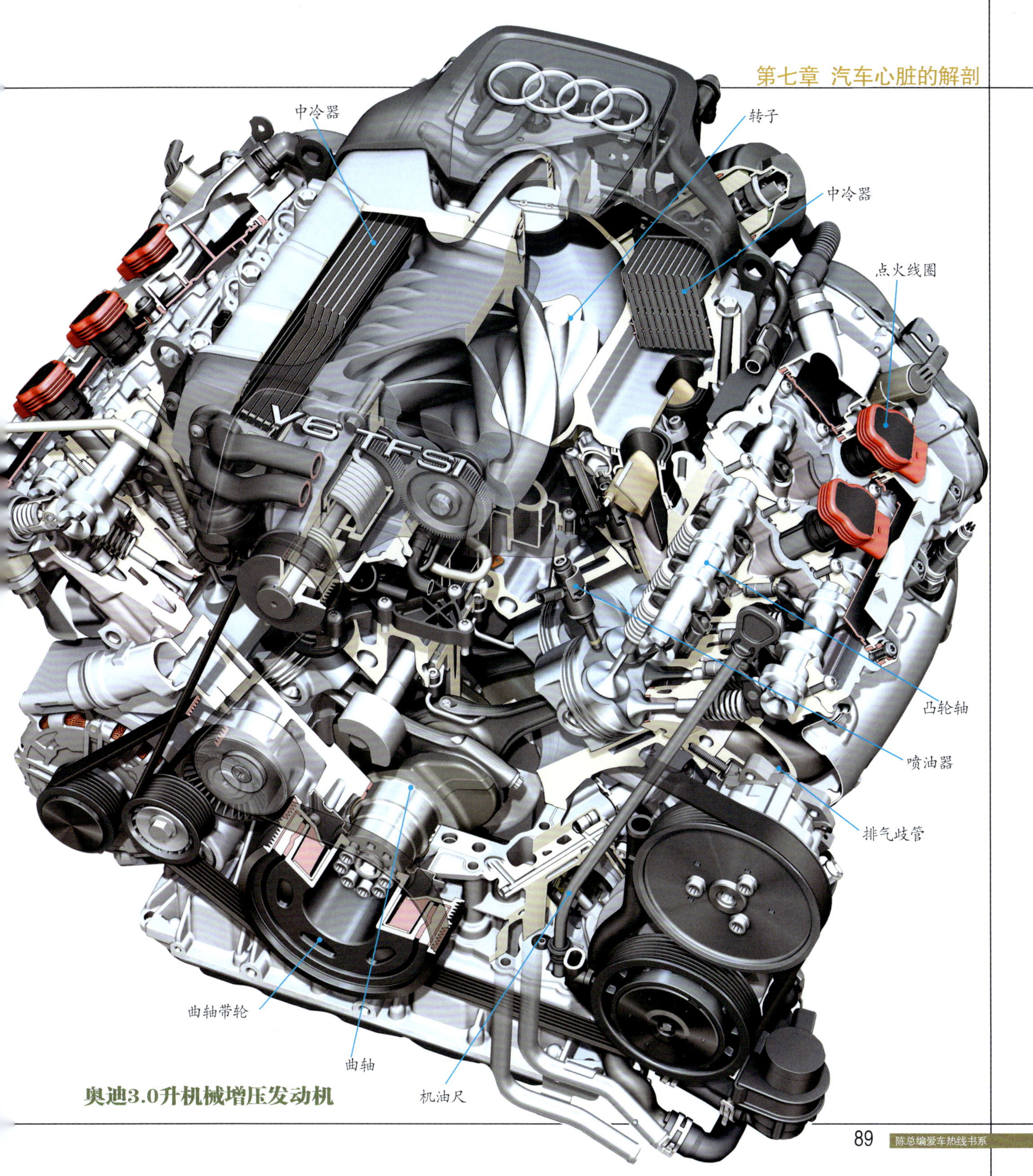

奥迪3.0升机械增压发动机

奔驰汽车机械增压发动机构造图

多点喷射VS单点喷射

如果每个气缸的进气歧管上都单独装配一个喷油器，每个喷油器负责向一个气缸喷射燃油，那么就称为多点喷射（MPI）。反之，有时为了节省制造成本，只在进气管入口处装配一个喷油器，由这一个喷油器负责向进气管处喷射燃油，然后再由进气歧管把混合气分散到各个气缸中，那么就称其为单点喷射。其实，随着多点喷射系统的制造成本下降，现在轿车上已慢慢淘汰单点喷射了。

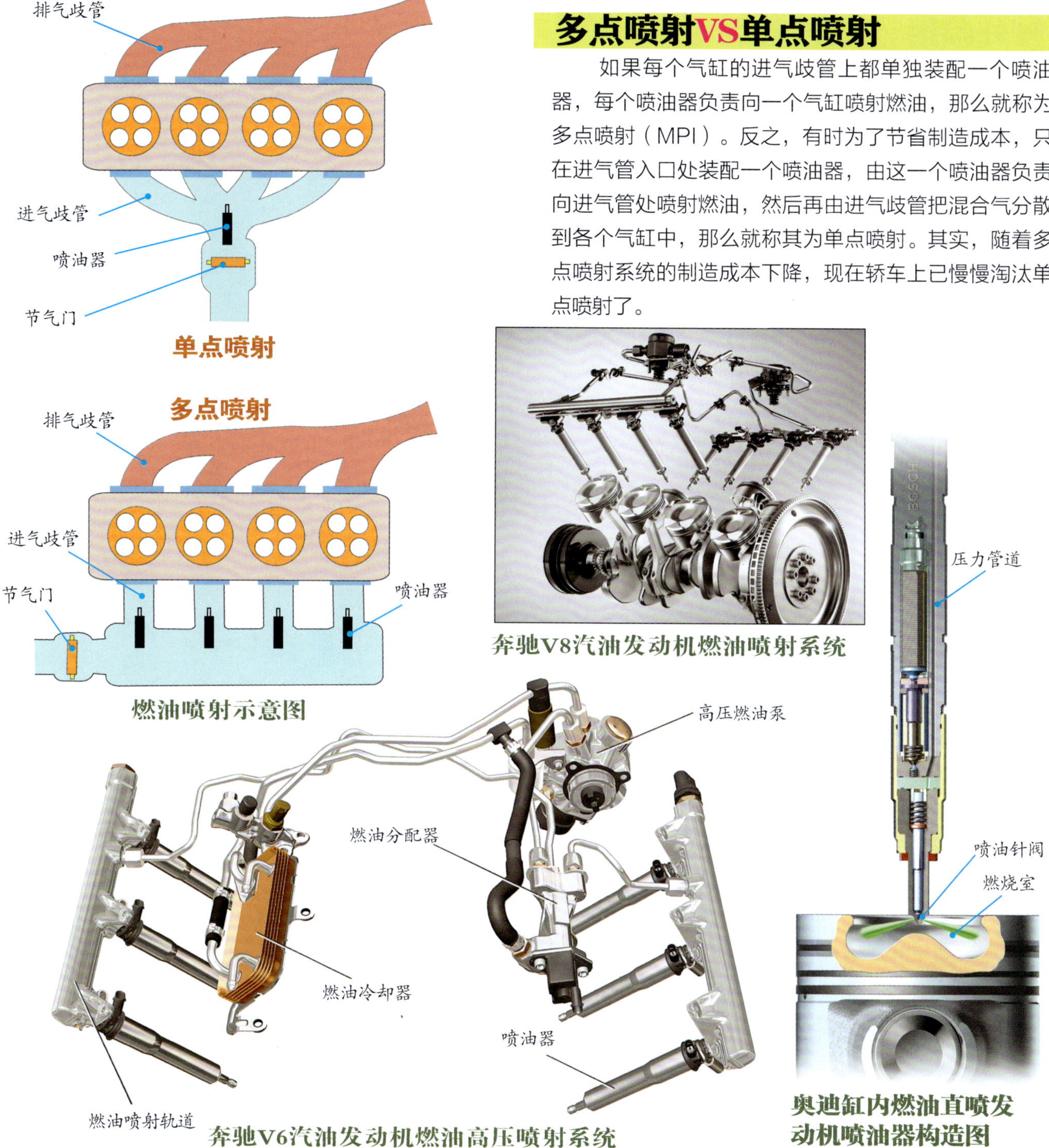

燃油喷射示意图

奔驰V8汽油发动机燃油喷射系统

奔驰V6汽油发动机燃油高压喷射系统

奥迪缸内燃油直喷发动机喷油器构造图

缸外喷射VS缸内直喷

无论是什么样的汽车发动机，其基本原理都是使燃油与空气的混合气点燃爆炸。但不同的发动机燃油与空气开始混合的地方却有所不同，或者说燃油喷射的位置不一样。总的来说，可分为缸外喷射和缸内直喷。

缸外喷射是将燃油喷射到进气道中，与进气混合后再进入到气缸内。

缸内直喷是直接将燃油喷射入气缸中，如所有的柴油发动机和部分缸内直喷汽油机。由于燃油缸内直喷对提高燃油经济性、提高动力输出都很有帮助，因此现在采用缸内直喷发动机的车辆越来越多。燃油缸内直喷已成为发动机先进技术代表之一。

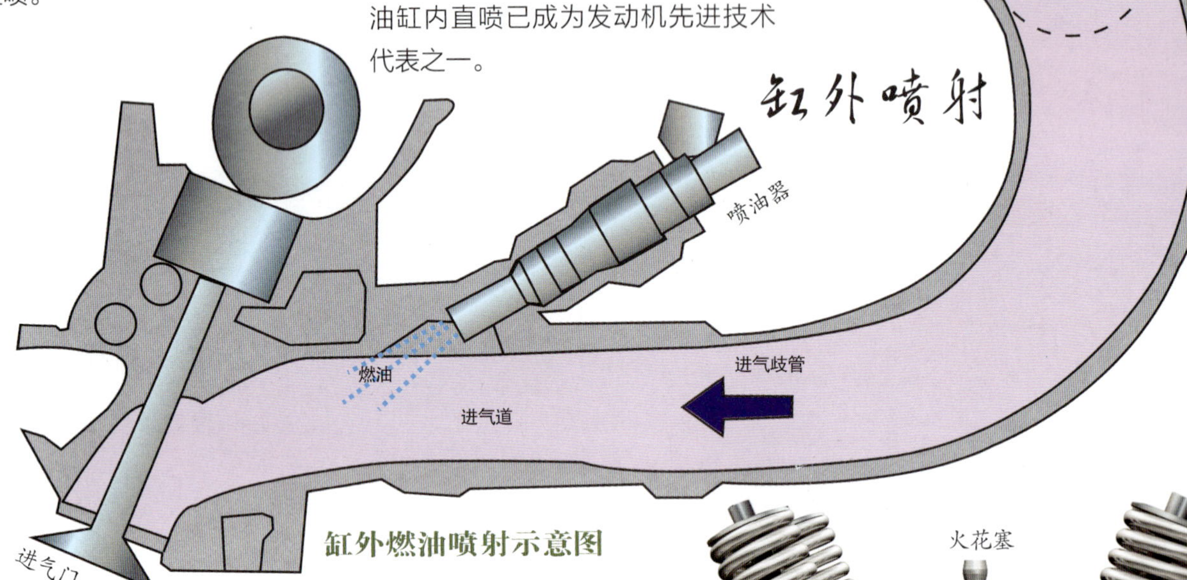

缸外燃油喷射示意图

"双喷"发动机

2014年广州车展上丰田推出带有两套燃油喷射系统的发动机,并配备在凯美瑞和新汉兰达上。这款2.0升发动机除了缸内燃油直喷系统外，还在进气道内设计了一个喷油器。双燃油喷射系统可以根据行驶状况在缸内喷射与缸外喷射之间进行智能切换，确保高效的动力输出和最佳的燃油经济性。发动机冷起动时，采用缸外喷射；低中负荷时，采用混合喷射，提升转矩，降低油耗；高负荷时，采用缸内直喷，提升功率。

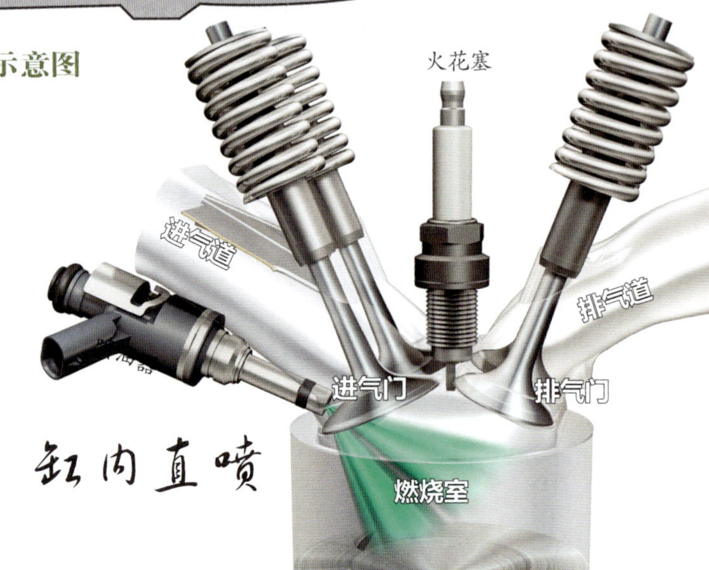

缸内燃油喷射示意图

燃油供给路线VS炭罐作用

燃油被燃油泵从燃油箱中抽出，此前要经过油箱内的燃油过滤器。燃油在进入到发动机之前，还要经过燃油滤清器，然后才能进入到燃油轨道中，并在发动机电脑（ECU）的控制下喷射到进气道（缸外喷射）或气缸内（缸内直喷），最终参与燃烧。

由于燃油喷射的压力较大，在喷入进气歧管时可能造成进气歧管内压力不平衡，从而影响燃烧效率。为此，专门设置一个压力调节器，当进气歧管内压力差较大时，压力调节器打开阀门，允许一部分燃油流回到燃油箱中。

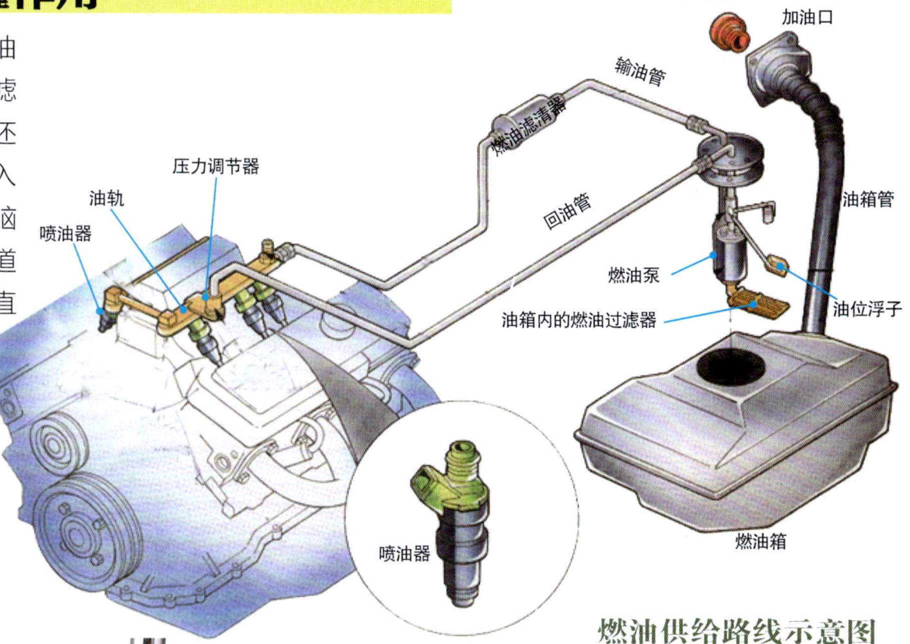

燃油供给路线示意图

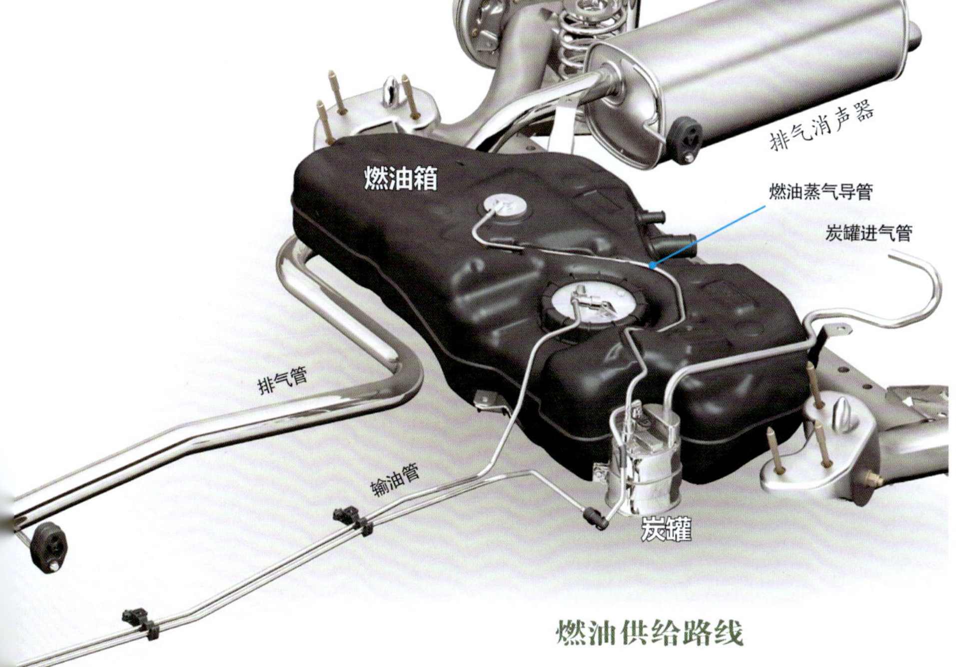

燃油供给路线

炭罐起什么作用

汽油是易挥发的燃料，油箱内的燃油会很快挥发并增加油箱内部的压力，当压力到达一定值时就会产生危险。为了避免危险，在燃油箱和发动机之间设置了一个充满活性炭的炭罐，让油箱中多余的燃油蒸气不再排到大气中，而是通过蒸气导管引入到炭罐中，由活性炭来吸附燃油蒸气。当汽车开动时，炭罐电磁阀适时打开，新鲜空气进入到炭罐中，将炭罐中吸附的燃油“吹”向进气歧管，加入到发动机燃烧中，以达到节约燃油和环保的目的。

蓄电池VS发电机

蓄电池的作用是能把有限的电能储存起来，在需要的时候可以使用。通常汽车上的蓄电池为铅酸蓄电池，它用填满海绵状铅的铅板作为负极，用填满二氧化铅的铅板作为正极，并用稀硫酸作电解质。在充电时，电能转化为化学能，放电时化学能又转化为电能。

一个铅蓄电池的电压是2伏，汽车上用的是6个铅蓄电池串联成12伏的电池组。

蓄电池只是储存电能的设备，而产生电能的部件还是由发动机驱动的发电机。发电机与蓄电池并联使用。当发电机的电压不足而汽车所需电量较大时，蓄电池与发电机共同向用电设备供电；当发电机电压正常且发电量充足时，发电机向蓄电池充电，由蓄电池储存发电机发出的部分电能。

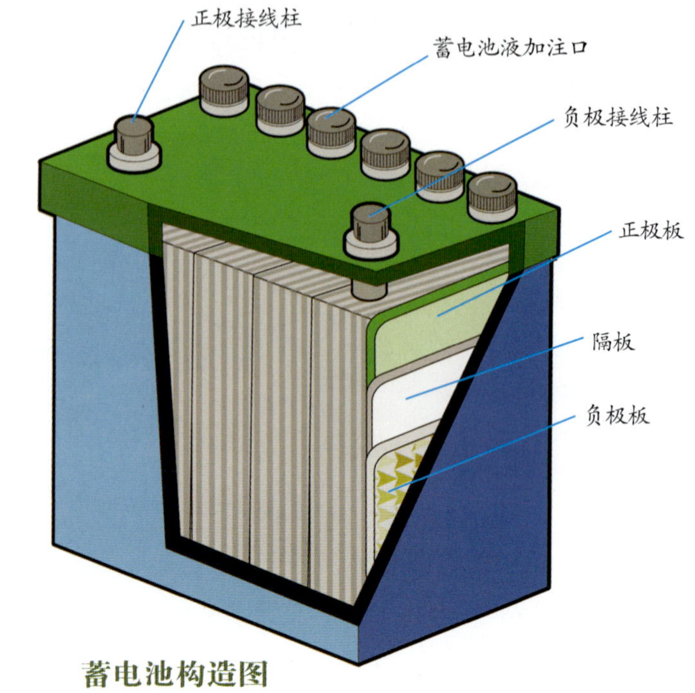

蓄电池构造图

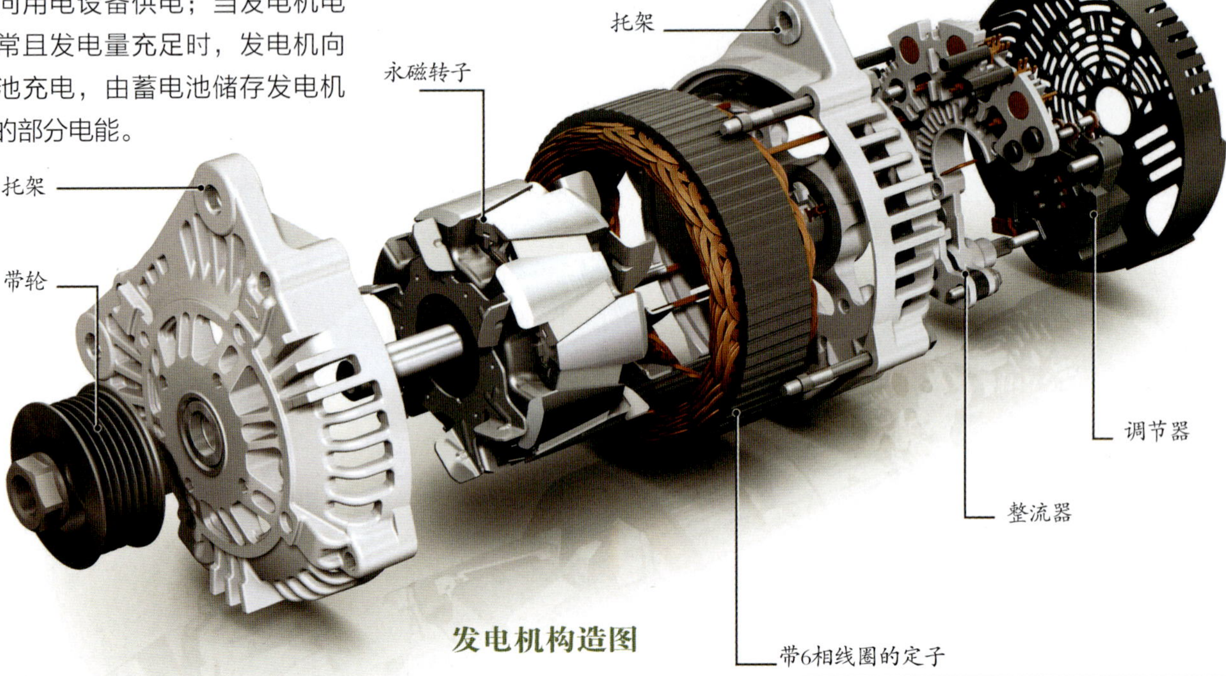

发电机构造图

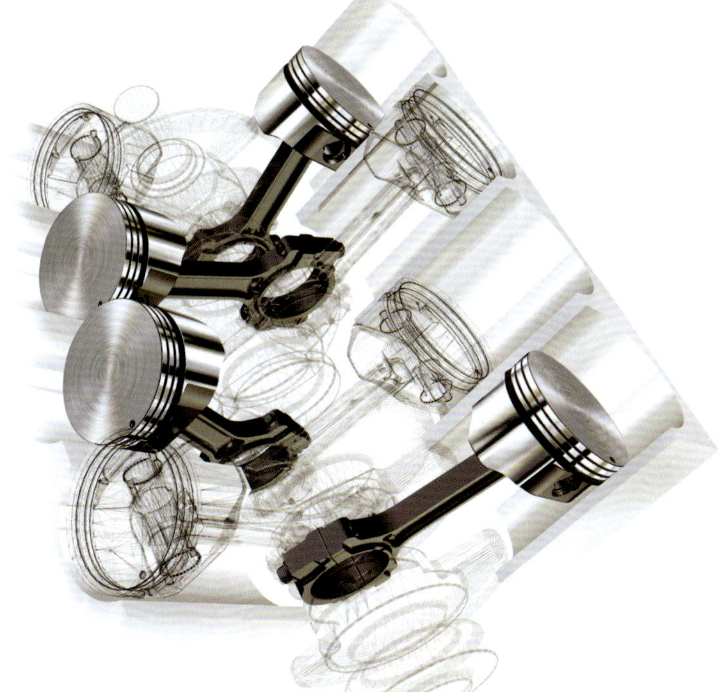

活塞在气缸中运动示意图

活塞VS连杆

发动机中运动最频繁的可能要数活塞了，每分钟数千次的上下运动，会造成活塞与气缸之间的强烈摩擦。活塞与气缸之间的配合如果过于紧密，那么它们之间的摩擦就相对比较严重，就会造成更多的能量损失；如果配合较为松散，则会影响动力性能的发挥。因此，在活塞与气缸壁之间，都注入一定的润滑油，使它们之间既紧密配合，又能灵活地相对运动。其实，加入到发动机的机油，主要起到了活塞与气缸之间的润滑作用。

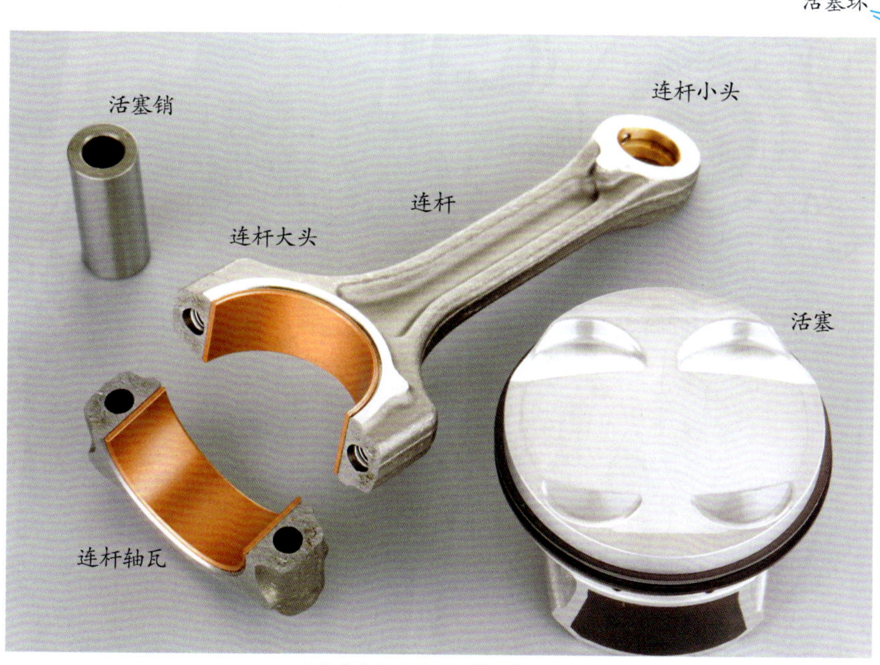

连杆和活塞构造图

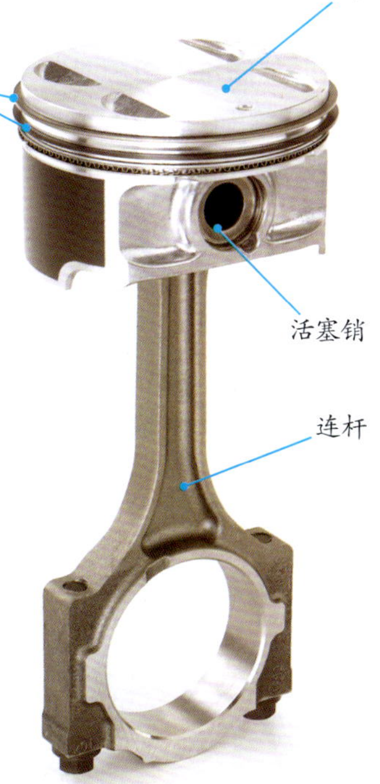

飞轮VS陀螺

在发动机动力输出端有个带有齿圈的大圆盘，它就是飞轮。飞轮有两大作用：

首先，在起动发动机时，起动机的小齿轮与这个齿圈相啮合，从而将起动机的动力传递给曲轴，带动曲轴旋转，进而起动发动机。发动机起动后，起动机小齿轮和飞轮齿圈会自动分开，当操纵点火开关的手松开时，就自动切断了起动机电路，这时起动机也停止运转。

发动机转动后，带动附在发动机旁的发电机产生电力，提供火花塞及车上的电器使用，如音响、车灯等。发动机运转产生的动力，再经由飞轮传至离合器。

其次，飞轮在发动机的做功行程可以储存动能，当发动机不产生动力时，再将动能输出供应给进气、压缩、排气行程所需的动能，使发动机运转平稳。此时飞轮的储能原理与小时候玩的陀螺比较相似。

发动机的气缸数越多，动力重叠数便越多，可以不必储存太多动能。故飞轮可以小一点，虽然飞轮越重，发动机越平稳，但是因为惯性，太重的飞轮会使发动机加速或减速都慢，所以载货车的发动机飞轮又大又重，而跑车的飞轮则又小又轻。

陀螺

发动机飞轮

发动机曲轴和飞轮

电动起动VS手摇起动

早期的汽车上还没有起动系统，起动发动机时需用一支摇手柄插接在带盘上， 利用人的体力摇转发动机的曲轴，让活塞在气缸内来回运转，以达到起动发动机的目的。

随着汽车工业的发展，出现起动机来促进发动机运转，代替人工起动。当驾驶人将车钥匙插进点火开关并向右扭动时，起动机的电路接通，蓄电池的大量电流便流入起动机的线圈，这时起动机就运转起来，同时起动机的小齿轮和飞轮上的齿圈互相啮合，把力量扩大传送给曲轴，曲轴带动活塞便能上下移动，使活塞进行四行程的循环运动，从而起动发动机运转。

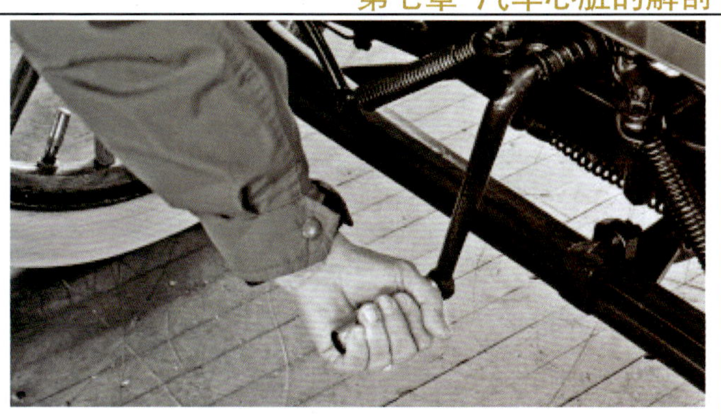

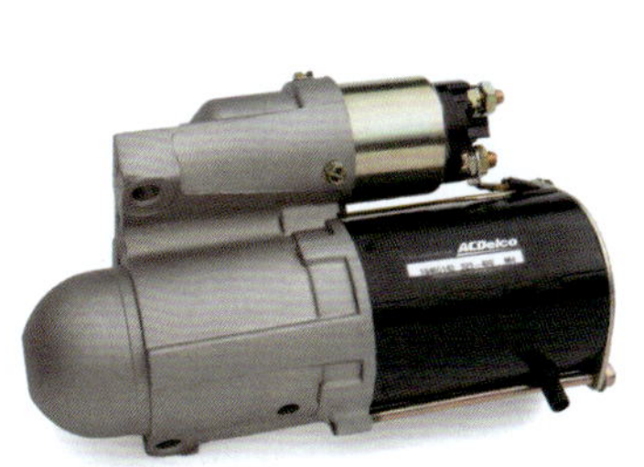

起动机

一键式起动按钮

这辆车，不需要摇把！

首次使用起动机的凯迪拉克汽车广告

最早电动起动的汽车

早期的汽车都是用手柄摇转发动机的曲轴才能起动发动机，这是一个比较危险的动作。现在起动手扶拖拉机时仍要采用这种起动方式。1910年冬天，一名妇女驾驶一辆凯迪拉克汽车在美国密歇根州贝尔岛的一座木桥上抛锚。由于冬天异常寒冷，冻得手脚僵硬的妇女无法用手柄起动发动机。这时恰好有一名叫拜伦·卡顿的人驾驶凯迪拉克汽车来到这里。卡顿是凯迪拉克汽车公司老板亨利·M·利兰的朋友，他热情地帮助这位女驾驶人。当他摇动发动机的起动手柄时，发动机回火，手柄反转，打在卡顿的脸上，他当即脸破血流，送医院抢救无效死亡。这消息一传出，对消费者震动极大，凯迪拉克汽车的声誉也一落千丈。老板利兰为此召集所有技术人员开会，号召工程师们全力投入自动起动机的研制。两年后，即1912年，戴登工程实验公司的凯特林研制出自动起动机，并开始装在凯迪拉克车上。这就是现在每辆汽车上都离不开的起动机，只需一扭钥匙就可将汽车起动，再也不用用手摇把在车前起动汽车了。

如今，汽车起动方式又向前进了一大步，许多轿车上都采用了一键式起动，也就是按一个按钮就可将汽车发动。关闭发动机时再按一下即可。

气缸数量VS气缸排列

活塞和连杆相当于你骑自行车时的两条腿，它下面的曲轴则相当于自行车的曲柄。你想过没有，如果骑车时你有4条腿或8条腿是不是更有力量？你做不到，但汽车就可以做到，汽车发动机可以有8条腿甚至16条腿，一起蹬一根曲轴。与人体不同的是，汽车发动机的“腿”还可以有几种不同的排列方式，如直列、V形、W形和水平对置等形式。

单气缸发动机

除草机上的小发动机一般采用单缸形式，由于没有其他气缸来平衡它的振动，因此除草机的振动都比较厉害。

直列3缸发动机

在排量不超过1升的微型轿车上常用3气缸，如夏利汽车上曾采用直列3缸发动机。

直列4缸发动机

这是现在普通轿车上最常见的气缸排列方式，1升到2升，甚至丰田的2.7升发动机都采用直列4缸发动机。直列4缸发动机体形紧凑，工作安静，结构简单，可靠性强。

直列5缸发动机

想提高4气缸的排量，但又觉得直列6缸的体积太大，不好安放在发动机盖子下面，那么最好的办法就是采用直列5气缸了。虽然直列5缸不是最佳平衡布局，但要比直列4缸更平顺，而且某种程度上直列5缸的声音更动听。

直列4缸发动机气缸排列

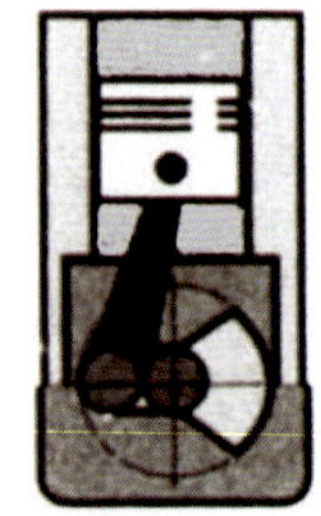

直列发动机

直列6缸发动机

从理论上分析，直列6缸发动机是平衡性最好的布局形式。不过现在可能只有宝马轿车采用直列6缸发动机，3.0升的直列6缸发动机已成宝马的经典设计。虽然发动机的体积较长，但宝马汽车没有前轮驱动的车型，不是后驱就是四驱，在发动机盖子下不用再放置过多的传动和驱动部件，因此在车头可以很容易安放体形较长的直列6缸发动机。

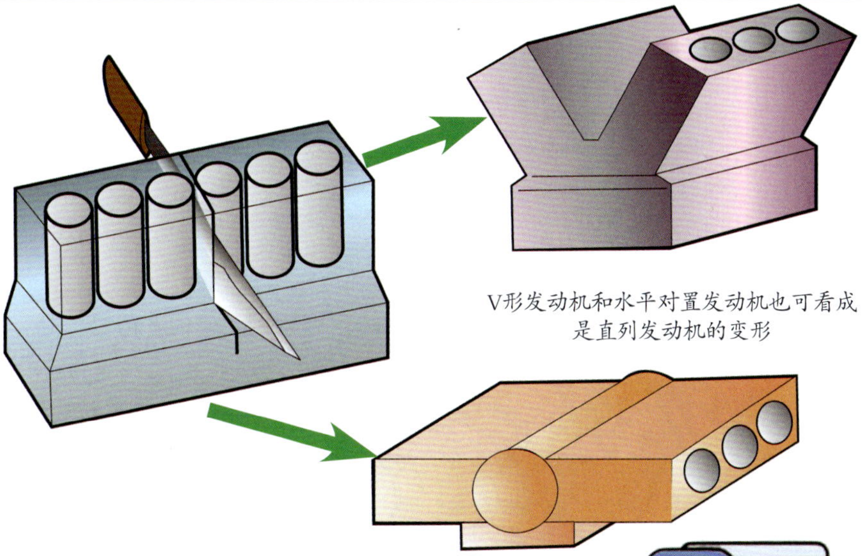

V形发动机和水平对置发动机也可看成是直列发动机的变形

直列、V形、水平对置发动机关系图

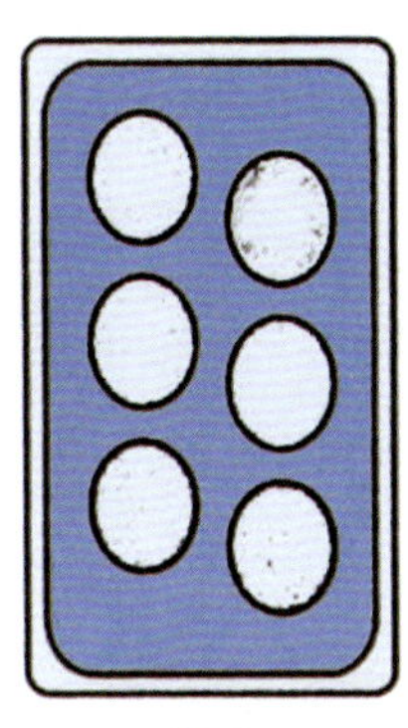

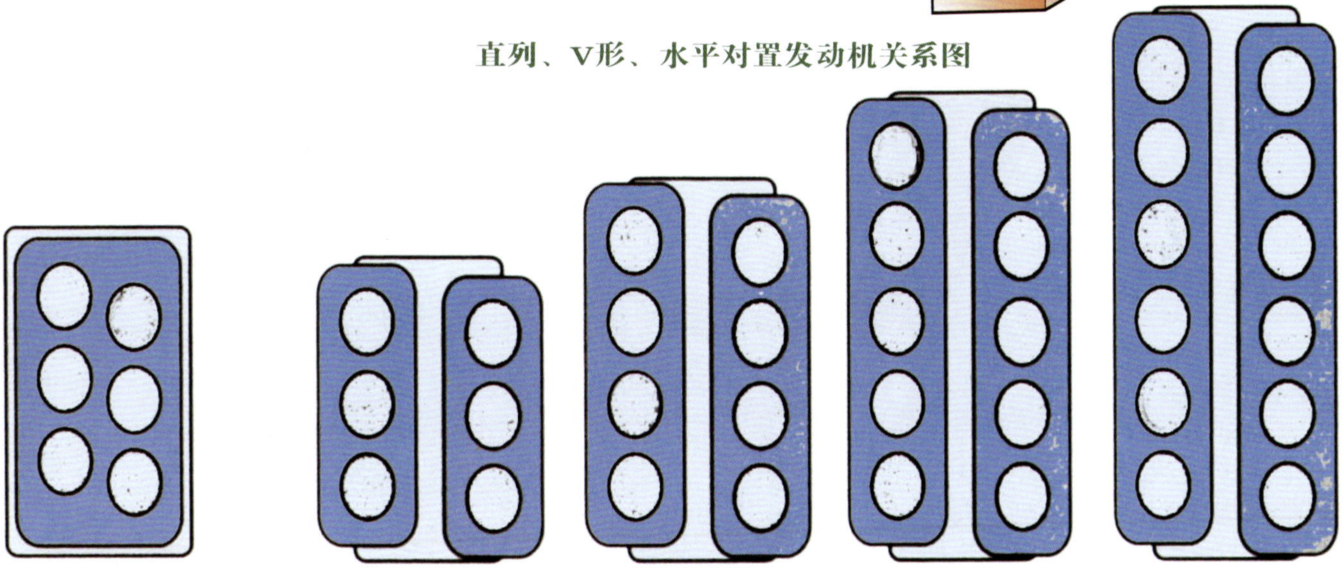

V6　V8　V10　V12

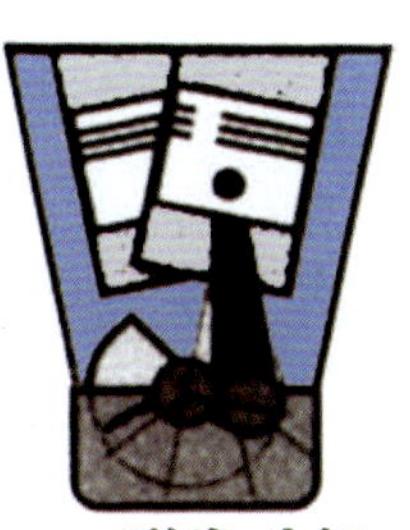

R形发动机

V形发动机

V形发动机

如果把直列6缸分成两排，每排3个气缸，然后让这两排气缸成V形，这就是V形发动机。V形6缸发动机虽然没有直列6缸发动机安静和平顺，但它的声音非常好听，而且体积可以缩小，体形更加紧凑，可以放在前驱车的发动机盖子下面，因此现在被广为采用。

如果每4个气缸排成一排，然后呈V形布局，就是汽车发烧友们最喜欢的V形8缸发动机。3.5升排量以上的发动机基本都采用V形8缸布局。大型SUV、跑车等追求强大动力的车型，喜欢采用V形8缸发动机。V形8缸发动机几乎成了强大动力的代名词。

同样，如果每5个或6个气缸排成一排，然后让两排气缸呈V形布局，就是V形10缸或V形12缸发动机。V形10缸发动机一般用在赛车或超级跑车上，而V形12缸发动机则常用在超级豪华轿车上。

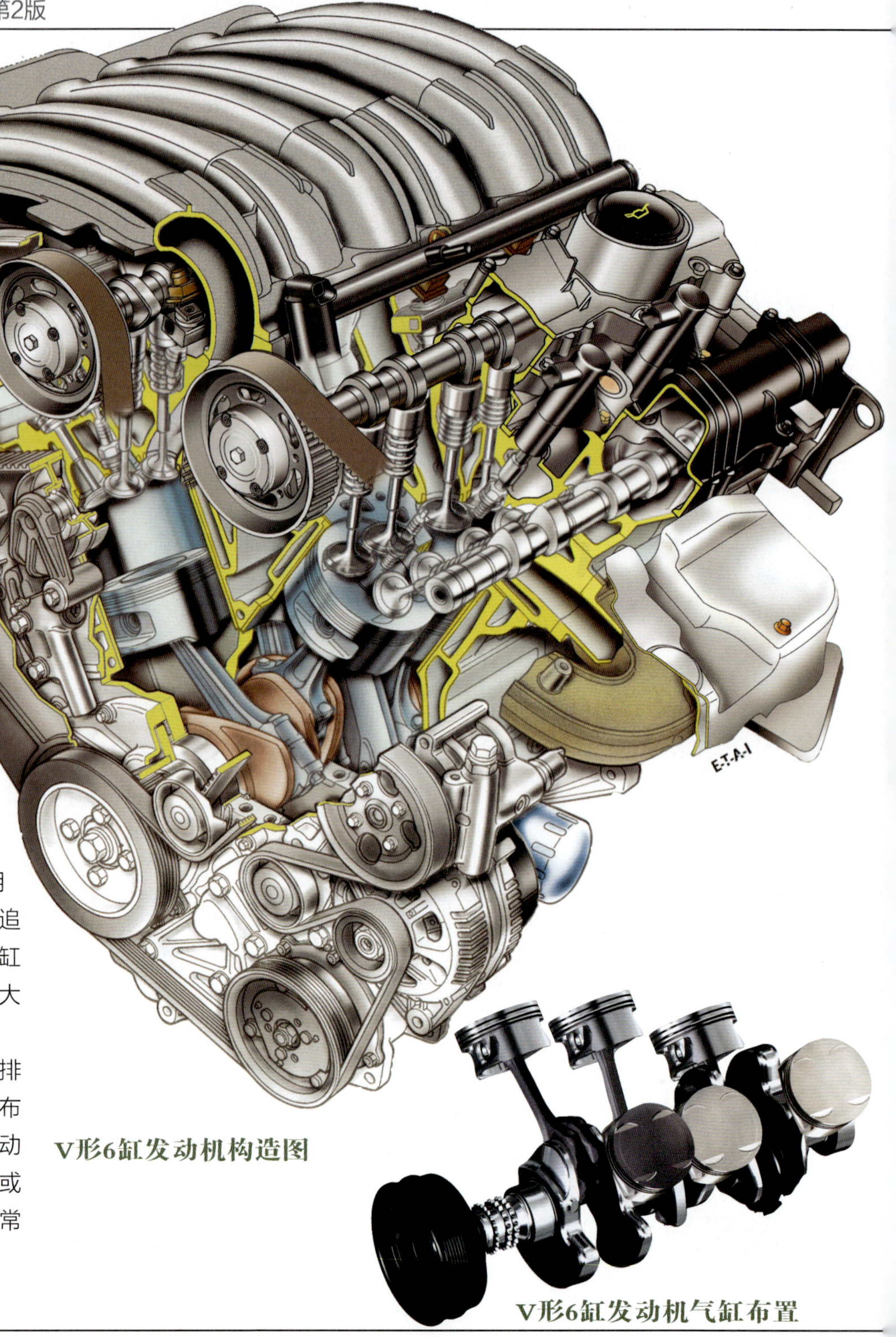

V形6缸发动机构造图

V形6缸发动机气缸布置

水平对置4缸发动机

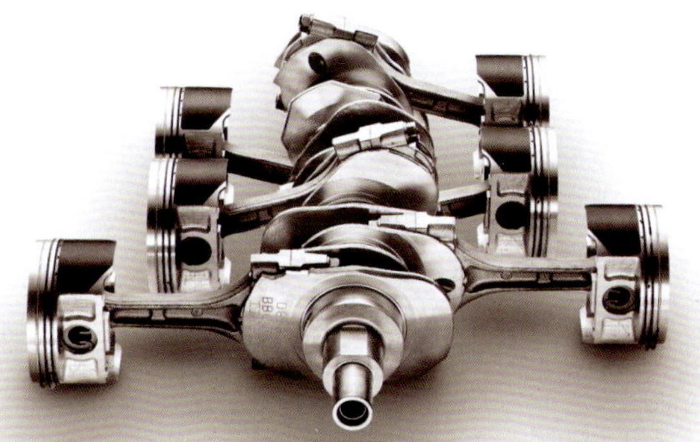

水平对置6缸发动机

水平对置发动机

水平对置发动机的气缸双双对立排列，因此这种发动机又称为拳击手发动机（Boxer Engine），它的活塞像是拳击手的拳头。水平对置发动机的重心较低，这对汽车的操控性比较有利。只不过这种发动机的声音比较怪异，尤其是气缸较多时更明显。保时捷现在使用水平对置6气缸发动机，法拉利曾制造过水平对置12气缸的发动机。目前只有斯巴鲁和保时捷生产和采用水平对置发动机。

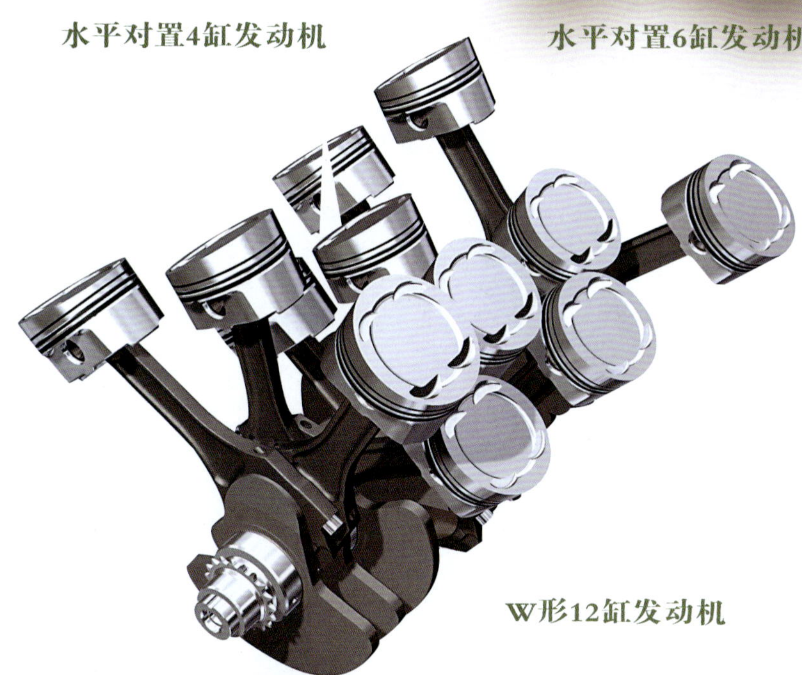

W形12缸发动机

W形发动机

随着发动机气缸数的增加，发动机的体积也越来越大，如果是12个气缸甚至16个气缸时，再按V形气缸排列，那么发动机的体积就会过大，以至于因发动机室占据过大的空间而让驾驶室过于靠后。因此，人们又将V形发动机的每列气缸之间再分成V形排列，也就相当于用两个V形发动机组成一个更大的V形发动机。

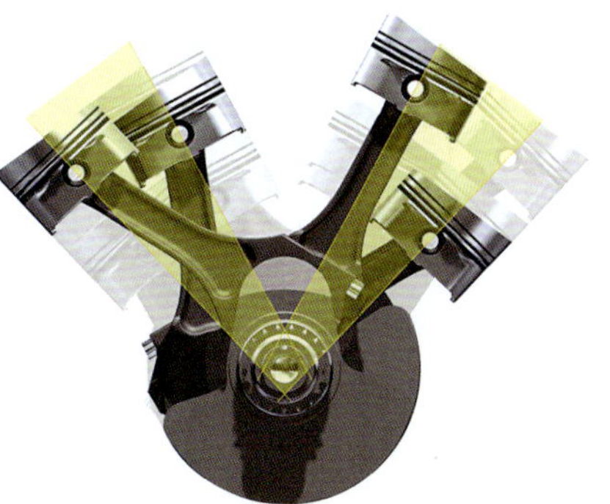

W形发动机气缸夹角

大型发动机VS 高速发动机

发动机动力强劲的实质就是燃烧燃料的速度快，要想达到此目的共有两条路可走，一是制造巨大的发动机，使其拥有巨大的气缸，每次可以吸入和燃烧更多的燃料，从而可以加快燃料燃烧；其二是增加燃烧的次数，如高转速发动机，虽然每次只燃烧较少的燃料，但燃烧速度快，也可以达到让燃料快速燃烧的目的。

大型发动机

采用大型发动机的最典型例子就是矿山车辆，比如美国的Liebherr T282型。它的大小和一个小屋子差不多，它的发动机比普通轿车的车身还要大。普通汽车的气缸排量也就两三升，而它的发动机排量可以

达到78升。虽然它的最大转速只有1500转/分，但它的最大功率仍高达2574千瓦（3500马力）。然而，它的自重就达到221吨，总重可以达到550吨，这也意味着它的速度非常慢，最高速度只有64公里/小时，就是说你永远无法测试到它的0-100公里/小时加速时间。

高速发动机

F1赛车的重量非常小，连车手及车手身上的装备都算上也只有620千克。它的发动机排量也只有2.4升，和一辆家用车的发动机差不多。然而，它的发动机转速可以达到19000转/分，也就是说每分钟它就要让燃料燃烧9500次，平均每秒钟燃烧158次，是Liebherr T282的13倍还多。F1赛车发动机的最大功率可以达到588~735千瓦（800~1000马力），最高速度可以达到370公里/小时，0-100公里/小时加速时间只需要2.8秒左右。

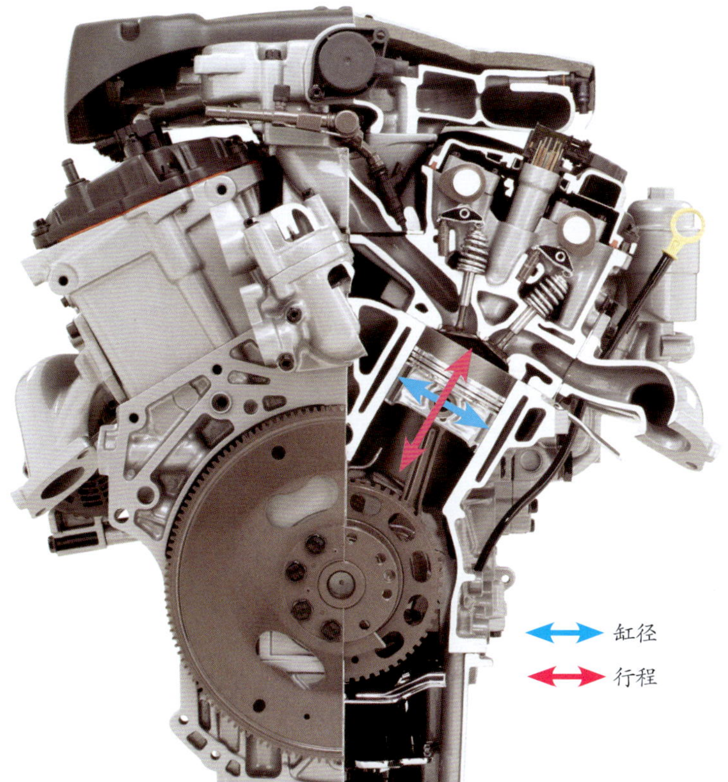

长行程VS短行程

活塞从上止点到下止点的移动距离，称为行程。气缸的直径称为缸径。如果行程大于缸径，则称为长行程发动机，否则称为短行程发动机。相对而言，长行程发动机在低速时的转矩特性更佳，而短行程的在高速时的表现更佳，可以拥有更高的转速。高性能跑车基本都采用短行程发动机，而强调拖动能力的车辆，则大多采用长行程发动机。

转子式发动机VS往复式发动机

我们常见的汽车发动机都称为往复式发动机，因为它的活塞是做直线往复运动的，不论是汽油发动机还是柴油发动机，都是如此。与往复式发动机相对的就是转子发动机，它是活塞在气缸内做旋转运动的内燃机。

现在所称的转子发动机，是指德国工程师菲利克斯·汪克尔在20世纪50年代设计的三角形活塞式转子发动机，故又称汪克尔发动机。

转子发动机主要部件结构简单，体积小，功率大，高速时运转平稳，性能较好，曾引起汽车行业的注意，纷纷进行研制试验。但经几十年的实验，证明这种机型尚无法与传统往复活塞式发动机相匹敌，原因是边缘磨损严重、油耗相对较高。

转子发动机的活塞呈扁平三角形，气缸是一个扁盒子，活塞偏心地置于空腔中。当活塞在气缸内做行星运动时，工作室的容积随活塞转动而周期性地变化，从而完成进气—压缩—做功—排气四个工作行程。活塞每转一次，完成一次四行程工作循环。目前只有马自达RX-8跑车采用转子发动机。

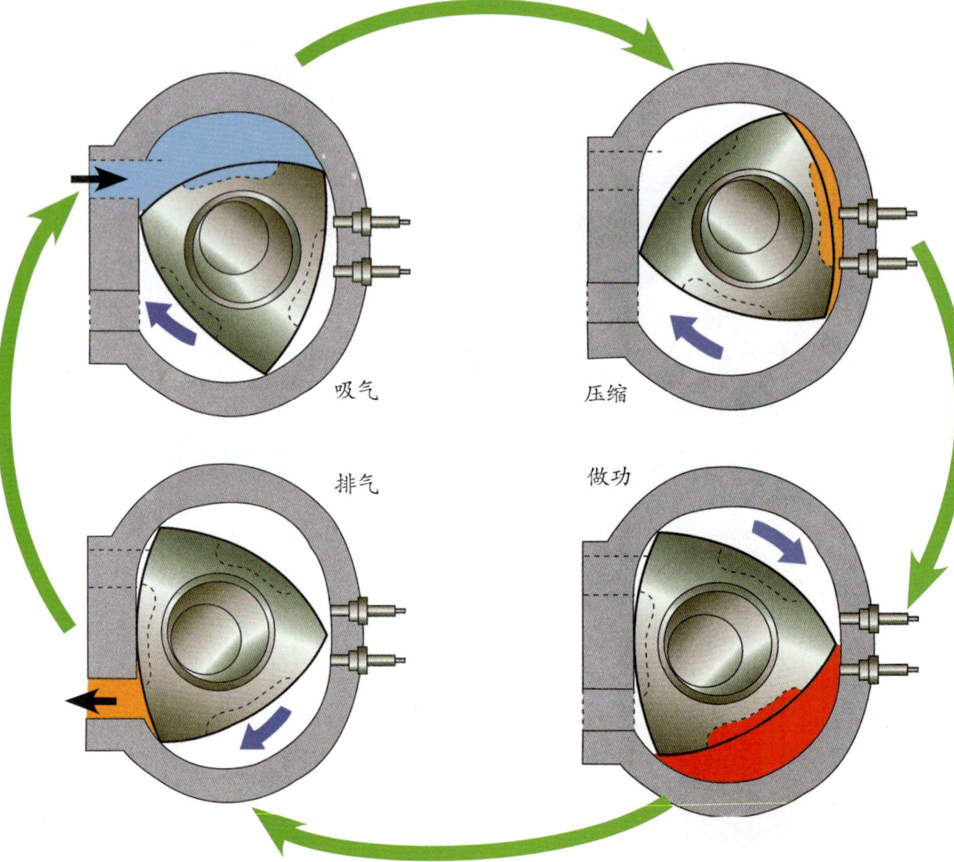

转子发动机工作行程图

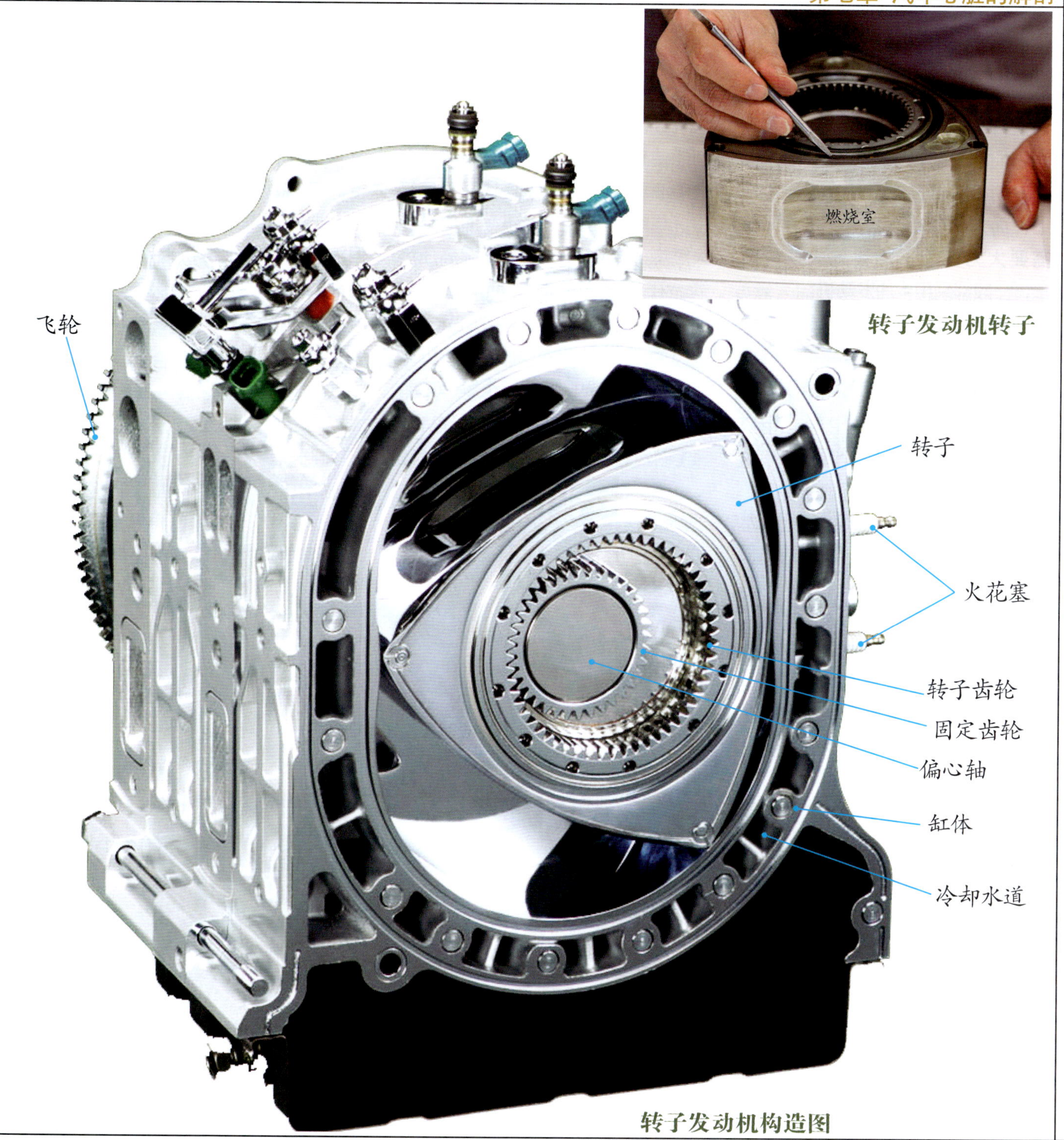

转子发动机转子

转子发动机构造图

发动机前置：

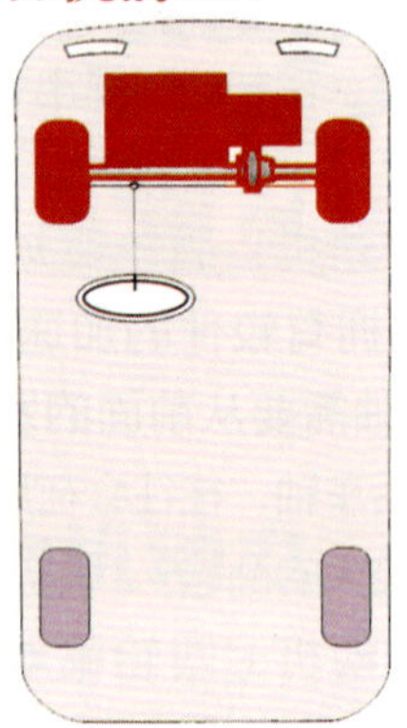
前置前驱

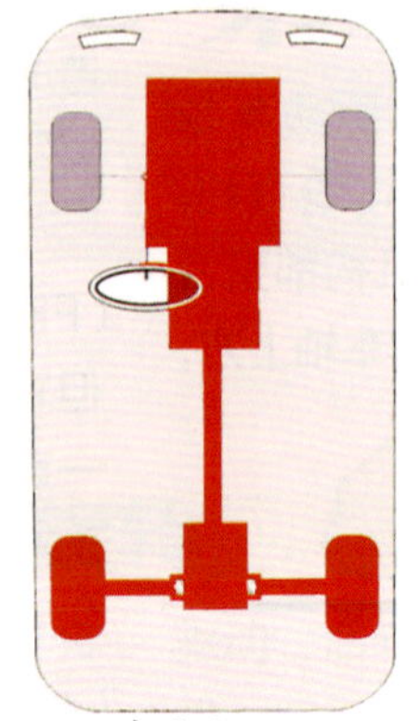
前置后驱

发动机中置：

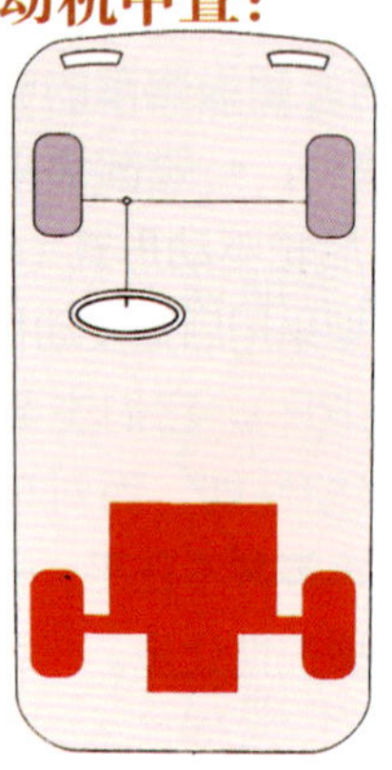
后中置后驱

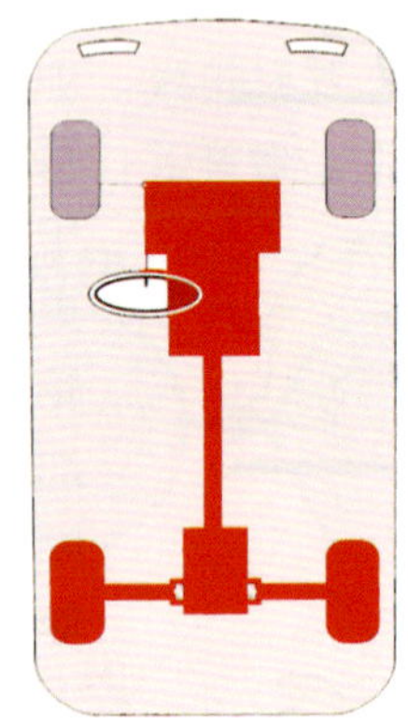
前中置后驱

发动机后置：

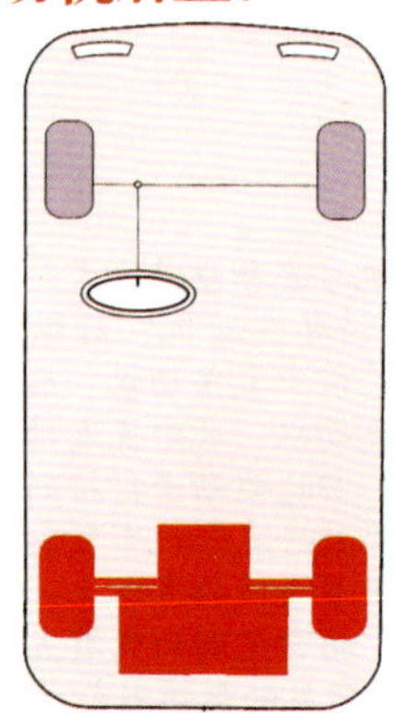
后置后驱

前轮驱动VS后轮驱动

前轮驱动形式只有前置前驱一种形式，也就是将发动机放置在车前部，并采用前轮驱动，简称FF（Front engine,Front wheel drive）。FF是目前最为流行的汽车动力传递布局方式，尤其是在经济型轿车、中级轿车和MPV上最常采用。

相对而言，后轮驱动形式则有多种，最为常见的是前置后驱，也就是将发动机放置在车前部而用后轮驱动，简称FR（Front engine,Rear wheel drive）。FR是豪华轿车、跑车和皮卡、载货车等最常采用的布局方式。

如果把发动机放置在前轴和后轴之间，并且是后轮驱动，就称为中置发动机后轮驱动，简称MR（Middle engine,Rear wheel drive）。中置后驱又分两种形式：如果发动机放置在靠近前轴的后方，则称为前中置后驱；如果发动机放置在靠近后轴的前方，则称为后中置后驱。

如果把发动机放在后轴后方并采用后轮驱动，则简称后置后驱，简称RR（Rear engine, Rear wheel drive）。

这是一辆后中置后驱汽车，可以清晰地看到发动机在后轴的前端，而变速器则位于后轴周围

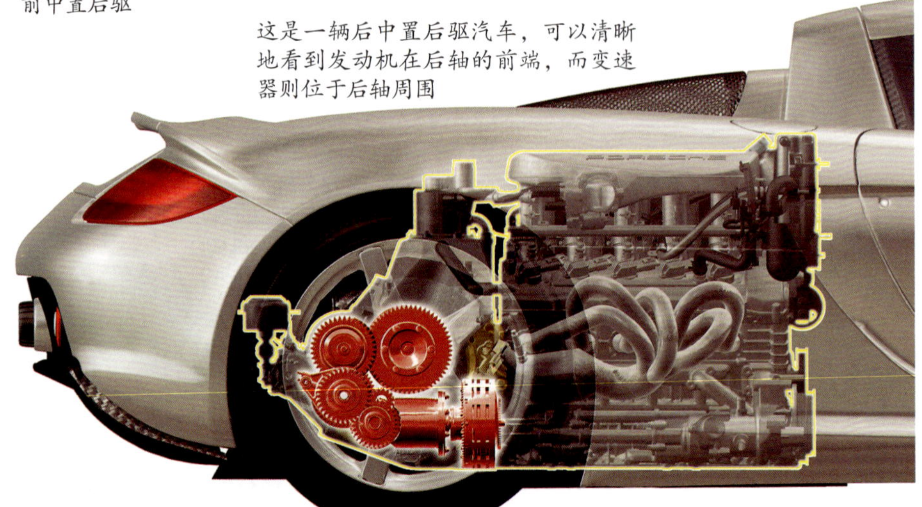

拉车前进VS 推车前进

前轮驱动（简称FWD，Front Wheel Drive)相当于发动机在前面“拉”着汽车前进，而后轮驱动（简称RWD，Rear Wheel Drive）相当于从后面推着汽车前进。“拉”和“推”的不同方式造成驱动力对汽车的作用点不同，从而使汽车在行驶中具有不同的特性。

前轮驱动的优势：

1）FWD的直线行驶性较好。这也是前轮驱动汽车的最大优点。读者可以用一个前轮能够灵活转向的汽车模型放在桌上做试验，如果从后面推车模，汽车模型的方向会不稳定，它不一定会沿你推的方向前进；反之，如果从前面去拉这个汽车模型，则它会很顺从地按照所拉方向前进。用超市里的手推车或前轮可以转向的婴儿车做同样的试验，结果也一样。

2） 动力传递效率高。FWD的发动机可以横置，它的动力输出轴与前轮车轴平行，而且离得非常近，可以很容易地将动力传递到车轮，而不用像RWD那样要改变90°后传递动力，因此传递效率较高，动力损耗较少。

3）FWD较RWD结构紧凑，部件少，一般可减轻质量约25～40千克，因此比同级别的RWD车更省油。小型轿车为了避免车内空间太窄，大多都是前轮驱动。

4）一般说来，FWD的车内空间利用好。因为FWD的发动机一般可以横置于前舱，并将变速器、差速器等整合成一体式放在车前部，从而可以让驾乘室往前移，扩大驾乘舱的空间。另外，FWD的后排中间地板没有凸出的“分水岭”。“分水岭”通常是RWD车辆为安装纵向传动轴而必须凸出的凸台，而FWD则不需要纵向传动轴，因此地板平坦、宽敞。

如从后面推手推车，必须用两只手才能稳定掌握其方向;如果从前面拉着走，只用一只手即可

前轮驱动的劣势：

1）发动机、变速器、差速器、转向系统等都放置在车辆前部，使车辆的前部要比后部重得多，也就是造成“一头沉”的布局。这也是FWD的最大劣势。

2）当汽车起步和加速时，汽车的重心后移，使前轮的附着力减

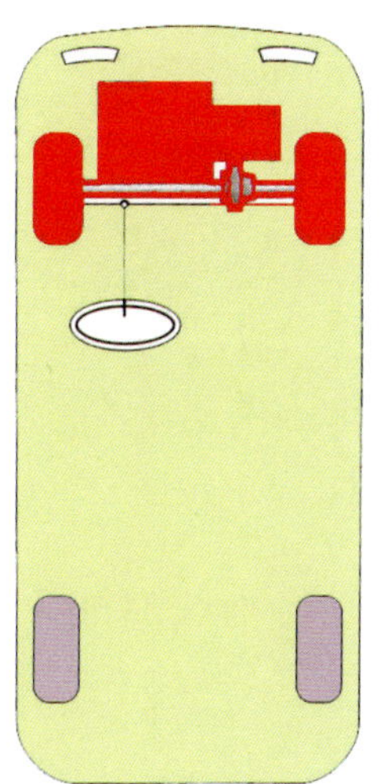

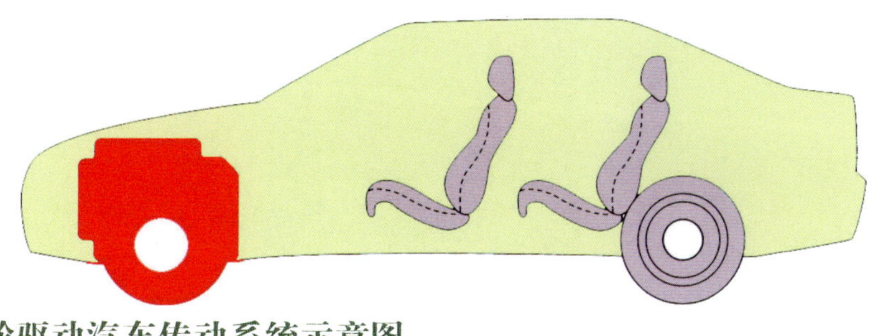

前轮驱动汽车传动系统示意图

奔跑能力较强的动物，一般都会有两个强有力的后腿。后轮驱动车型的起步和加速性能更好

小，如果急加速就很容易造成前轮打滑，从而使汽车不能很快地起步和加速。

3）　　制动时由于重心前移，加上前部重量较大，就很容易使汽车在制动时点头，从而降低舒适性。

4）在过弯时，由于前轮既承担驱动力，也承担转向力，如果在弯道中加速或减速，也就是改变驱动力的大小，就会影响转向力的发挥，从而会使汽车的转向特性发生变化。如果在弯道中急加速，就可能使驱动力突破前轮的附着力，从而使转向力为零，此时汽车便不再转向，而是直直地往弯道外侧冲去，发生转向不足现象，俗称“推头”。

后轮驱动的优势：

后轮驱动(RWD)的优势和劣势和FWD是相对应的：FWD的优势就是RWD的劣势；反之，FWD的劣势就是RWD的优势。具体说来RWD的主要优势如下：

1）RWD的整车性能好，更能让设计师们充分施展才华。首先，由于发动机可纵向放置在车头，可允许较窄的前轮距和较低的发动机罩，以减小风阻，获得较佳的空气动力学性能。另外，由于各总成较分散并独立，从组装到维修保养，都较方便。

2）RWD与FWD相比，加速时还可获得更大的驱动力。当车辆加速时，其重心向后移，一部分重量由前轮移向后轮，即前轮卸载、后轮加载，这必然影响前轮的有效牵引力，此时FWD会失去部分驱动力，而RWD则会增加驱动力。有时同样一个人，他虽然在平路上拉(相当于前轮驱动)不动一辆车，却可以推(相当于后轮驱动)得动一辆车，就是这个道理。

3）RWD的前轮负责转向，后轮负责驱动，可保证车辆拥有充分的转向力。一个轮胎的总有效牵引力是有限的。如果车辆是在这个有

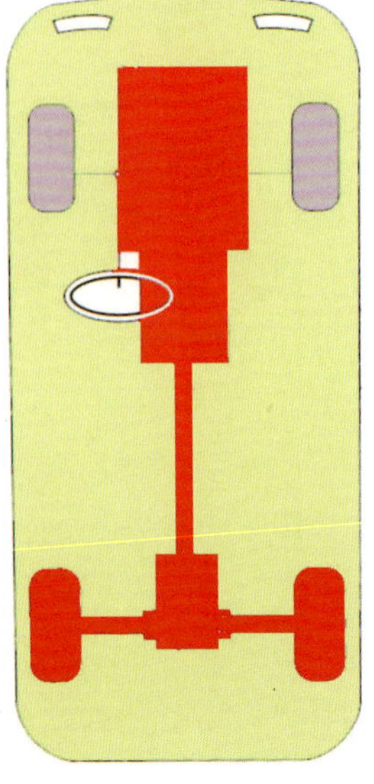

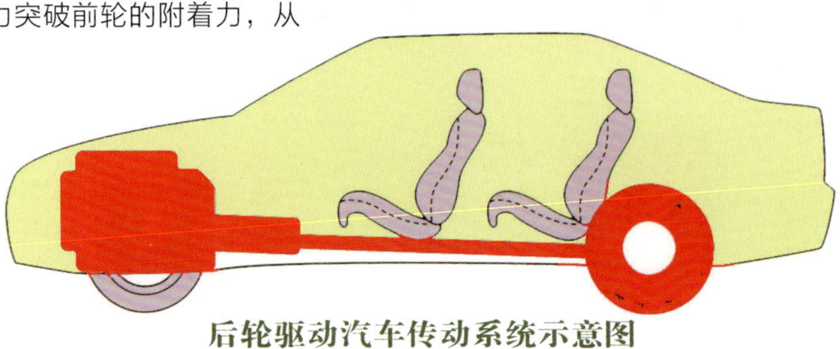

后轮驱动汽车传动系统示意图

效牵引力接近限值的情况下进行加速(如在雨天、雪地、冰面上行驶)，那么就没有多少剩余的牵引力用于转向了。对此，你可以了解一下，当人们把前轮驱动车开到有冰面的上坡路上转弯时，即可看到转弯非常艰难。这是因为转向、驱动都需有附着力，二者之和不能超过轮胎的总附着力，而轮胎在冰面上的附着力本来就小。后轮驱动车辆的转向、驱动分别在前、后轮，因此多数情况下驱动轮不容易打滑，在安全上具有优越性。

4）由于RWD具有较灵活的转向特性，并且更容易实现前后50:50的配重比，因此RWD的驾驶乐趣更强，这也是许多跑车都愿意采用后轮驱动的主要原因之一。

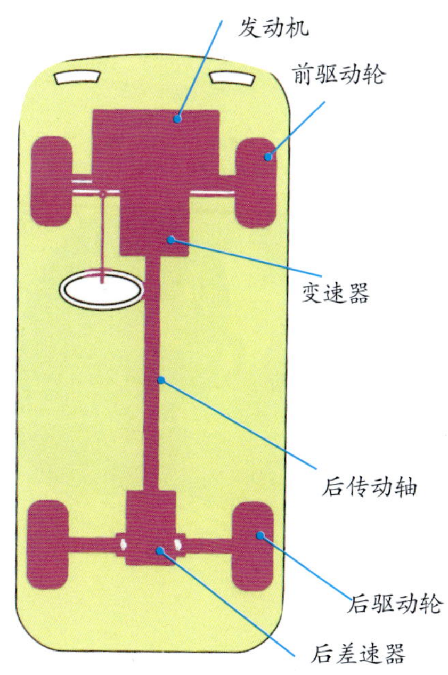

后轮驱动的劣势

1）RWD对驾驶技术要求更高。当RWD转向时，后轮的驱动力会给正在转向的前轮一个“推力”，使前轮的转向力加大，因此RWD的转向异常灵活。这对于拥有较高驾驶技术的人来讲当然是好事，可以让汽车快速通过弯道，但对于驾驶技术一般的人来讲，可能就是个麻烦，如果在弯道中突然加速就可能导致车辆尾部向弯道外侧甩，甚至突然掉头、原地打转等，尤其是在湿滑路面上更容易发生这种现象。因此，在东北地区许多人不敢驾驶后轮驱动的车辆。

2）RWD与FWD相比，要增加一些部件，从而导致车重增加。另外它的动力传递路线较长和曲折，因此动力传递效率也不如FWD高，这都可能造成RWD的油耗稍高。

综上所述，FWD和RWD各有特点，各有所长，它们分别适合于不同定位的车辆。

四轮驱动可以前拉后推

两轮驱动汽车在特殊路面上行驶时受限制较大，有时很危险。为了提高汽车的通过性和安全性，四轮驱动汽车便应运而生。四轮驱动汽车最大的特点是将原本集中在两个车轮上的驱动力分摊给四个车轮，即使有部分车轮打滑，汽车仍有车轮存在驱动力，这样可以帮忙汽车摆脱困境。

另外，四轮驱动系统在城市SUV和轿车上的应用也越来越广泛，它的最大作用是提高汽车的主动安全性，保证在湿滑路面上拥有更佳的行驶稳定性，尤其是在弯道上行驶时，由于前轮需要一定的转向力，而地面的附着系数又较低，如果此时前轮上的驱动力较大，转向力和驱动力的合力就会突破轮胎的附着力，从而使车辆失控。而如果是四轮驱动，那么前轮只承担部分驱动力，前轮上的驱动力与转向力的合力不容易突破地面附着力，可以保证车辆安全平稳过弯。

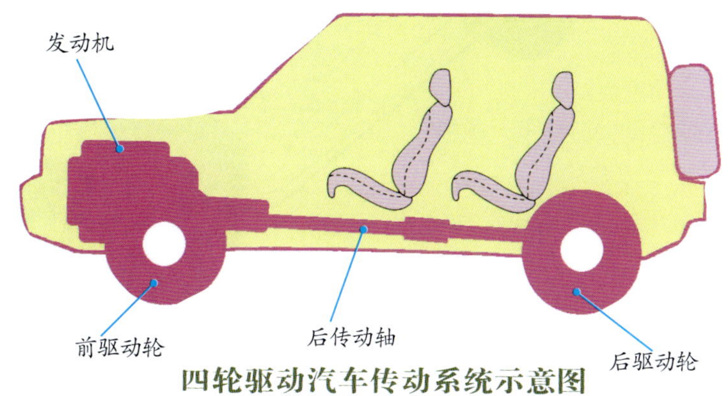

四轮驱动汽车传动系统示意图

四轮驱动VS两轮驱动

如果汽车的四个车轮都是驱动轮，就称为四轮驱动（4 wheel drive）。轿车、跑车、SUV、赛车中都有不少四轮驱动车型。

四轮驱动系统在城市SUV和轿车上的应用越来越广泛，它相对两轮驱动汽车的最大优势就是拥有较高的通过性和主动安全性。

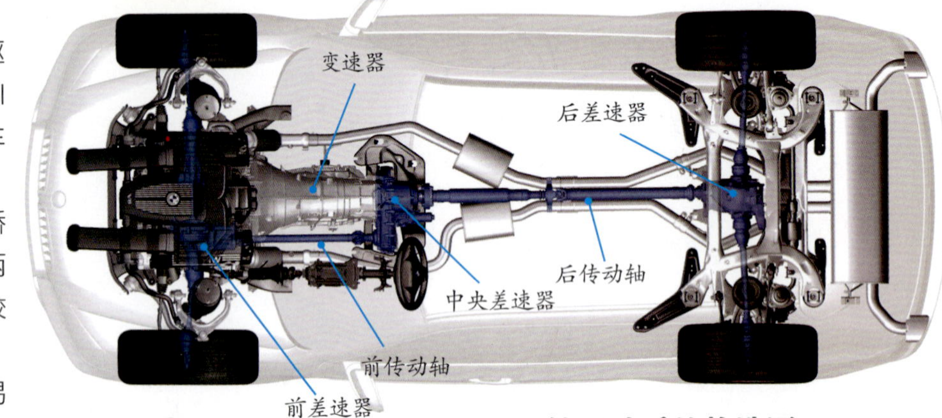

四轮驱动系统构造图

前轮驱动的汽车在转弯时容易产生转向不足的现象，后轮驱动的汽车在转弯时容易产生转向过度的现象。而四轮驱动的汽车，相对而言其转向更为中性些，转弯时的稳定性、循迹性相对两驱车更高。

除了极个别超级跑车外（如兰博基尼、奥迪R8等），四轮驱动汽车一般都采用前置发动机。但在前后动力分配上，前横置发动机车型是以前轮驱动为主，前纵置发动机车型则是以后轮驱动为主。其实，不同四驱车型的最大区别就是动力分配方式的不同，或者说就是四驱系统的区别。

四轮驱动车型构造图

分时四驱VS全时四驱VS适时四驱

根据前后动力分配方式的不同，四驱系统可分为分时四驱、全时四驱和适时四驱等三大类。

分时四驱（4WD）

分时四轮驱动可以由驾驶人自主选择使用四轮驱动（4WD）或使用两轮驱动（2WD)，一般都是通过一个旋钮或操纵杆来进行转换操控。当遇到坎坷地段时，如在湿滑的草地、泥泞、沙漠行驶时可以挂上四驱模式，让四个车轮都有驱动力，提高车辆的通过性能。当到公路上时，则挂上两驱模式，让汽车更顺畅地转弯和高速前进。

全时四驱（AWD）

全时四轮驱动是指四个车轮一直都是驱动轮，无论是直线行驶还是转弯时，并且一般可以根据行驶情况调节前后驱动轮上的驱动力分配比例。全时四驱的性能更全面，它一直用四只脚走路，因此它的行驶稳定性更高，在湿滑路面上的通过性和安全性更胜一筹。即使都是全时四驱，不同品牌的全时四驱系统的结构和原理也不太一样，有纯机械的，也有电子控制的，有以前轮驱动为主的，也有以后轮驱动为主的。

适时四驱（Real Time 4WD）

适时四驱是指在不需要四驱的时候车辆会自动采用两轮驱动，在需要四驱的时候则自动采用四轮驱动。它与分时四驱的最大区别就是这一切都是系统自动完成切换的，不需要人为控制。适时四驱由于在正常状态下采用的是两轮驱动，只有当驱动轮打滑时从动轮才会介入，因此它需要一个反应时间，而这个反应时间的长短则是体现适时四驱性能的主要指标。

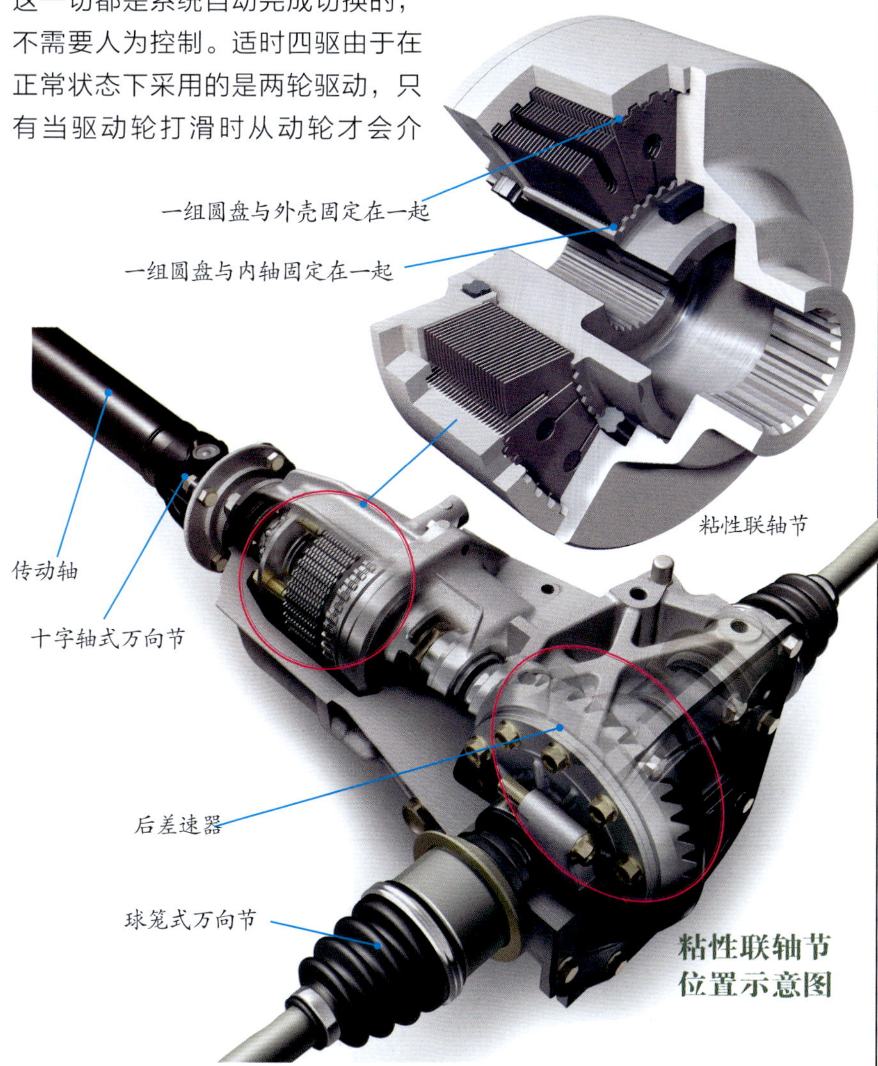

粘性联轴节位置示意图

适时四驱中常用粘性联轴节作为调节前后转矩分配的部件。在粘性联轴节中有两组圆盘，分别与内轴（前轮）和外壳（后轮）相固定，并且一个隔一个地交叉组合，共同浸在粘性油液（常为硅油等）中。当前、后轮转速相同时，两组圆盘之间没有相互运动；前、后轮出现转速差时，两组圆盘之间产生相互运动，并搅动硅油，进而使硅油温度逐渐上升而导致粘性迅速增大，从而限制两组圆盘之间继续产生相对运动，最终达到限制前、后轮之间转速差的目的。

电控多片离合器VS 城市型SUV

前横置发动机四驱车型基本都是基于前横置发动机前轮驱动车型改造而来的，因为在两驱车型中罕有前横置发动机后轮驱动车型。

现在所看到的四驱车型，只要发动机气缸数不超过5个，基本都是采用前横置发动机布置（丰田普拉多2.7L除外）。因为发动机体积相对较小，完全可以将发动机横置在发动机舱内，并有足够的空间布置变速器、差速器等装置。代表车型：奥迪TT四驱，大众途观，奔驰GLA，丰田汉兰达、RAV4，日产奇骏、逍客，马自达CX-5等，可以说城市SUV中差不多80%都采用前横置发动机四驱结构。

前横发动机四驱车型一般都采用电控多片离合器作为中央差速装置，并且基本都是与后差速器整合在一起，只是所采用的电控多片离合器可能有所不同，但基本也就有两种：一是以翰德（HALDEX）为代表的电控液压多片离合器，依靠液压力来压紧离合器片；二是电磁控制多片离合器，依靠电磁场的力量来压紧离合器片。

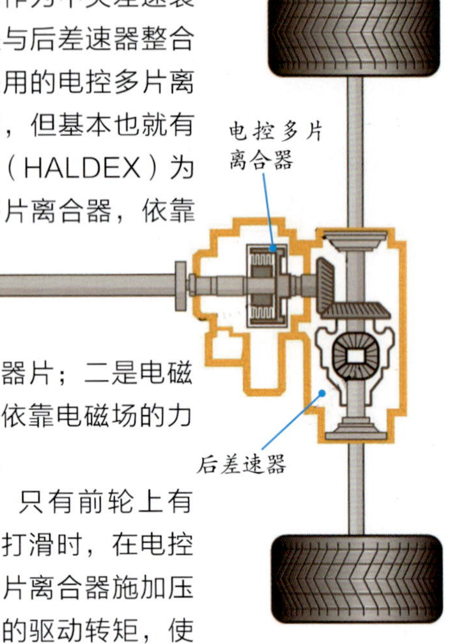

正常情况下，只有前轮上有驱动转矩，当前轮打滑时，在电控单元的指挥下向多片离合器施加压力，从而增加后轮的驱动转矩，使前后驱动转矩比在100:0至50:50间自动调节。

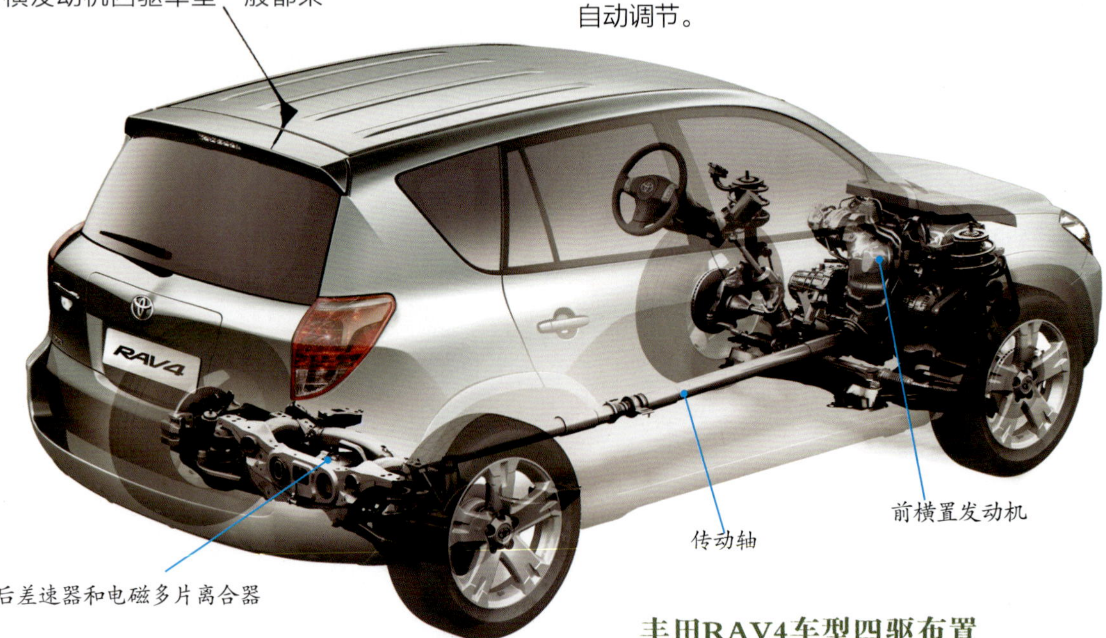

丰田RAV4车型四驱布置

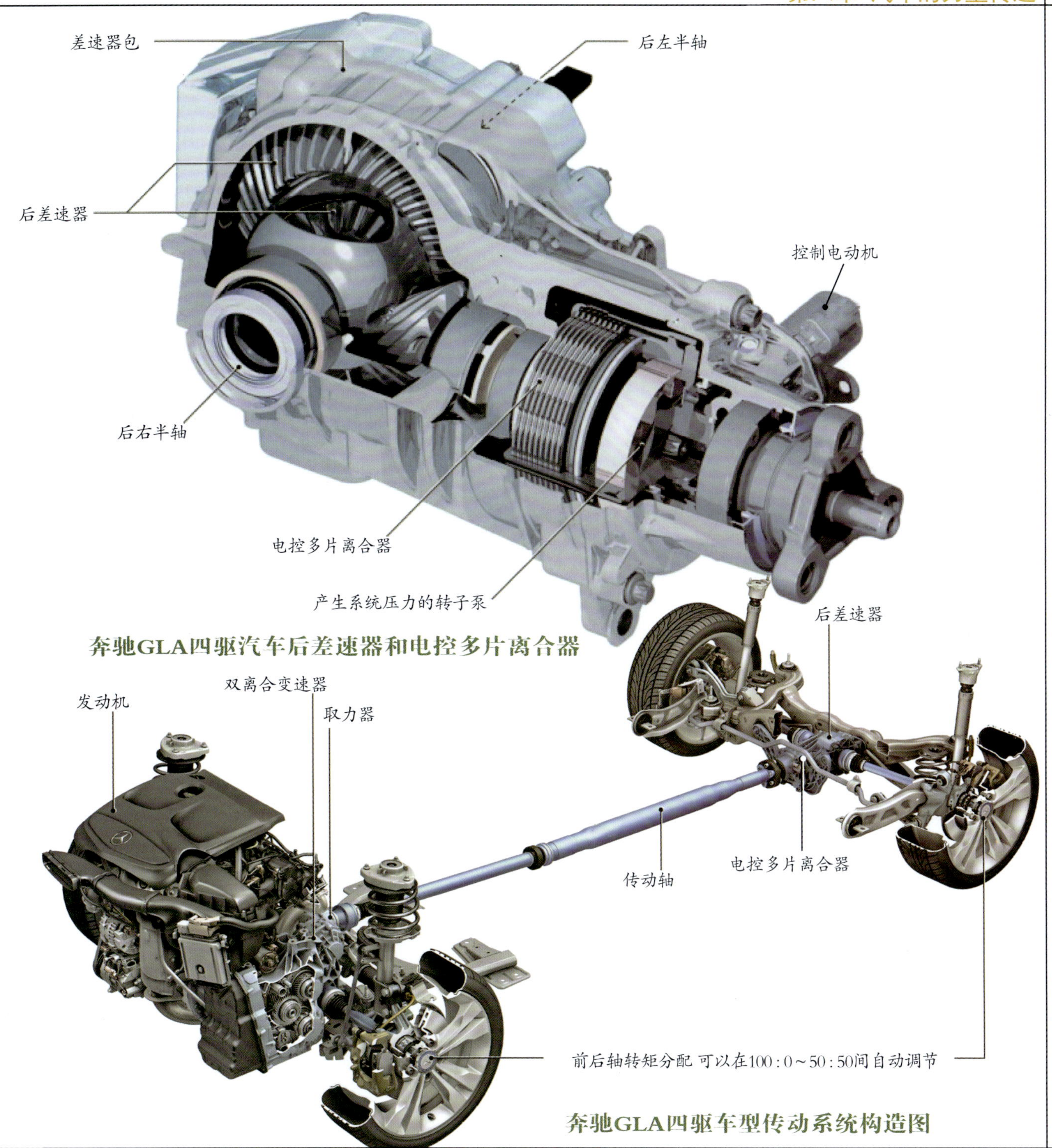

奔驰GLA四驱汽车后差速器和电控多片离合器

奔驰GLA四驱车型传动系统构造图

中央差速器VS 越野型SUV

大排量发动机的四驱车型，一般都采用前纵置发动机四驱方式，发动机纵向放置，动力通过变速器后再经过分动器和中央差速器，将动力分别传递给前轴和后轴。可以说这类四驱车型都是基于前纵置发动机后驱车型改造而来。

前纵置发动机四驱车型不仅具有较强的动力，而且由于装备有分动器和带锁止功能的中央差速器，其越野性能也相对较强。

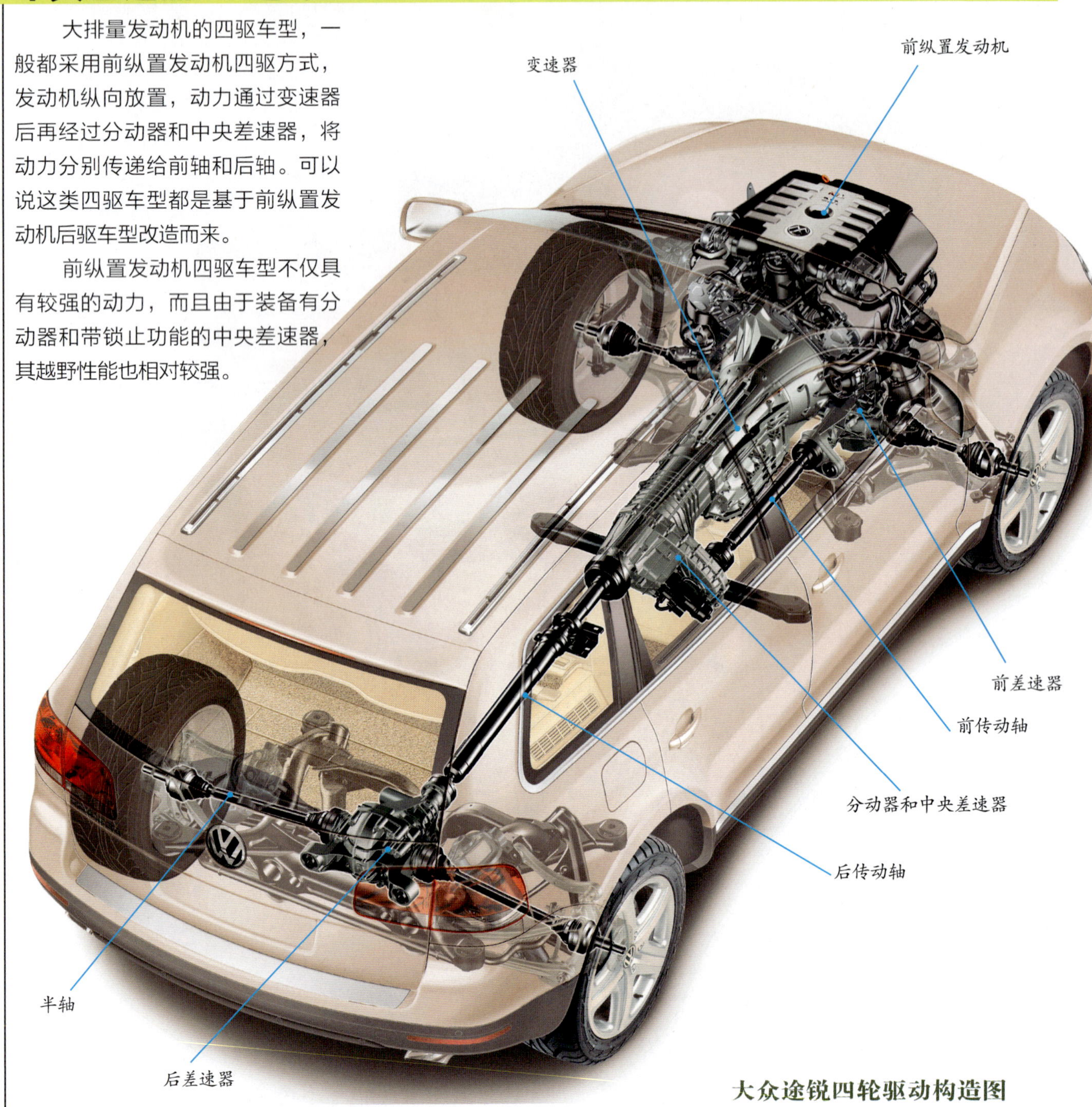

大众途锐四轮驱动构造图

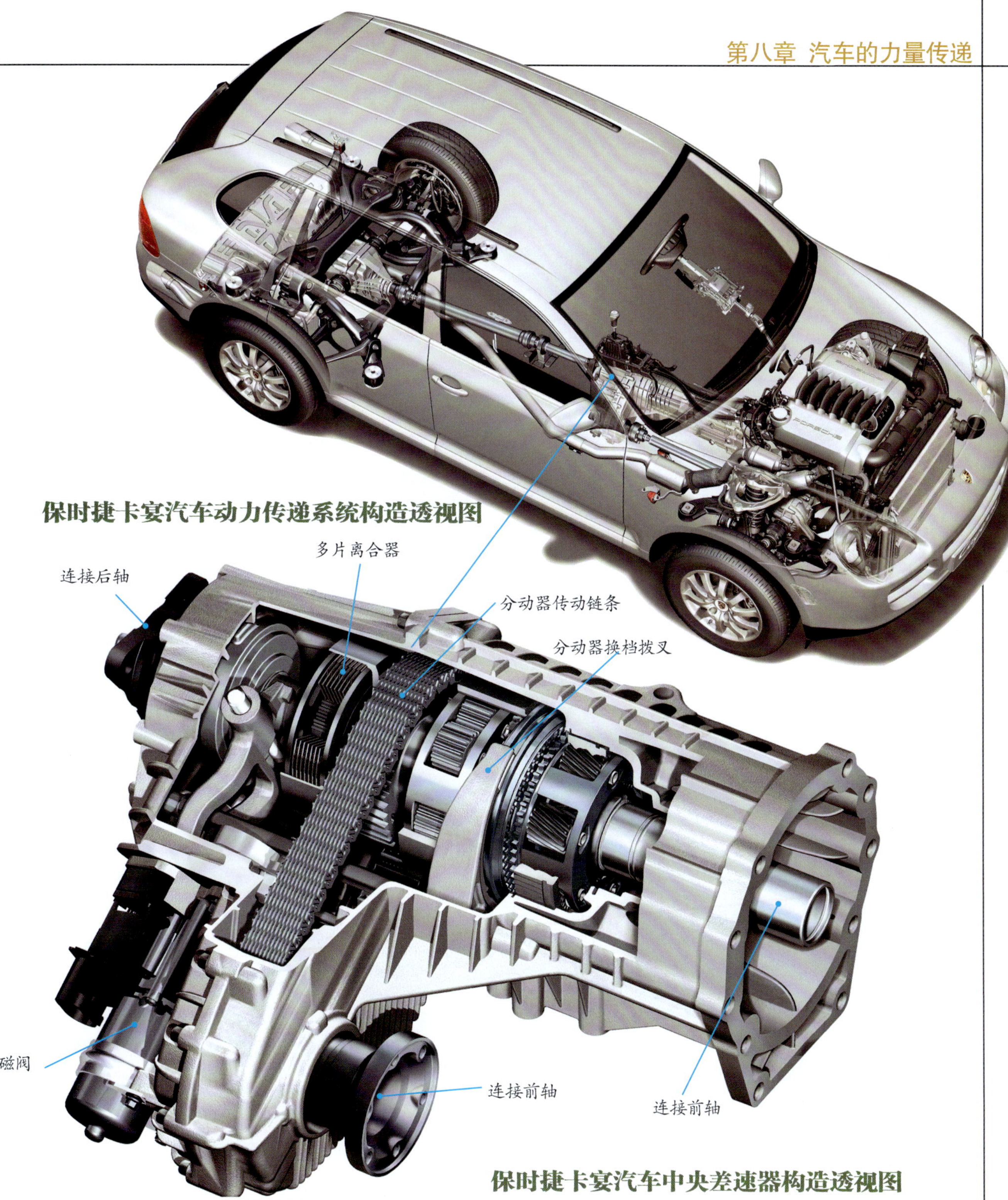

保时捷卡宴汽车动力传递系统构造透视图

保时捷卡宴汽车中央差速器构造透视图

分动器VS 越野型SUV

分动器俗称分动箱，顾名思义，它就是分配动力的机器。它的任务就是将发动机输出的驱动转矩分别传递到各驱动桥。

它的输入端与变速器输出轴相连，而它的输出端一般为两个，分别经万向传动装置或链条与前、后驱动桥连接。

一些分动器还具有减速功能，设有两个档位选择，起到副变速器的作用。当选择低档位时，可以将驱动转矩放大，以提高攀爬和拖动能力。

分动器的传动方式有链条与齿轮传动两种。在全时四驱和分时四驱上才会有分动器，而在适时四驱上没有分动器。

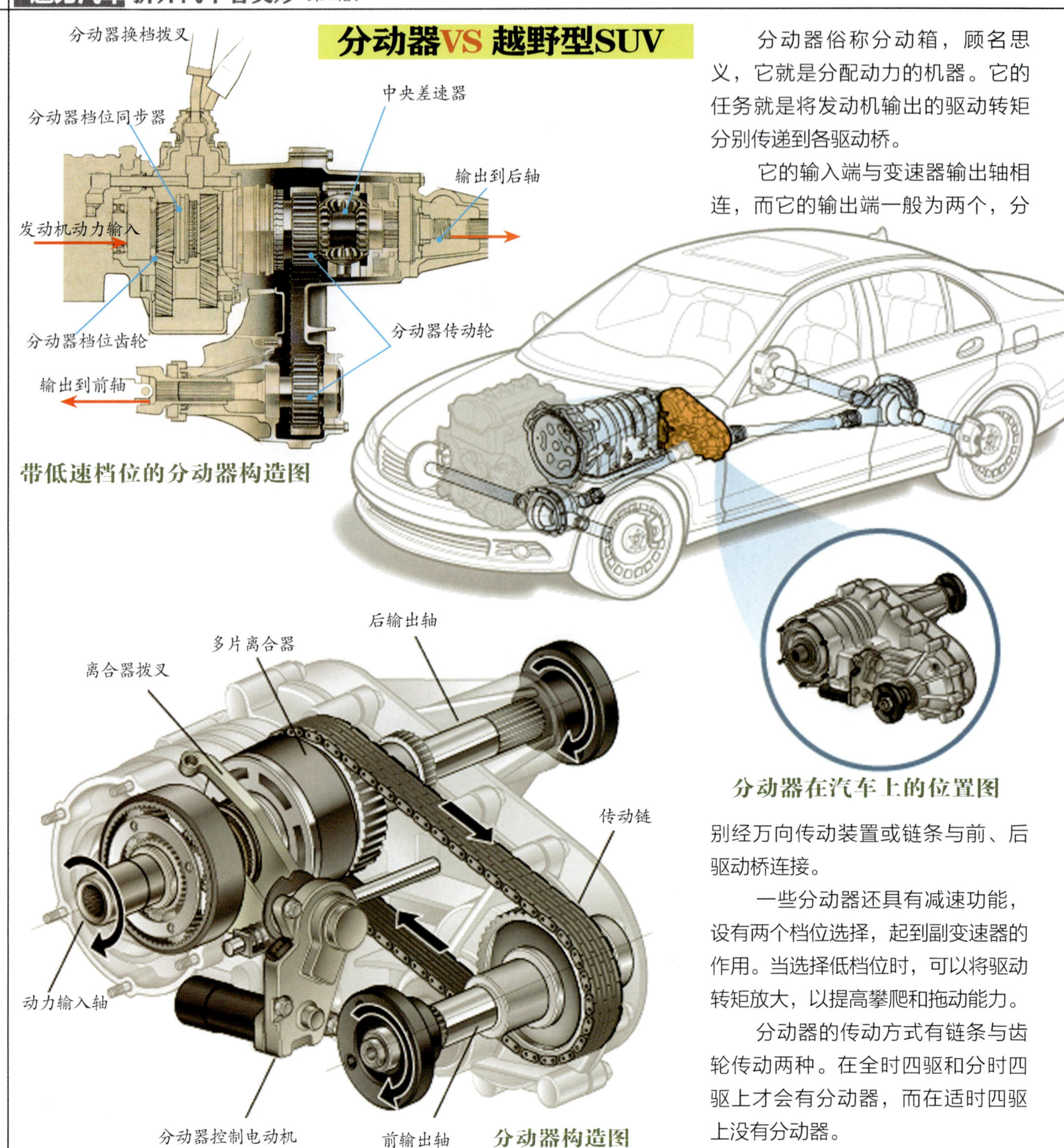

带低速档位的分动器构造图

分动器在汽车上的位置图

分动器构造图

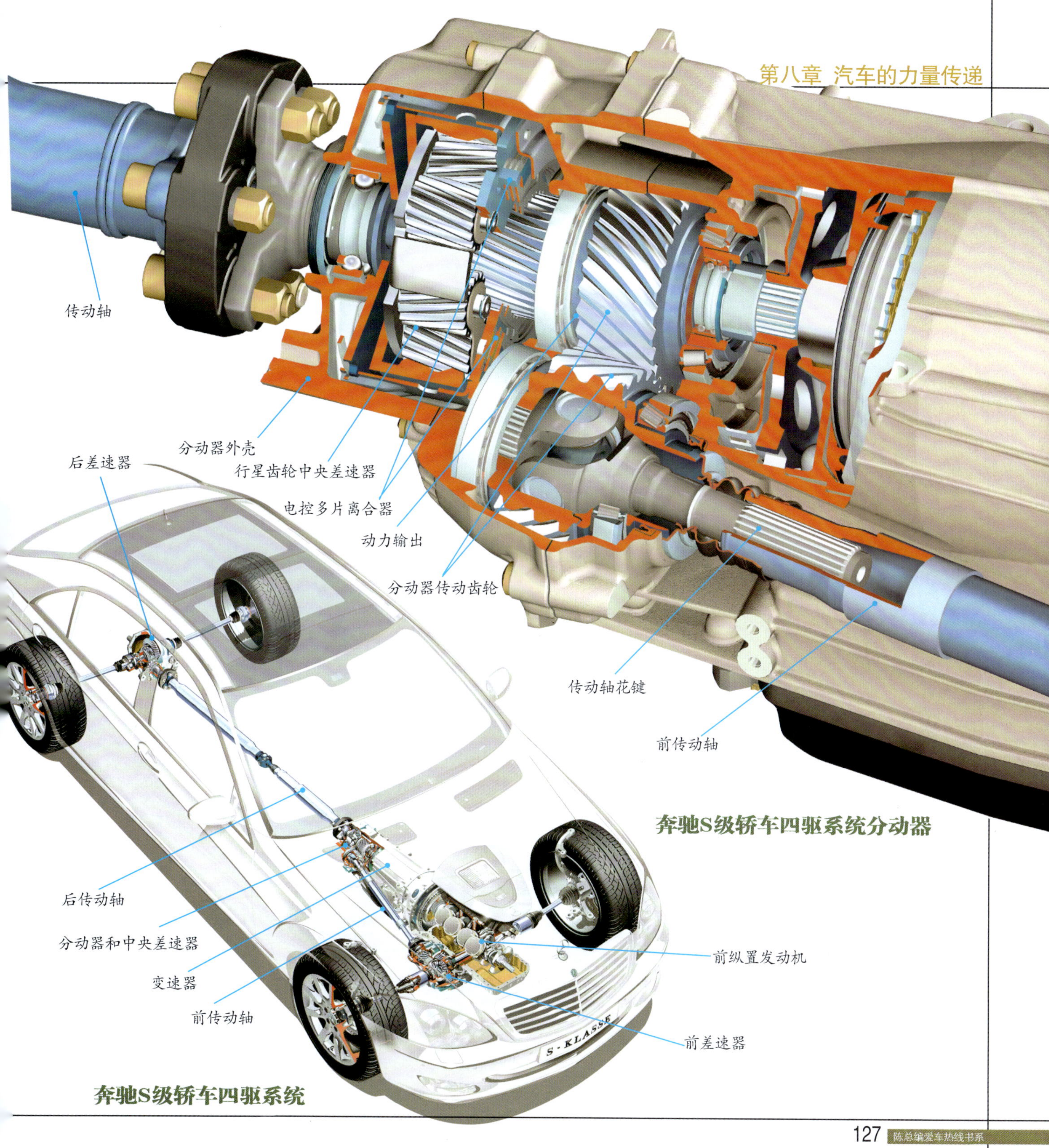

奔驰S级轿车四驱系统分动器

奔驰S级轿车四驱系统

半轴VS传动轴

发动机的动力经变速器调整后，最后都要传递到驱动轮上。如果是前置发动机、后轮驱动的车辆，则要用一根传动轴将动力从车辆前部传递到后差速器上，再用半轴将动力从后差速器一分为二传递到两个后轮上；如果是前置发动机、前轮驱动的车辆，前差速器和变速器整合在一起，则只需要用两根半轴将动力从前差速器一分为二传递到两个前轮上即可；如果是四轮驱动，则基本是将上述两种方式进行整合，要用两根传动轴、四根半轴、三个差速器才能将动力分配到四个车轮上。

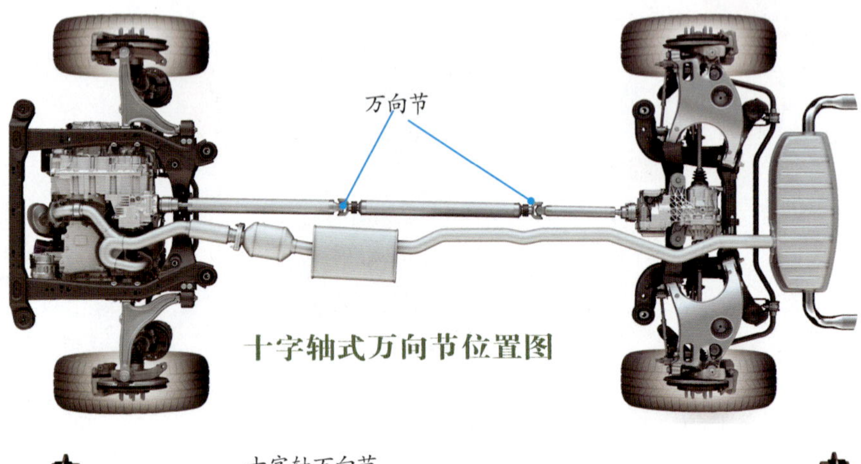

十字轴式万向节位置图

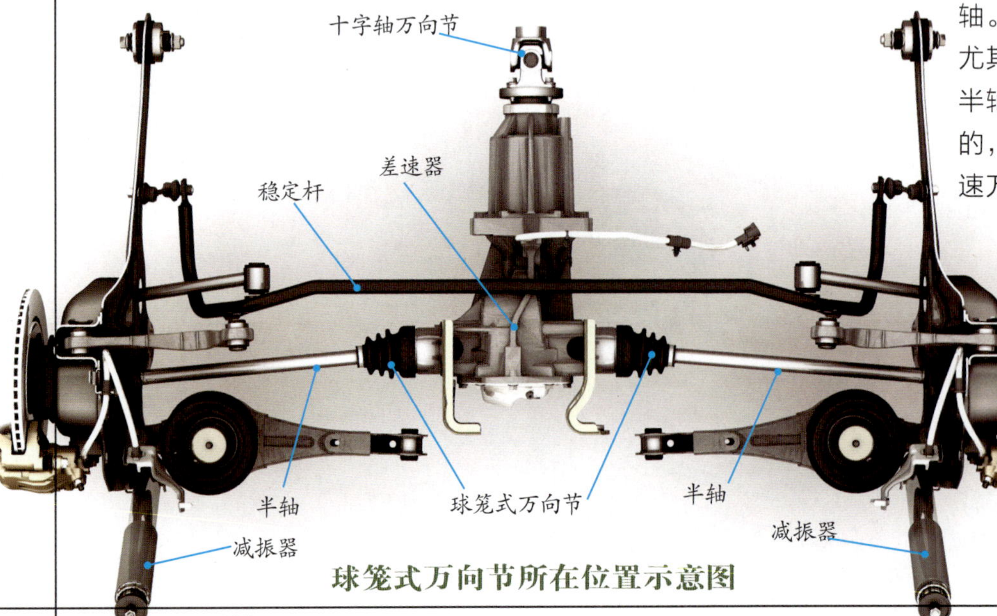

球笼式万向节所在位置示意图

万向节VS等速万向节

在前置发动机、后轮驱动的汽车上，要使用一根强度足够高的传动轴将动力由前传递到后。由于后车轮、后车轴是根据路面情况不断跳动的，因此传动轴在汽车行驶中也是不断跳动的。为了使动力传递更顺畅，必须在传动轴两端以万向节的形式连接。对于轴距较长的前置后驱车型，还必须使用由两根传动轴连接在一起的传动轴，它们一般采用十字轴式万向节。

在前轮驱动的汽车上，要把发动机的动力经变速器传递到两个前轮，必须要使用左右两根驱动半轴。但由于车轮是在不断跳动的，尤其是前轮还兼有转向功能，那么半轴和车轮之间的角度总是在变化的，因此必须在半轴上采用一种等速万向节（两者角速度相等），使半轴在旋转的同时还能扭转一定的角度，以适应驱动轮的跳动和摆动。通常情况下，前驱动半轴上采用球笼式万向节。

十字轴万向节是不等速万向节，而球笼式万向节则为等速万向节。

差速器VS车轮转速差

汽车转弯时，汽车左右两侧的车轮所走过的路线是不一样长的，也就是说在转弯时内侧车轮转得慢一些，而外侧车轮相对要转得快一些。这对于非驱动轮来讲没问题，因为左右两侧的车轮本来就没有关联，各转各的互不影响。然而对于驱动轮来讲，由于左右两侧的车轮都接受同一个来自发动机和变速器的力量，要想让它们在接受同样驱动力的情况下又能保持和谐运转，就需要一种装置来协调或吸收左右两个驱动轮之间的转速差。这个装置就是差速器。

差速器的核心部分一般由4个锥形齿轮组成，左右两个大锥形齿轮（又称侧齿轮）分别与左右两侧的半轴相连，而中间的两个小锥形齿轮则像行星一样在左右两个侧齿轮之间运转，因此又称它们是行星齿轮。

差速器的原理其实十分简单。当汽车直线行驶时，左右两个车轮的转速相同，行星齿轮只有公转没有自转，差速器的托架和两个侧齿轮以相同的速度旋转。而当汽车转弯或其他情况导致左右车轮转速不一样时，两个侧齿轮产生转速差，导致中间的行星齿轮发生自转，从而吸收两个侧齿轮的转速差，让左右车轮在有转速差的情况下顺利转弯。

差速器是一种巧妙的机械结

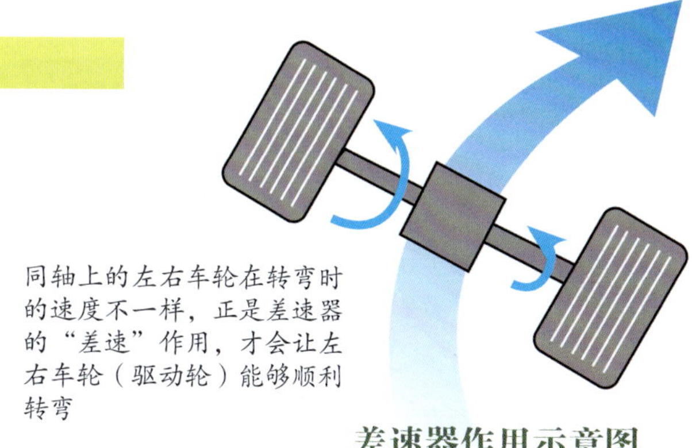

差速器作用示意图

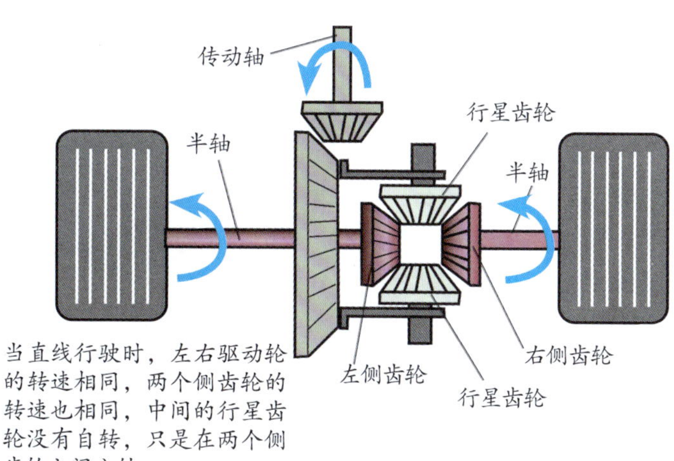

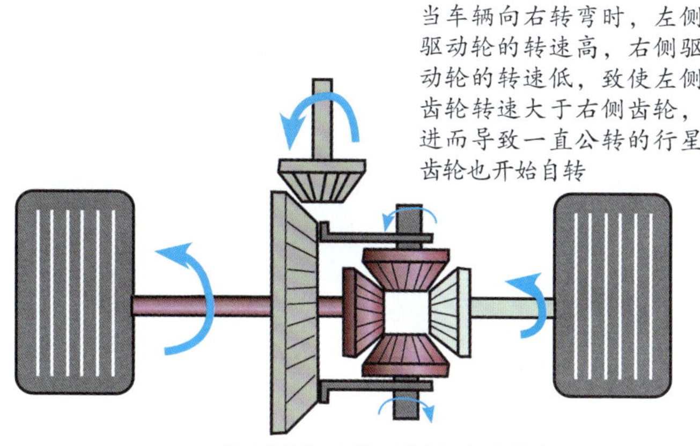

差速器工作原理示意图

Chapter 9 第九章 汽车的速度变换

加速踏板VS节气门

当你踩踏加速踏板时，你确实是在“加油”，增大发动机的喷油量，使发动机的转速上升、动力输出增加，车速也会跟着上升。但实际上，加速踏板并不直接控制燃油喷射量，而是最先控制一个调节进入气缸空气量的“节气门”。这个节气门设置在进气管道的末端，它相当于一扇旋转门。当踩加速踏板时，通过拉索或电信号就可控制这扇门的旋转，从而调节进气管中的通风量，进而改变进气歧管中的真空度。进气管压力传感器则可测得真空度的大小并转变为电信号通知发动机电脑，电脑则指示喷油器适时调节燃油的喷射量，从而调节发动机的动力输出。

发动机节气门位置图

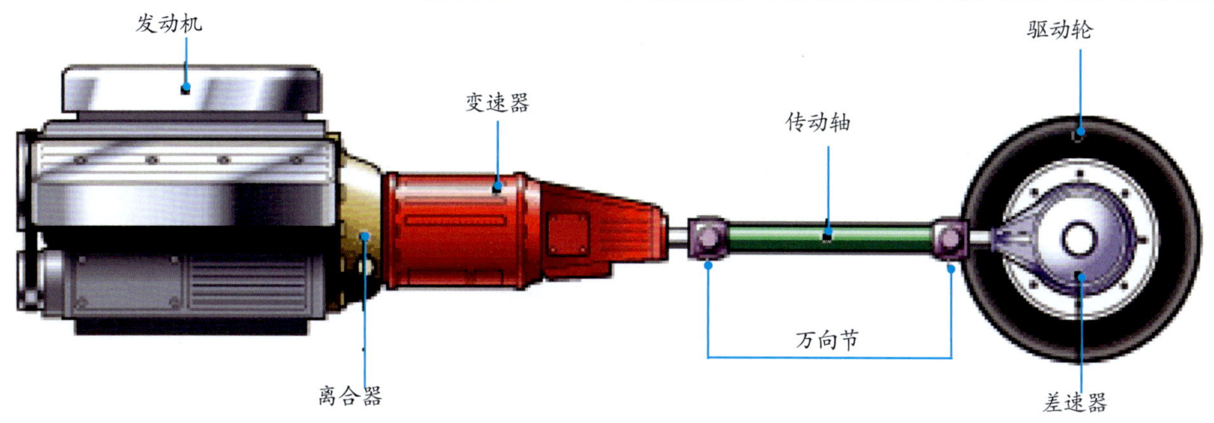

离合器VS动力开关

一般教科书上总结离合器的作用为：平稳起步、平顺换档、防止过载，其实它起一个作用——将发动机与变速器之间的动力传递断开或连接。只不过由于变速器是以旋转齿轮相互啮合传递动力的，为了让不同转速的齿轮能够平顺啮合，离合器必须采用摩擦、液力方式进行接触，而不能采用刚性连接，因此出现了手动变速汽车上的摩擦离合器和自动变速器车上的液力变矩器。

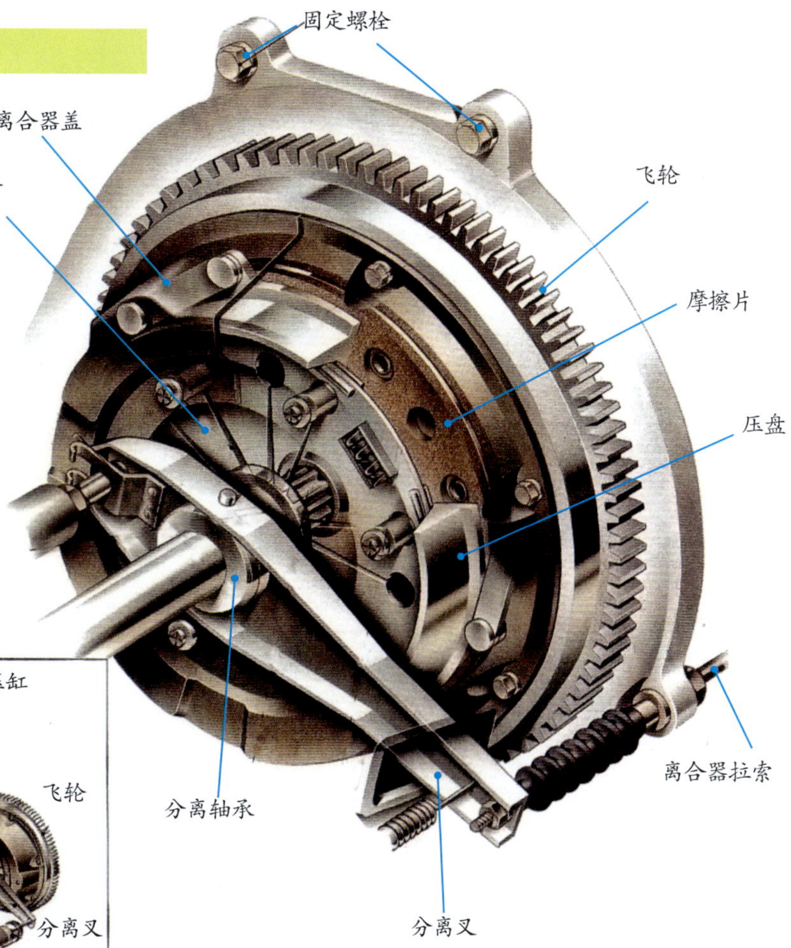

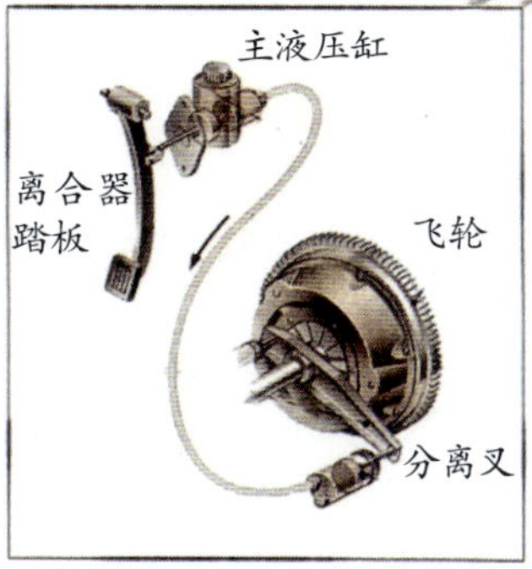

固定螺栓
离合器盖
膜片弹簧
飞轮
摩擦片
压盘
主液压缸
离合器踏板
飞轮
分离叉
分离轴承
离合器拉索
分离叉

离合器液压操纵系统

离合器构造及液压操纵系统

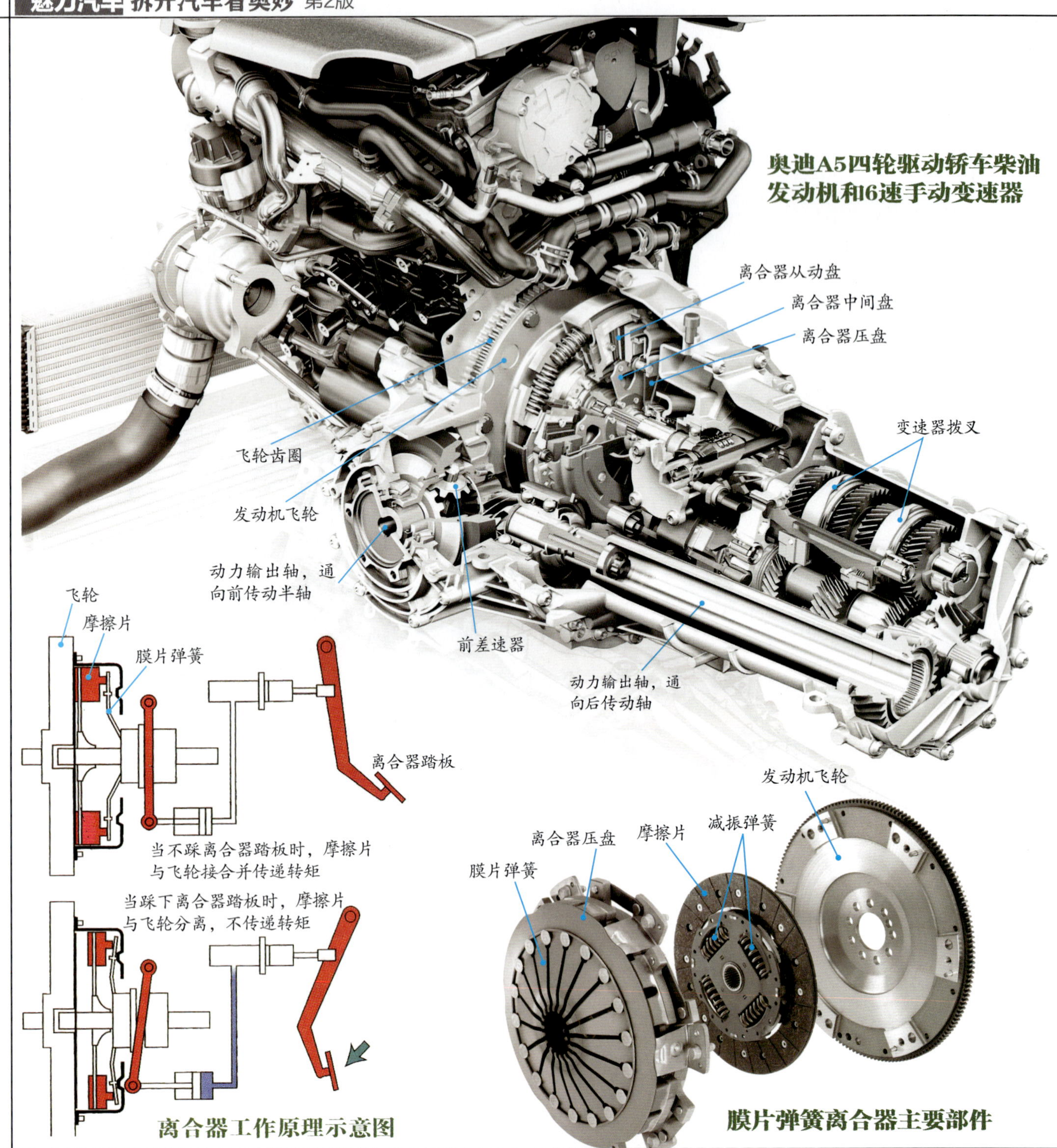

离合器工作原理示意图

膜片弹簧离合器主要部件

变速器VS动力协调员

在汽车上，发动机的转速非常高，但输出的转矩非常有限。汽车起步时不需要较大的车速，但需要较大的转矩，因此在起步阶段最好是让汽车低速、大转矩平稳运行；在车速上来后，就不需要太大的转矩，而需要较高的车速。

能够对发动机输出的转矩和转速进行调节的装置，就是变速器。就是说，如果没有变速器，汽车只能以一种速度一种转矩前进，不能太低速，也不能太高速，甚至不能上坡。

最早的变速汽车

最初的汽车没有变速器，而且只进不退。法国工程师瑞尼·潘哈德和埃米尔·勒瓦索尔于1894年在潘哈德·勒瓦索尔（Panhard–Levassor）牌汽车上装上变速器后，邀请不少新闻记者进行变速表演。然而，偏偏在这个时候发动机出了毛病，怎么也起动不了。尽管他们在哄笑中讲完了变速器的原理和作用，但仍被新闻界讥讽为“利用假把戏骗取钱财”。然而一年后的1895年，两位工程师再次邀请新闻记者观看他们的变速汽车表演。在喜欢挑剔的记者面前，他们驾驶自己的汽车时快时慢、时进时退，用事实征服了记者，征服了汽车界。到1904年，潘哈德·勒瓦索尔手动变速器被普遍应用到各种牌号的汽车上。

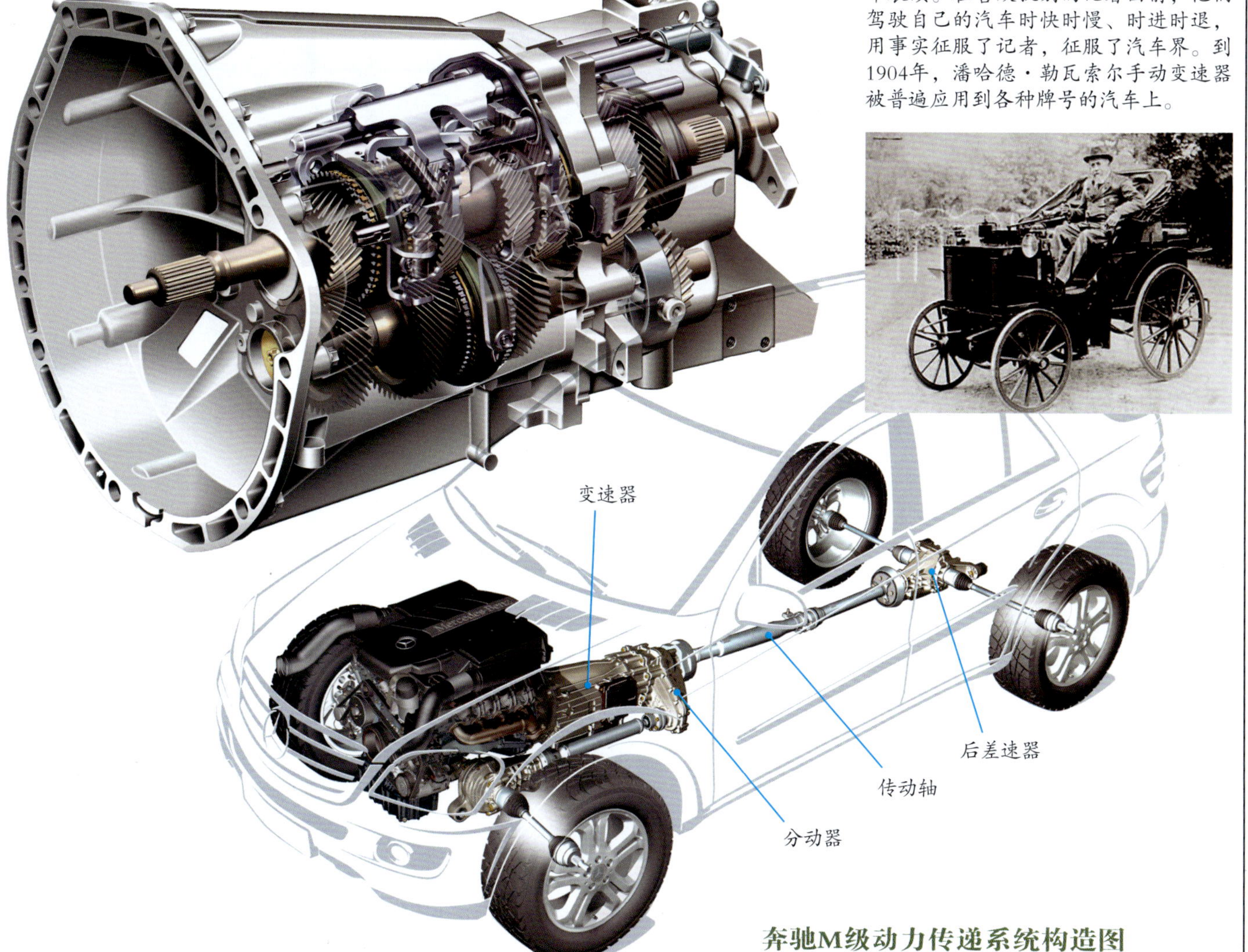

奔驰M级动力传递系统构造图

变速器VS齿轮啮合原理

一对相互啮合的齿轮，直径较小的齿轮以较小的力量旋转，那么在较大齿轮上就会获得更大的力量，但作为获得较大力量的代价，大齿轮的转速则会相应降低。或者说，相互啮合的一对齿轮，直径越大或齿数越多的齿轮，它的转速越小、转矩越大。反之亦然。

汽车的变速器就是根据齿轮啮合原理设计的。当驾驶汽车上桥或爬坡时，如果感觉汽车力量不足时，我们会降低档位，实际上是更换传动比更小的齿轮组合，也就是换直径较小的主动齿轮和直径较大的被动齿轮组合。根据齿轮啮合原理，此时变速器输出的转速就会相对降低，但转矩增大；反之，如果是升档，实际上是换直径较大的主动齿轮和直径较小的被动齿轮的齿轮组合，此时变速器输出的转速就会提高，但转矩会相应减小。

利用齿轮变换转矩和转速的原理，可以用很小的力来提升很重的物体，甚至一个小老鼠通过一个设计合理的齿轮组合就能将一头牛提起来。

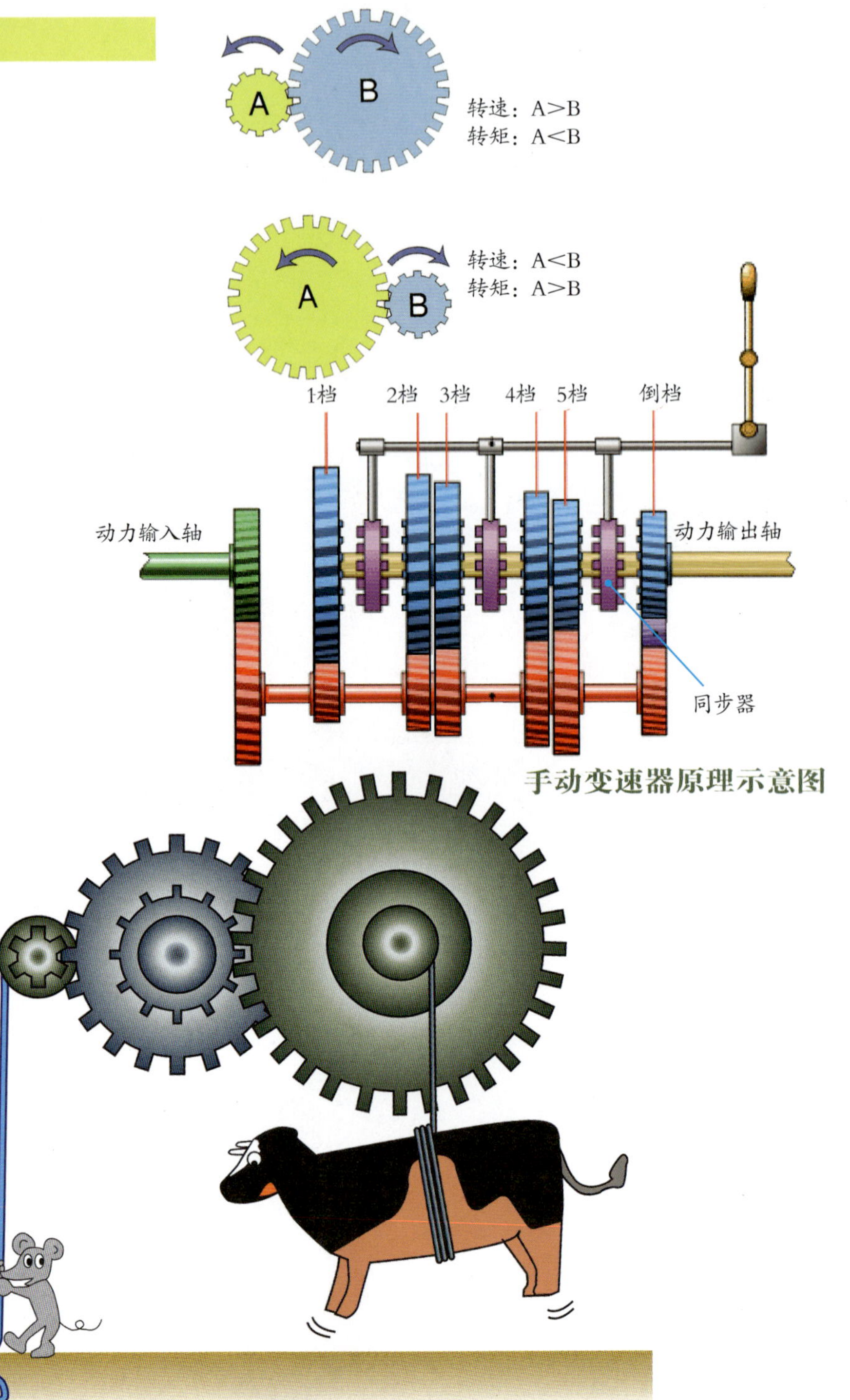

手动变速器原理示意图

同步器VS换挡冲击

在手动变速器上，所有档位的主动齿轮和对应的从动齿轮副一直处于啮合状态并持续旋转，但只有一个档位的齿轮副与动力输出轴相接合。当我们操纵变速杆换档时，其实是更换与动力输出轴接合的齿轮副，比如由3档升到4档，就是将正在与动力输出轴接合的3档齿轮副脱离，然后将4档齿轮副与动力输出轴进行接合。在与新的齿轮副接合时，由于动力输出轴基本保持原来那个档位的旋转速度，它与新的齿轮副之间的转速有差别，这样在与新齿轮副接合时就会产生一定的速度差，而不同转速的齿轮硬性接合时就会产生冲击，损坏齿轮。

为了避免换档时的冲击，使换档更顺畅，手动变速器中都设有几个同步器，利用同步器的特殊性能可以减少换档冲击。

老式的汽车变速器上没有同步器，为了减少换档冲击，换档时必须采取“两脚离合”的换档法，升档时在空档位置稍停顿一下，而降档时在空档位置要稍踩下加速踏板，以减小齿轮之间的转速差。

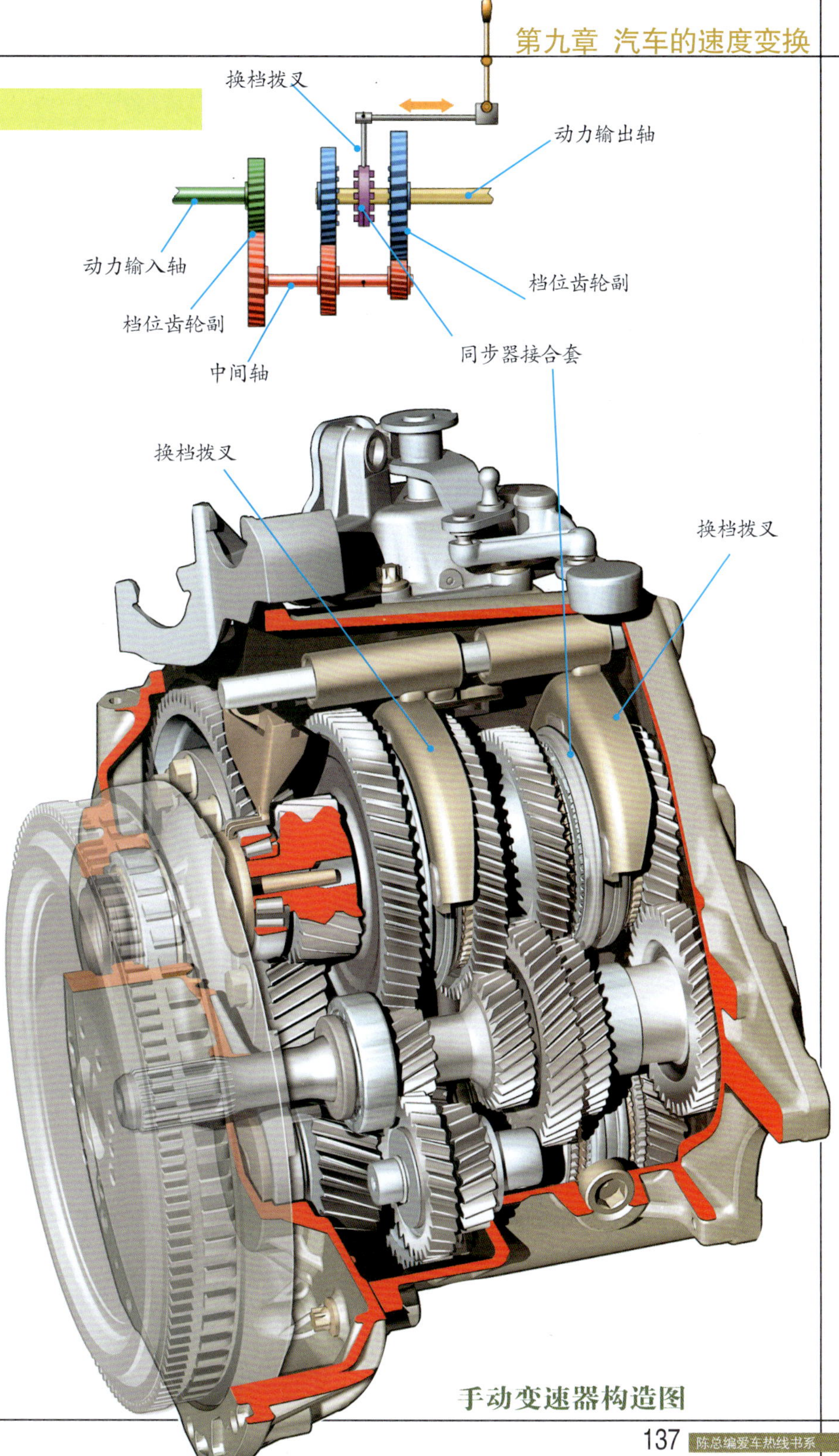

手动变速器构造图

手动变速器VS齿轮传动比

手动变速器中存在多组齿轮，每个档位就有一组齿轮，每组齿轮都有一个主动齿轮和被动齿轮，每组齿轮的传动比都不一样。手动变速器的换档过程就是变换不同的齿轮组，让发动机的动力以不同的传动比传递出去。

齿轮传动比简称“齿比”，它是指主动齿轮与从动齿轮的齿数比，也等于从动齿轮与主动齿轮的转速之比。变速器的每个档位齿轮组合都有一个齿轮传动比值。

手动变速器的特征有三个：一是每次换档都必须由驾驶人用手直接扳动变速杆来操作；二是每次换档必须用左脚踩离合器；三是它利用齿轮组合进行动力传递和调节。手动档汽车动力传递直接，相对比较省油，制造成本较低，但操作比较繁琐。

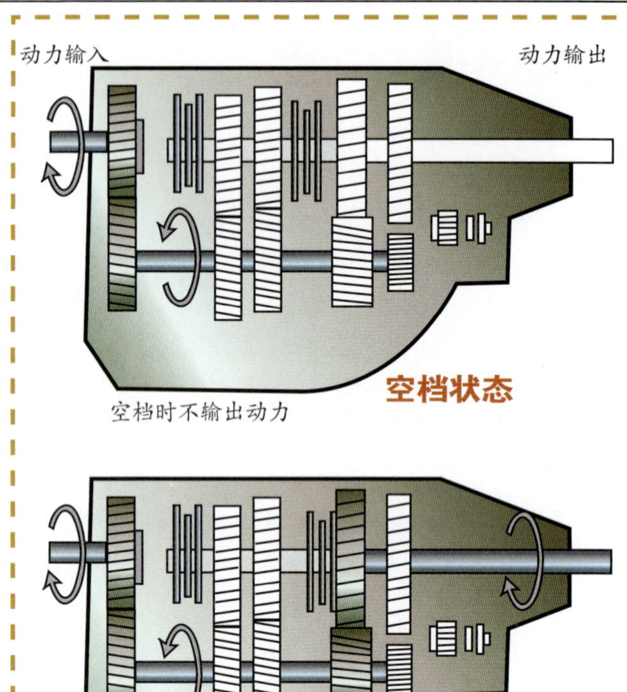

1档：

当汽车起步时，由于需要较大的转矩才能让汽车从静止开始运动，因此起步时一般都挂1档。因为1档时汽车行驶速度最低，但输出的转矩最大。我们骑自行车时也一样，蹬头几圈比较费力，等自行车走起来后再蹬就相对比较轻松了。

2档：

当汽车起步后开始行驶时，就可以换2档，此时可以使汽车的速度迅速增加，但仍保持较大的转矩，以保证你可以让汽车进行加速。

1档：

当遇到一个较陡的坡道时，比如上立交桥，就需要较大的转矩来保证汽车有足够的力量爬上坡，此时必须换入低档位，比如2档或1档，使汽车有较大的转矩爬坡。

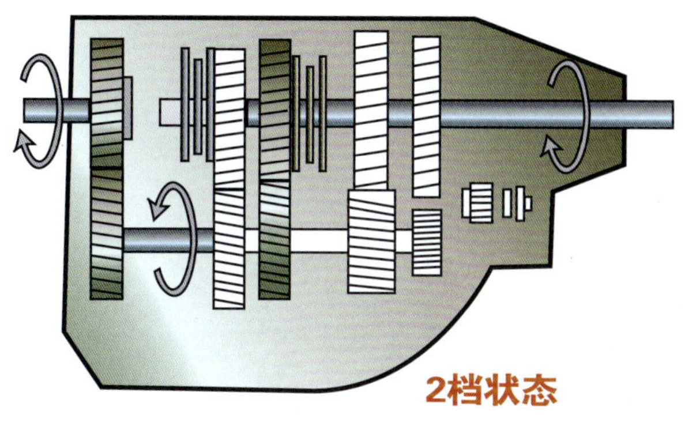
2档状态

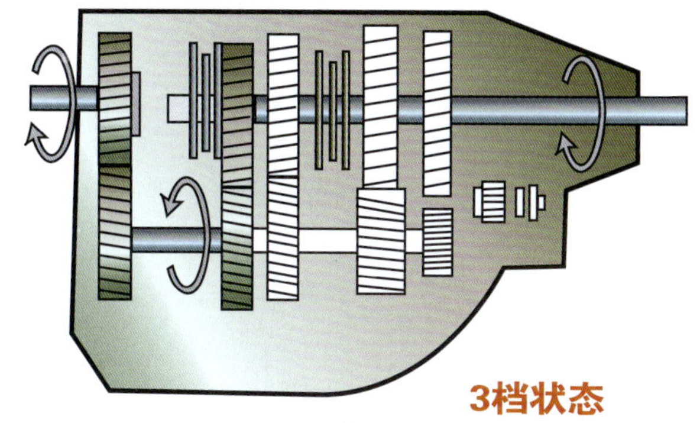
3档状态

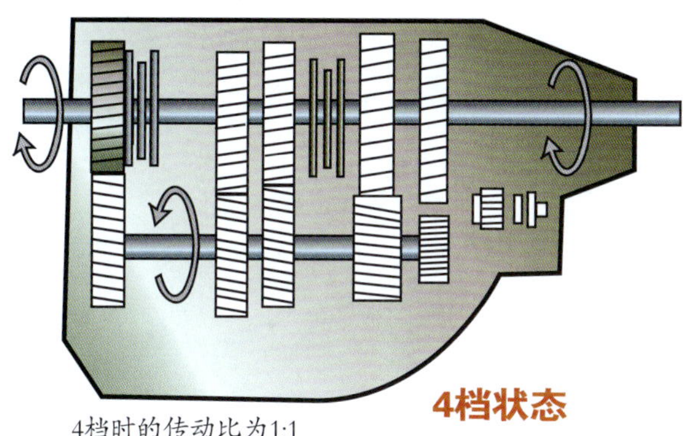
4档状态

4档时的传动比为1:1

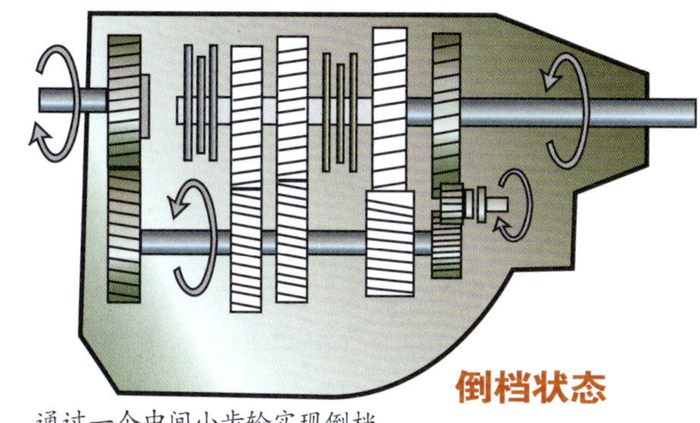
倒档状态

通过一个中间小齿轮实现倒档

2档：

当下坡时，虽然不需要什么转矩了，但为了安全，最好还是挂入低档位，利用发动机的反拖动使汽车不致行驶得太快而失去控制。

3档：

回到直道上后，汽车可以加速前进了，此时对转矩的要求不高，因此可以提高变速器的输出转速了。

4档：

换入高档位继续加速，使变速器的输出转速继续提高，从而提高汽车的速度。

5档：

在高速公路上行驶时，汽车对速度有更高要求，而对转矩基本没什么太大要求了，因此可换入最高档位，使汽车的速度进一步提高，并能节省燃油。

液力变矩器VS电风扇

自动变速器应是“懒人”发明的，他想减轻换档操作的劳动强度，甚至就不想来回换档，因此就在变速器中设计了一套由电脑、液压机构、电磁控制机构、多片离合器等组成的自动换档机构，它可以替代驾驶人操作离合器和档位切换。自动变速器主要由两大部分组成：一是液力变矩器，二是行星齿轮变速机构。

液力变矩器的作用相当于手动档汽车上的离合器。其原理像是两个对吹的电风扇，当一个电扇通电旋转后，另一个电扇也会被吹得跟着旋转，它们传递动力的介质是空气。液力变矩器中的介质不是空气，而是油液。通过控制油液的流动状态，就可以控制动力和转速输出的大小。从液力变矩器传递来的动力再经后面的行星齿轮组合变速，就可达到自动变速的目的。由于液力变矩器采用油液传递动力，当踩下制动踏板时，来自车轮的拖动力不会回传到发动机，因此不会导致发动机熄火，此时相当于离合器分离；当抬起制动踏板时，汽车又可以起步，此时相当于离合器接合。

自动档汽车的出现

汽车的电动起动装置的发明成功鼓励人们进一步让汽车驾驶变得更加轻松。既然可以不用手摇来起动汽车，那么，是否可以去掉一些其他操作机构？在开车中最麻烦的就是不停地换档了，如能让汽车自动换档，自然会受到人们的欢迎，更重要的是可以让柔弱的妇女们也能轻松驾驶汽车。

1901年1月17日，美国的汤姆森(Thomas)兄弟就制造了一辆装配离心式离合器的三档“自动变速”汽车，并为此申请了专利。但由于问题太多，无法普及实用。直到1940年，在美国奥兹的Custom8 Cruiser汽车上，才首次采用没有离合器踏板的自动变速器，第一年就销出了2.5万辆带有自动变速器的汽车。

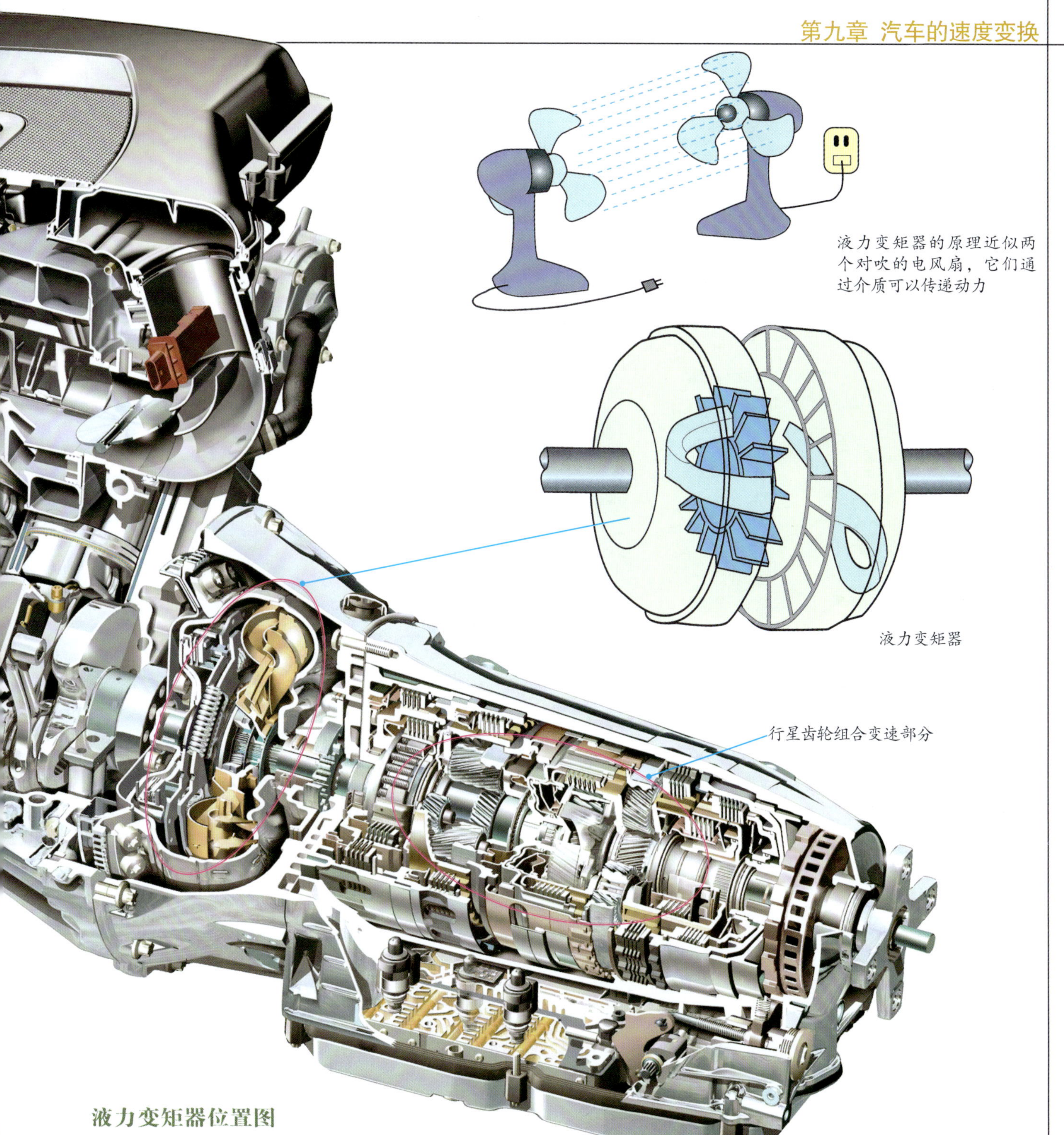

液力变矩器位置图

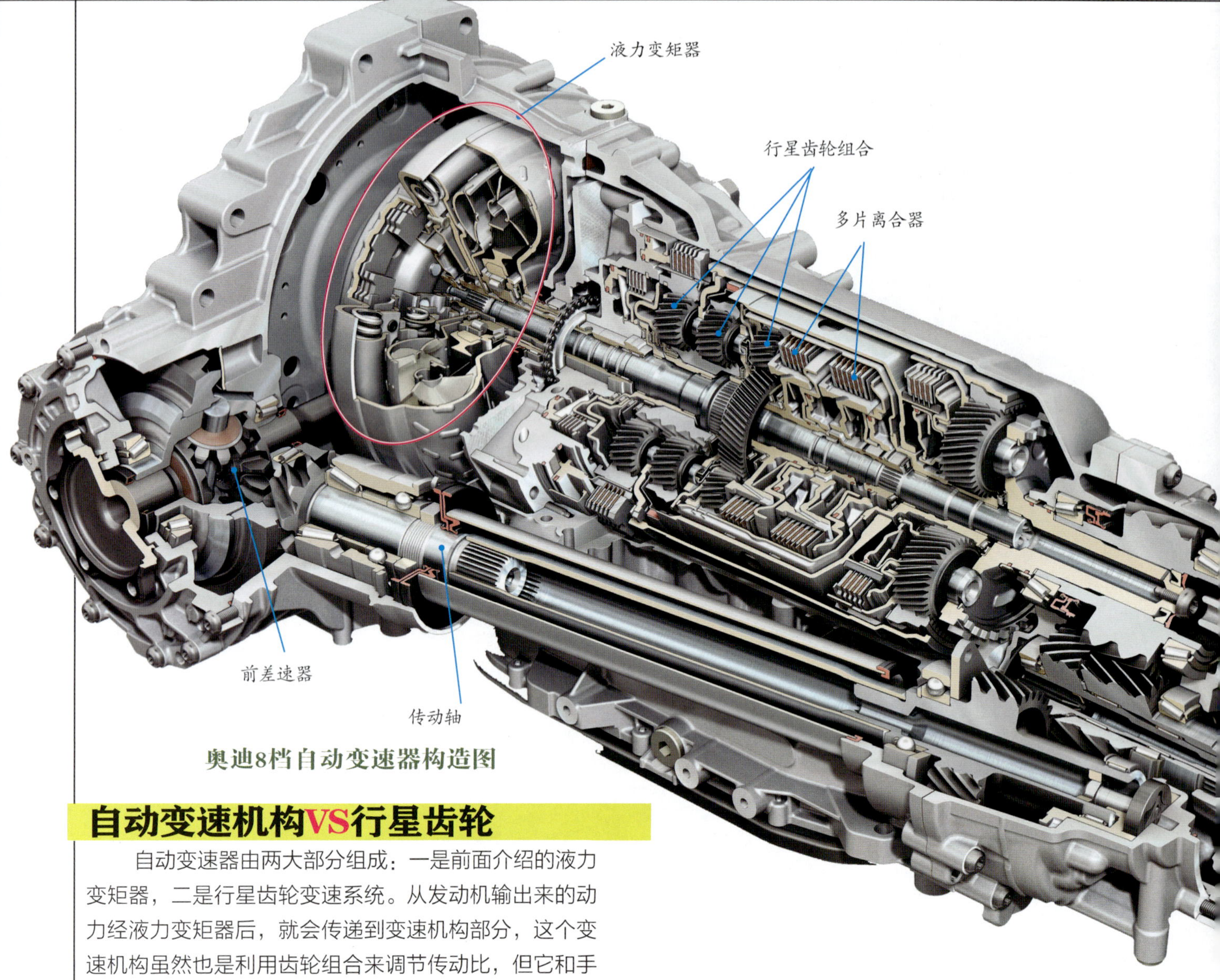

奥迪8档自动变速器构造图

自动变速机构VS行星齿轮

自动变速器由两大部分组成：一是前面介绍的液力变矩器，二是行星齿轮变速系统。从发动机输出来的动力经液力变矩器后，就会传递到变速机构部分，这个变速机构虽然也是利用齿轮组合来调节传动比，但它和手动变速器采用普通齿轮的方式截然不同，而是采用一种称为“行星齿轮”的组合，利用行星齿轮的神奇特点而调节出不同的传动比。

所谓行星齿轮是指有自转和公转的齿轮结构，中间的齿轮就像是太阳，只能自转，其周围的小齿轮则像是行星，可以围绕中间的太阳轮进行公转。当将太阳齿轮或行星齿轮中的某一种齿轮固定不动时，就会变化出不同的传动比来，包括反转，从而可以输出不同的转速和转矩。

固定某种齿轮的动作由液压机构执行，而发出执行命令的则是变速器中的电脑，它可以根据驾驶人的操作动作（如加速踏板、制动踏板、变换档位等）和车辆行驶状况（如车速等）进行综合计算后发出。

行星齿轮变速原理

自动变速器中的行星齿轮组合共有三种齿轮：中间的大齿轮称为太阳齿轮，黄色的小齿轮为行星齿轮，最外面的齿圈称为环齿轮。

这三种齿轮在进行变速时分别充当“固定齿轮”、“主动齿轮”和“从动齿轮”。根据不同的任务分配，就可变换出不同的传动比。

1）环齿轮固定：太阳齿轮为主动齿轮、行星轮为从动齿轮，或相反.

2）将行星齿轮固定：太阳齿轮为主动齿轮、环齿轮为从动齿轮，或相反。

3）将太阳齿轮固定：环齿轮为主动齿轮、行星齿轮为从动齿轮，或相反。

变速器档位VS楼梯台阶

除无级变速器外，一般变速器都设有档位数，从4到8档不等。目前手动变速器一般为4到6档，自动变速器则从4到8档都有。变速器的档位数多少对汽车性能具有较大的影响，这可以用上楼梯台阶做比较。

假设同是4米高的两个楼层，一个楼层共设20个台阶，每个台阶的高度是0.2米，那么不论是老人或小孩都能很容易地爬上去；另一个同样高的楼层只有10个台阶，每个台阶的高度就是0.4米，那么即使成年人爬楼也比较费力。显然，在同一高度下，台阶数越多的楼梯爬起来越省力气。对于汽车来讲也一样，如果变速器的档位数较多，那么汽车加速时更顺畅、省力，加速时的顿挫感也较小，舒适性会更好，同时也更省油。

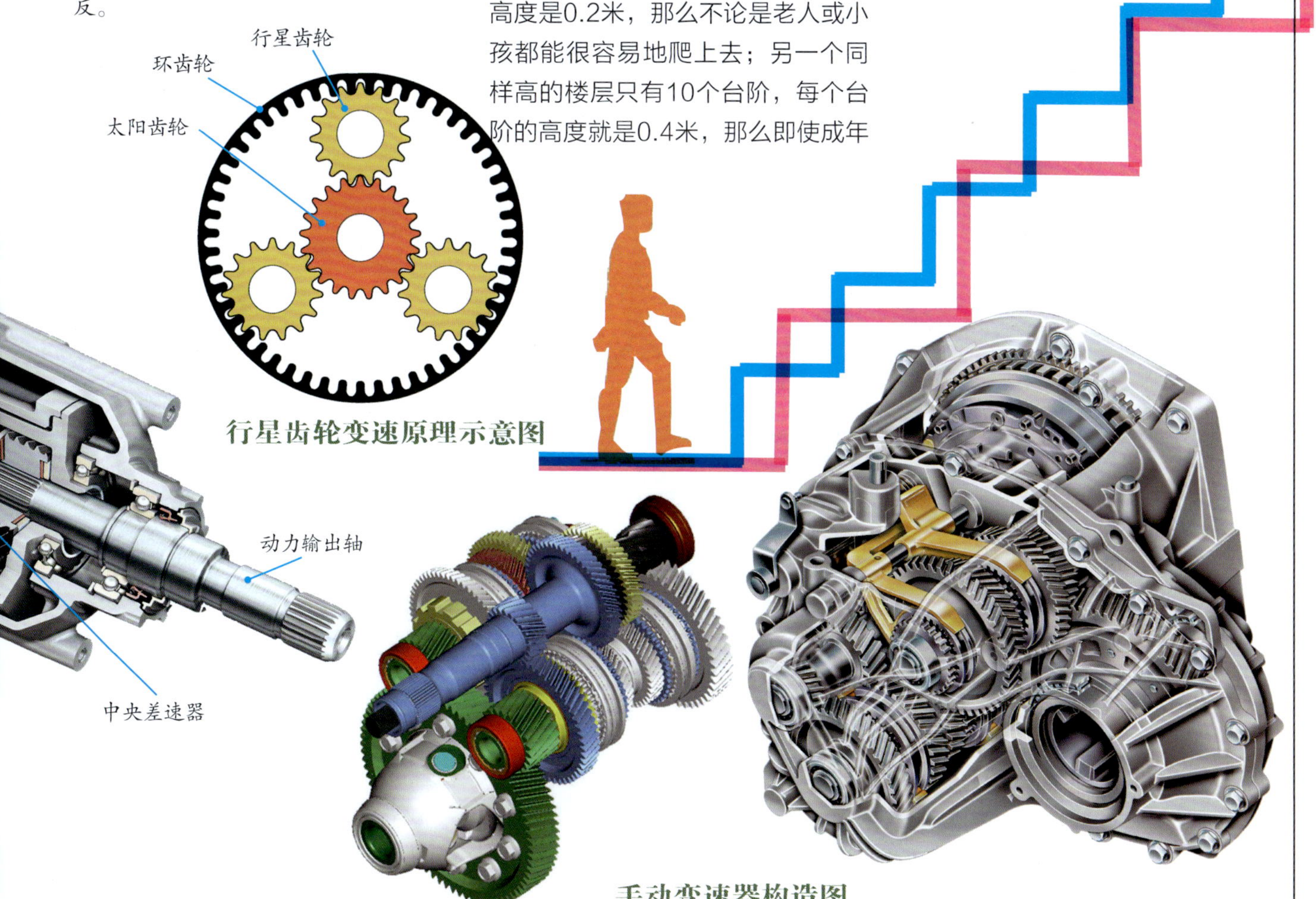

行星齿轮变速原理示意图

手动变速器构造图

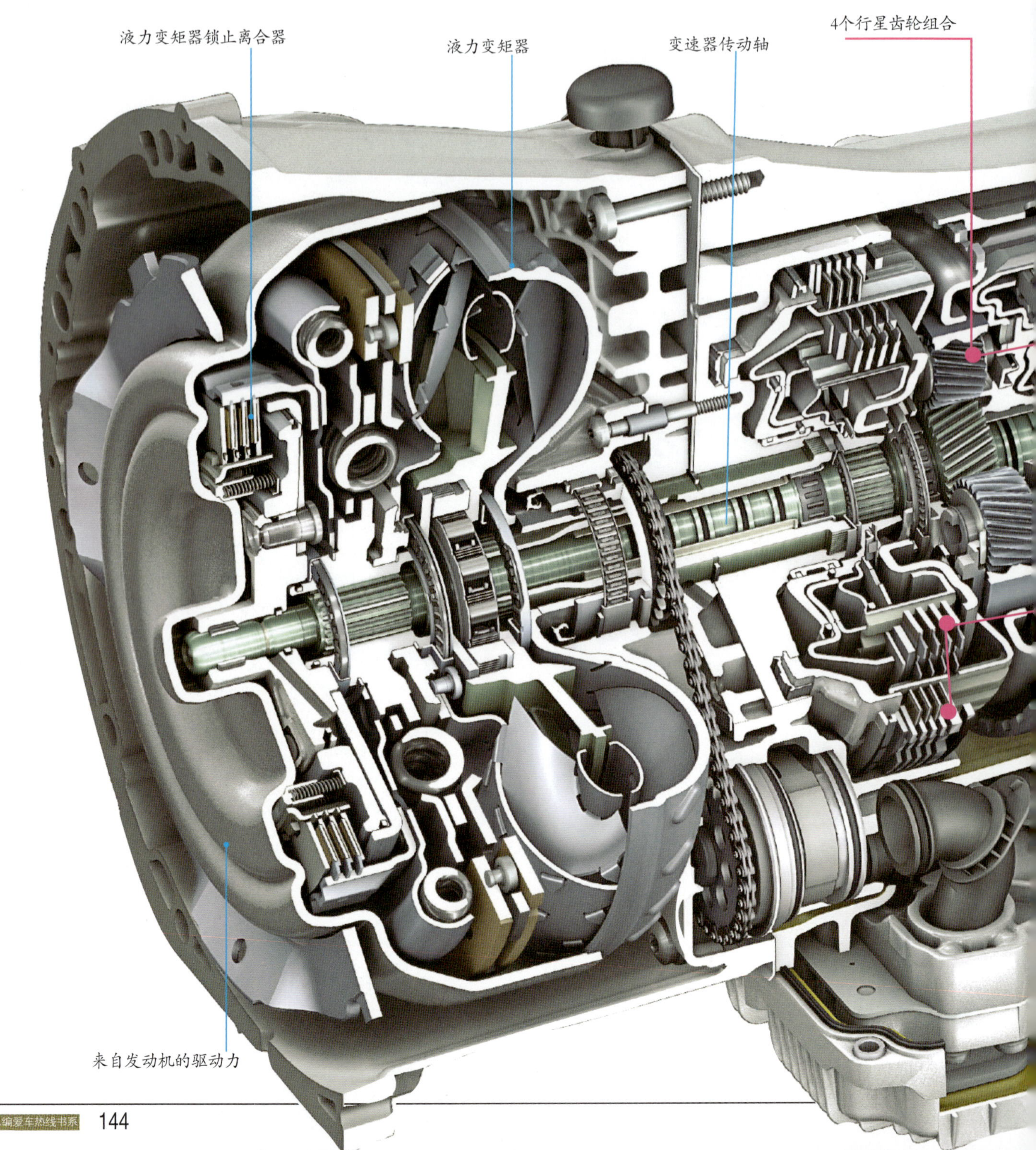
液力变矩器锁止离合器
液力变矩器
变速器传动轴
4个行星齿轮组合
来自发动机的驱动力

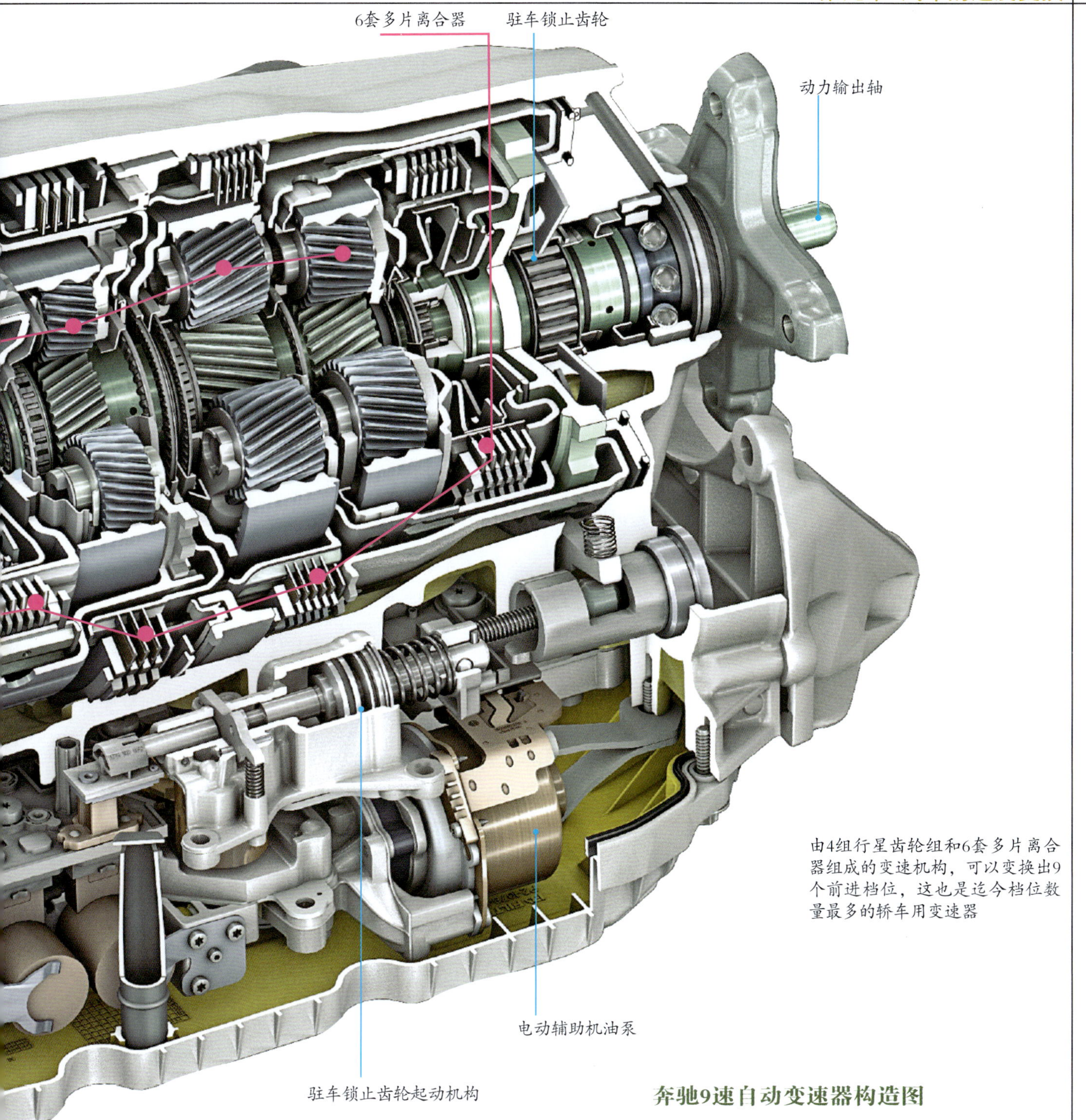

由4组行星齿轮组和6套多片离合器组成的变速机构，可以变换出9个前进档位，这也是迄今档位数量最多的轿车用变速器

奔驰9速自动变速器构造图

自动变速器换档原理

自动变速器中有许多离合器片，几乎每个档位都有一组离合器片，而这些离合器片受控制机构的驱动进行分离和接合，从而实现变速。

自动变速器中的控制机构基本都是液压式的，其中设计了许多阀门，当油压升高后会自动顶开一些阀门，然后这些油压就会驱动某些离合器片动作。设计师将车速、发动机转速、节气门开度等信息作为控制油压升高或降低的输入信号，当这些信号变化时，它便会切换离合器片组合的工作状态，达到切换档位的目的。

现在不少自动变速器采用电磁离合器代替复杂的液压阀，可以利用车速、发动机转速、节气门开度等信息来直接控制多片离合器动作，从而实现自动变速的目的。

自动变速器锁止

当液力变矩器传递动力时，由于它采用液压油作为传递介质，不是刚性传递，其间大约有10%左右的能量损失，这对节能降耗很不利，也会影响操控性。为了解决这个问题，在液力变矩器和飞轮之间设置了一个单向锁止离合器，当车速较高时，用电控的方式起动此离合器，将液力变矩器的输入轴和输出轴锁止在一起，实现刚性直接传递动力。也就是从发动机曲轴输出的动力，不需经过液力变矩器而直接传递到变速机构，从而提高传动效率。

随着技术的进步，一些自动变速器可以实现更大范围的锁止传动，甚至达到全档位的锁止传动，如本页图所示的奔驰7速自动变速器。

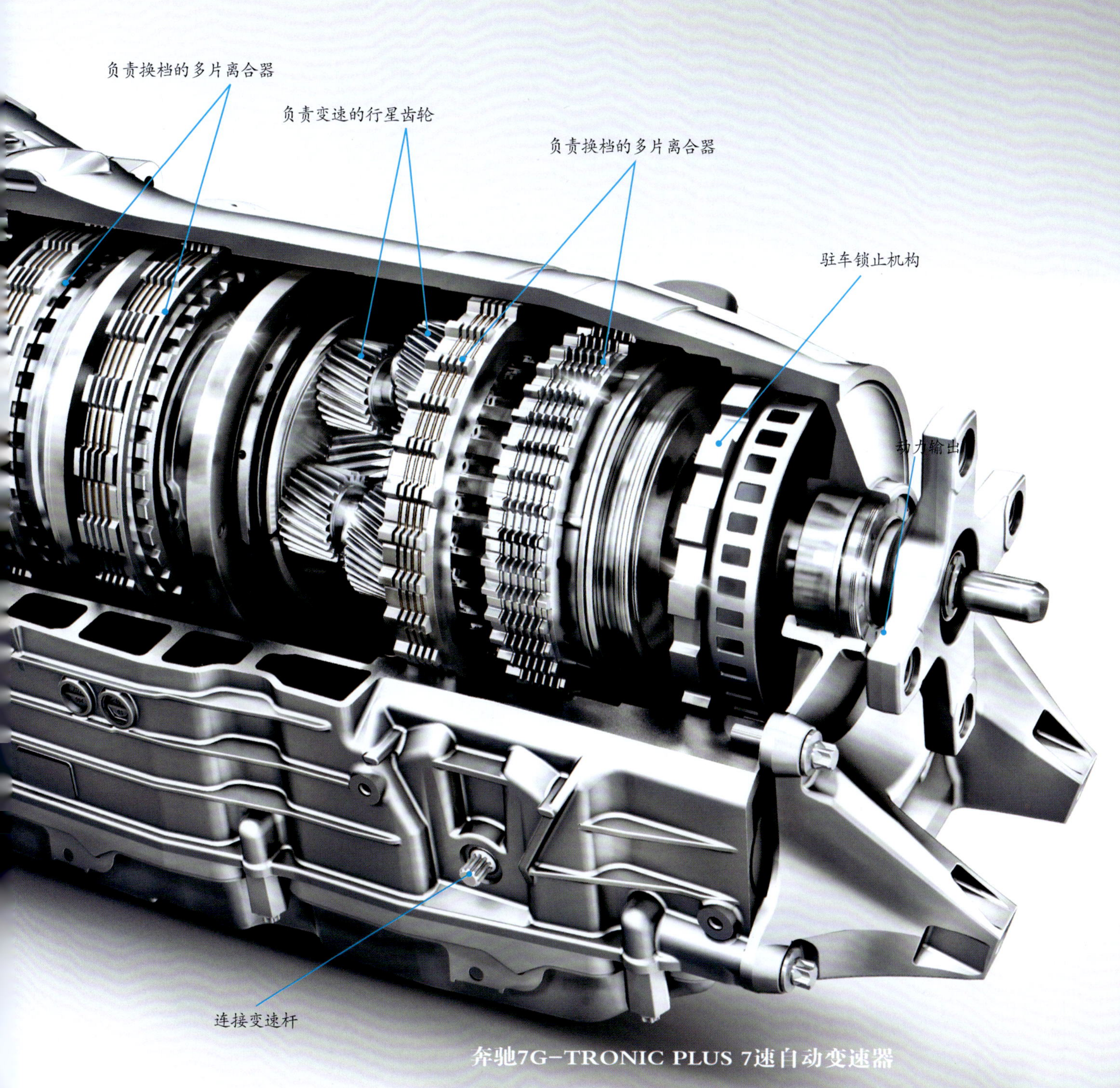

奔驰7G-TRONIC PLUS 7速自动变速器

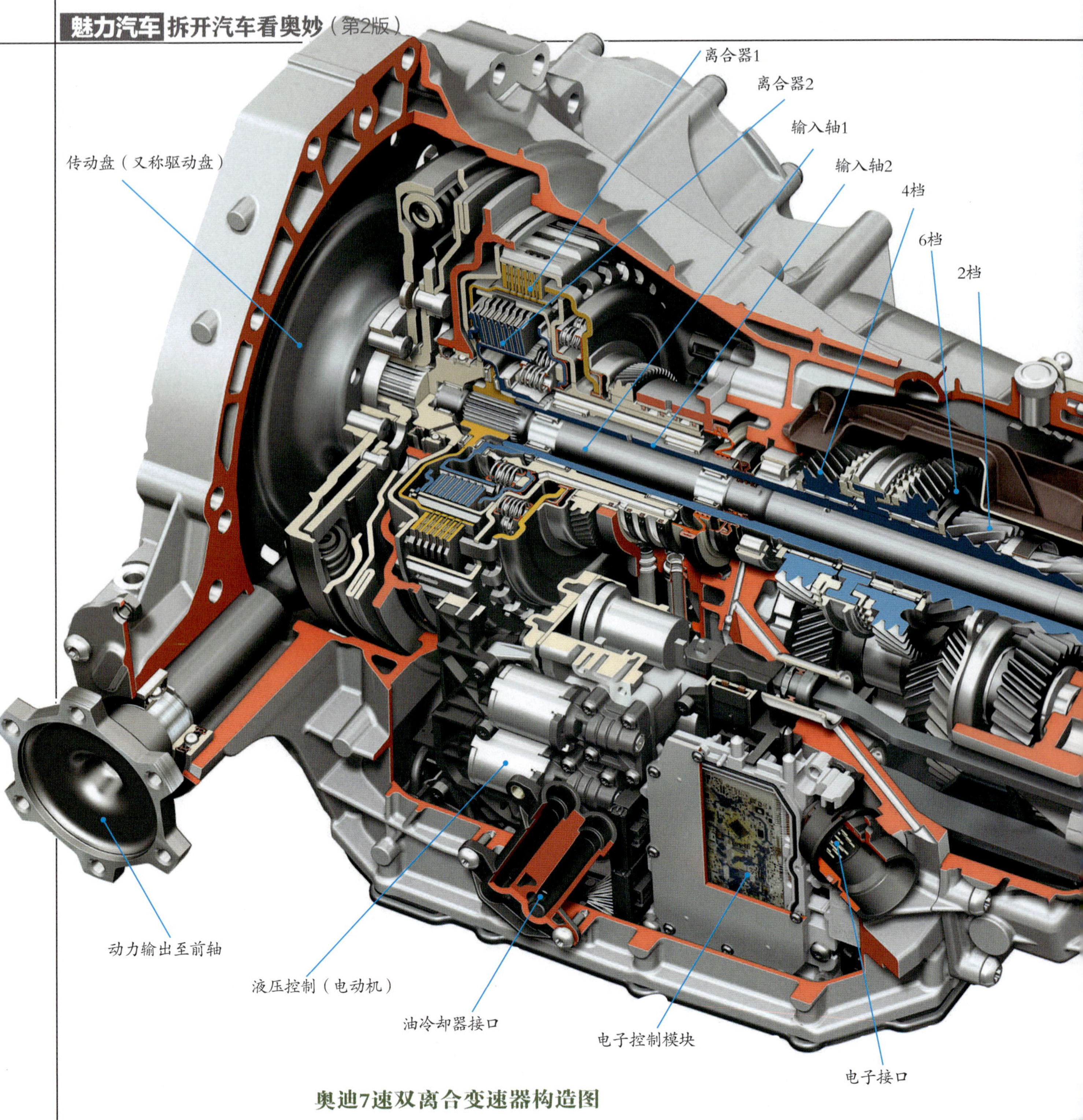

奥迪7速双离合变速器构造图

双离合变速器VS两个驾驶人

虽然双离合变速器的操作方式与自动变速器是一样的，但它的内部结构却更像是手动变速器，只不过它比手动变速器多了一个离合器，因此称为双离合变速器。这两个离合器就像是两个驾驶人，一正一副。当正驾驶人用某个档位行驶时，副驾驶人控制另一个离合器，准备好换入新的档位，一旦要换档，即刻可以换入新档位，而不需要进行再踩离合器踏板、摘档、挂档等动作。可以说，在换档时不是像普通手动变速器那样切换变速齿轮组合（这个工作已提前准备好），而只是切换离合器，因此换档速度较快。双离合变速器的最大优势是换档速度快，动力传递直接，减少燃油消耗。

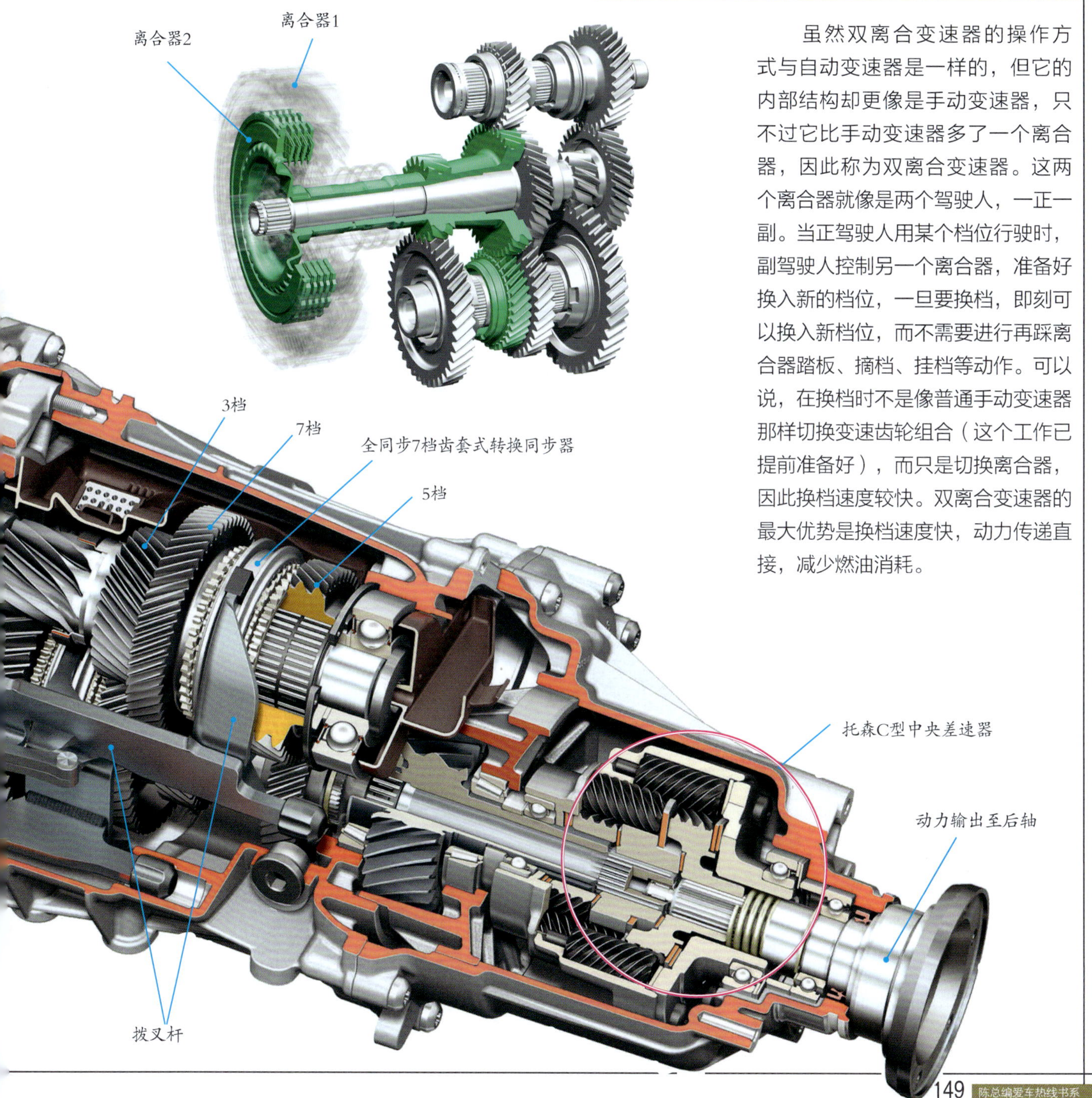

双离合变速器VS接力赛

以7档双离合变速为例说明双离合变速器的工作过程。两个离合器与变速机构装配在同一机构内，离合器1控制1、3、5、7档位的变速齿轮，离合器2控制2、4、6档和倒档的变速齿轮。全部齿轮组合按照4、6、2、倒、1、3、7、5档排列。

驾驶人挂上1档起步时，这时2档也已挂上，但离合器2没有接合，因此2档只处于等特状态。当车速上来需要换档时，离合器2瞬间接合从而让2档开始工作。与此

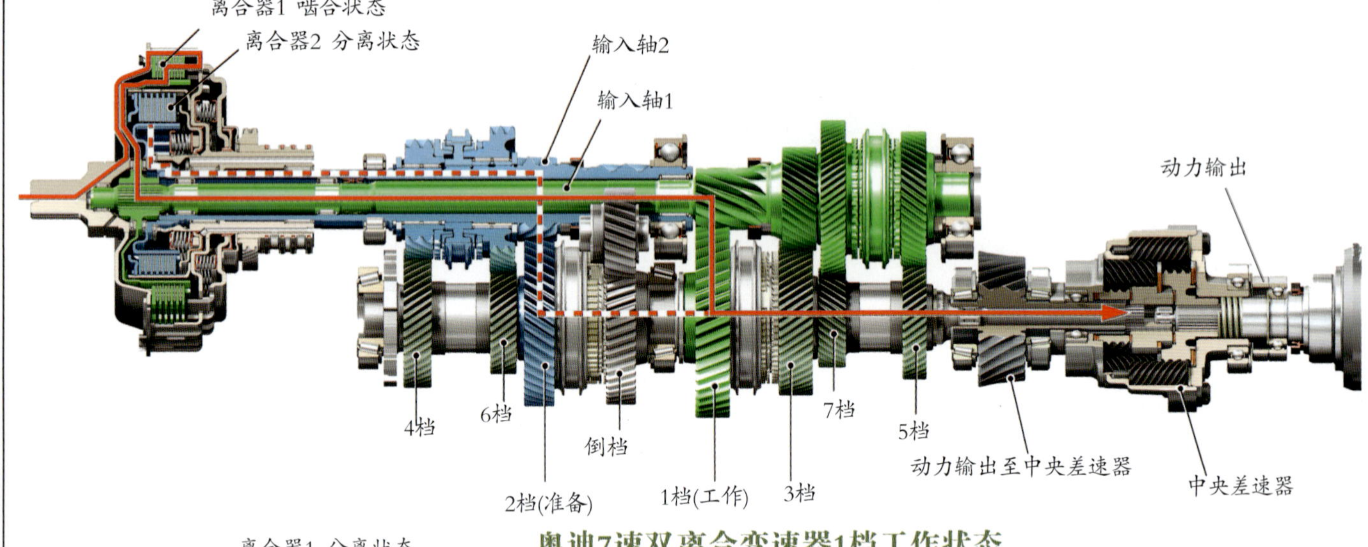

奥迪7速双离合变速器1档工作状态

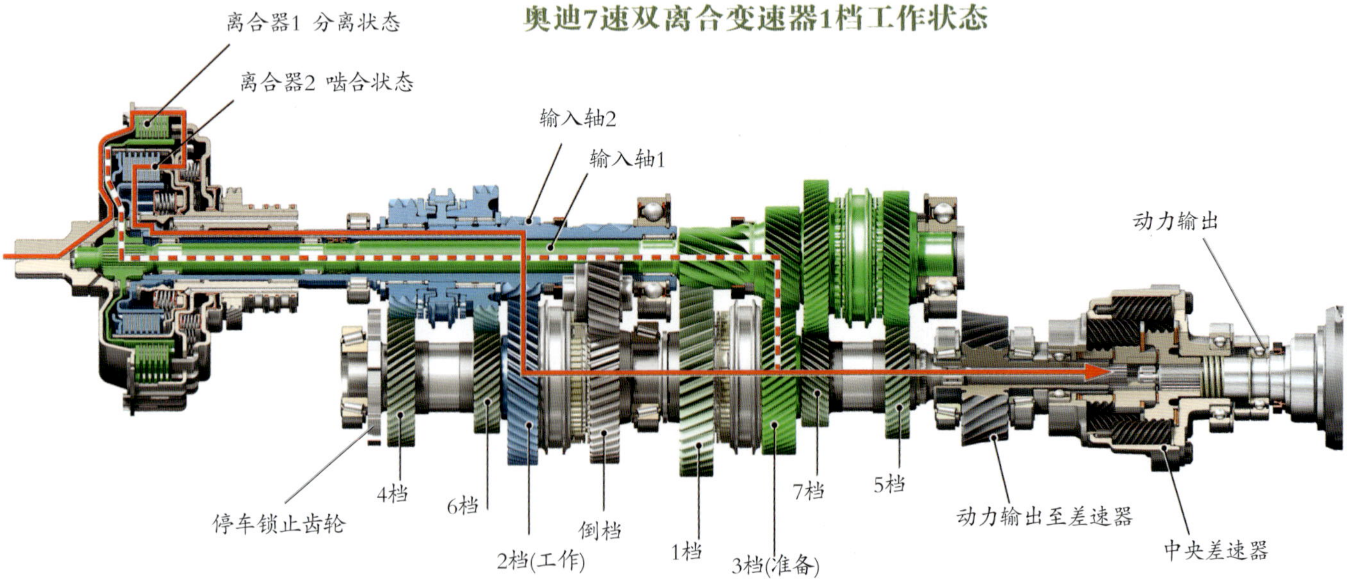

离合器1 分离状态
离合器2 啮合状态
输入轴2
输入轴1
动力输出
停车锁止齿轮
4档
6档
2档(工作)
倒档
1档
3档(准备)
7档
5档
动力输出至差速器
中央差速器

奥迪7速双离合变速器2档工作状态

同时，由离合器1所控制的3档齿轮组也完成了啮合等待换档指令。这样就省略了档位空置的一刹那，动力传递连续。

上面所述双离合变速器1档、2档、3档的更换过程，有点像是接力赛中1号、2号、3号选手之间的接力动作，切换动作连贯、顺畅，可以大幅减少换档的时间。

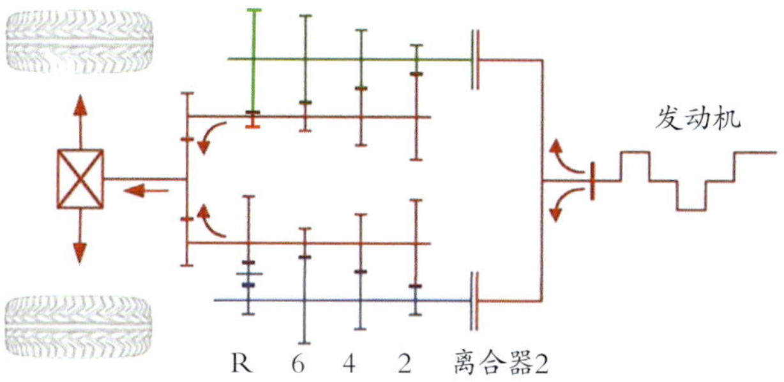

7档双离合变速器原理示意图

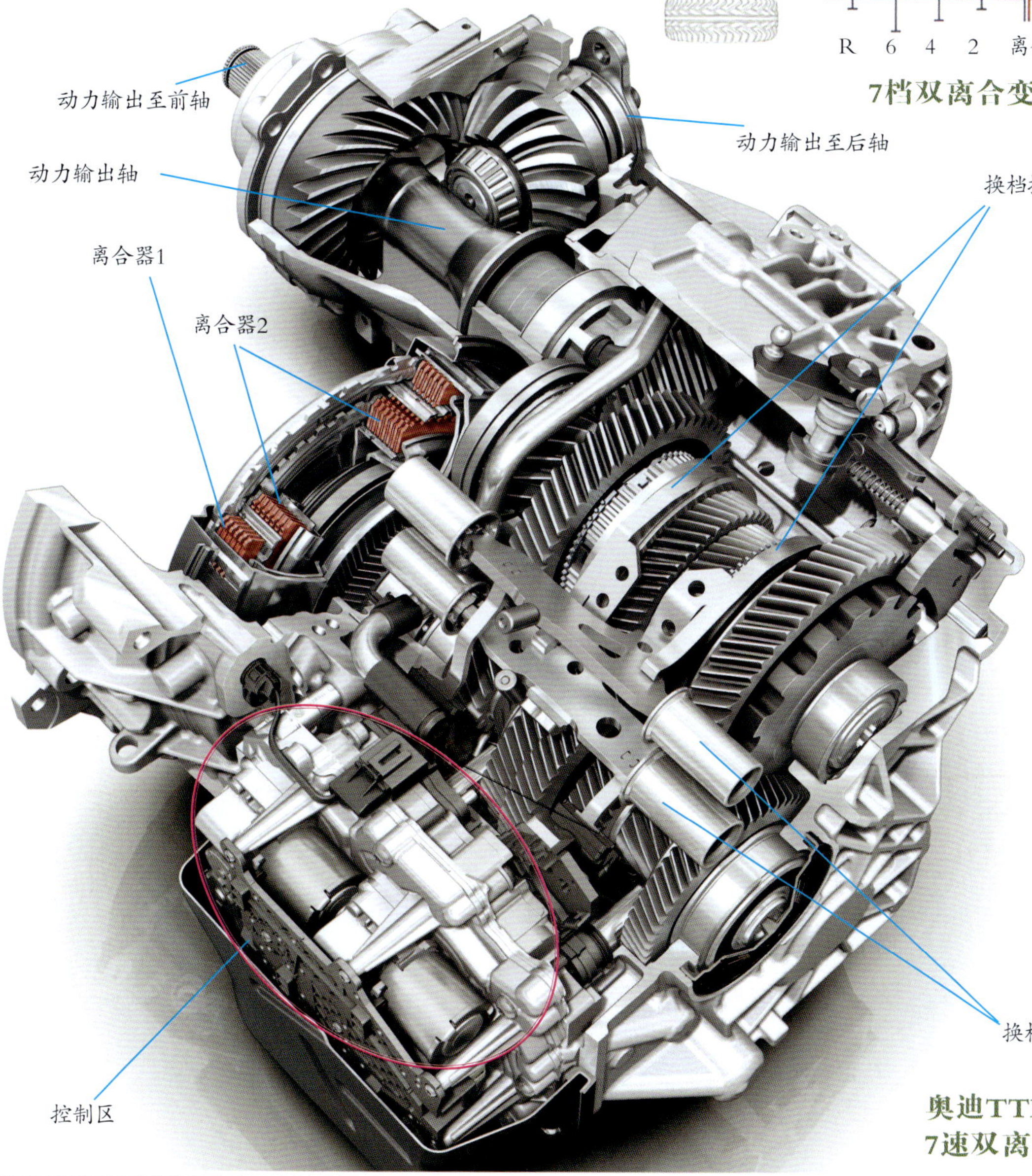

奥迪TTRS车型S tronic 7速双离合变速器

无级变速器VS滑轮原理

无级变速器（CVT）是指没有级别或档位的变速器，它不是通过齿轮组合变速，而是利用一对可以改变直径的滑轮组合来实现变速的。

滑轮组合中的主动滑轮相当于手动变速器中的主动齿轮；另一个是从动滑轮，相当于手动变速器中的从动齿轮。

手动变速器要想改变传动齿比，只能更换不同档位的齿轮组合，而无级变速器中的滑轮直径自己是可以变化的，无需更换其他滑轮组。当主动滑轮的直径变大而同时从动滑轮的直径变小时，或将主动滑轮直径变小而将从动滑轮直径变大时，传动比就会随着改变。

每个滑轮都是由两个锥形盘对扣组成的，传动钢带的边缘是个斜坡，正好和滑轮的锥面磨合在一起。当滑轮的两个锥形盘之间的距离变化时，钢带就会沿锥面上下移动，这就相当于改变了滑轮的直径。

无级变速器有省油、舒适的优点，由于没有了换档感觉，也就缺乏了驾驶乐趣。

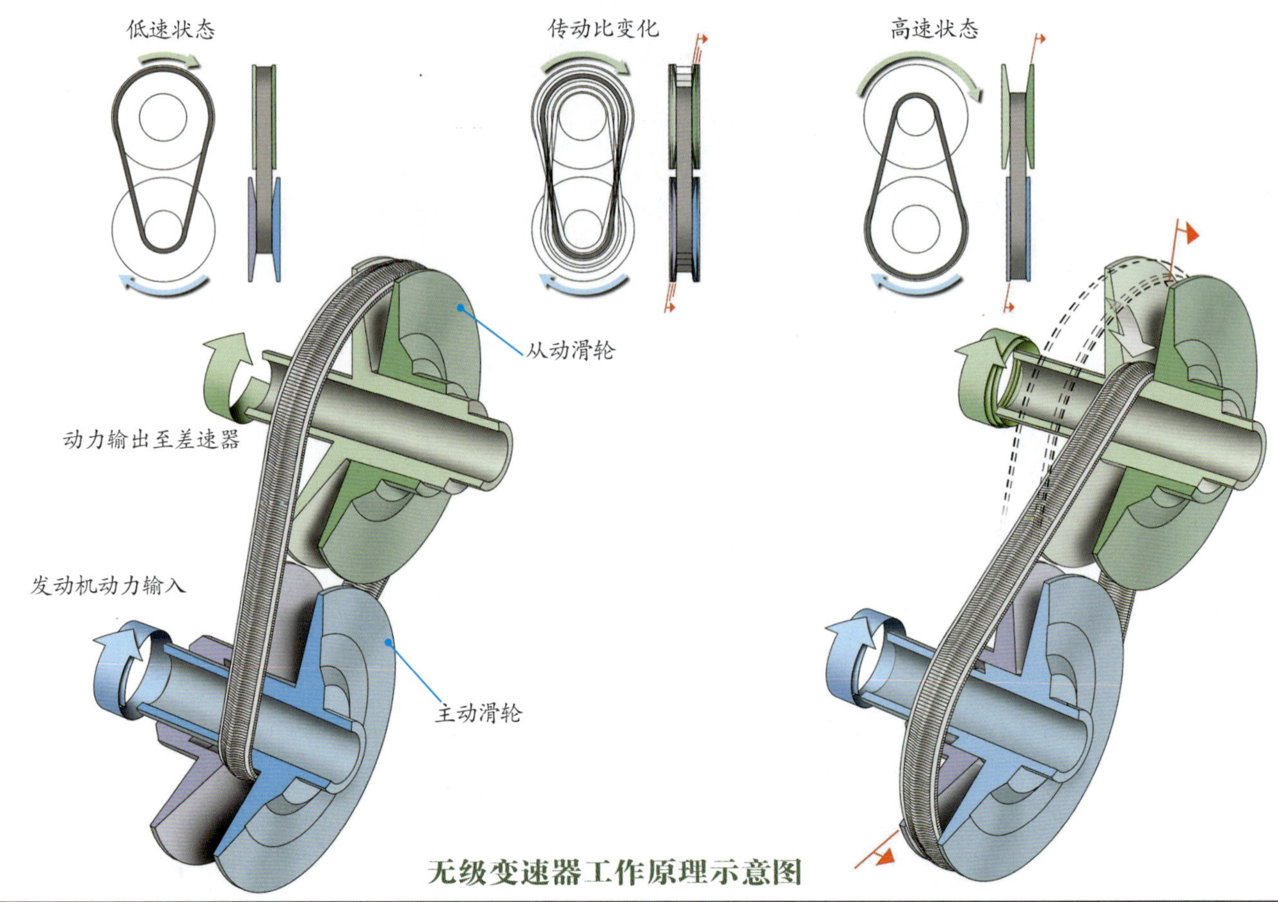

无级变速器工作原理示意图

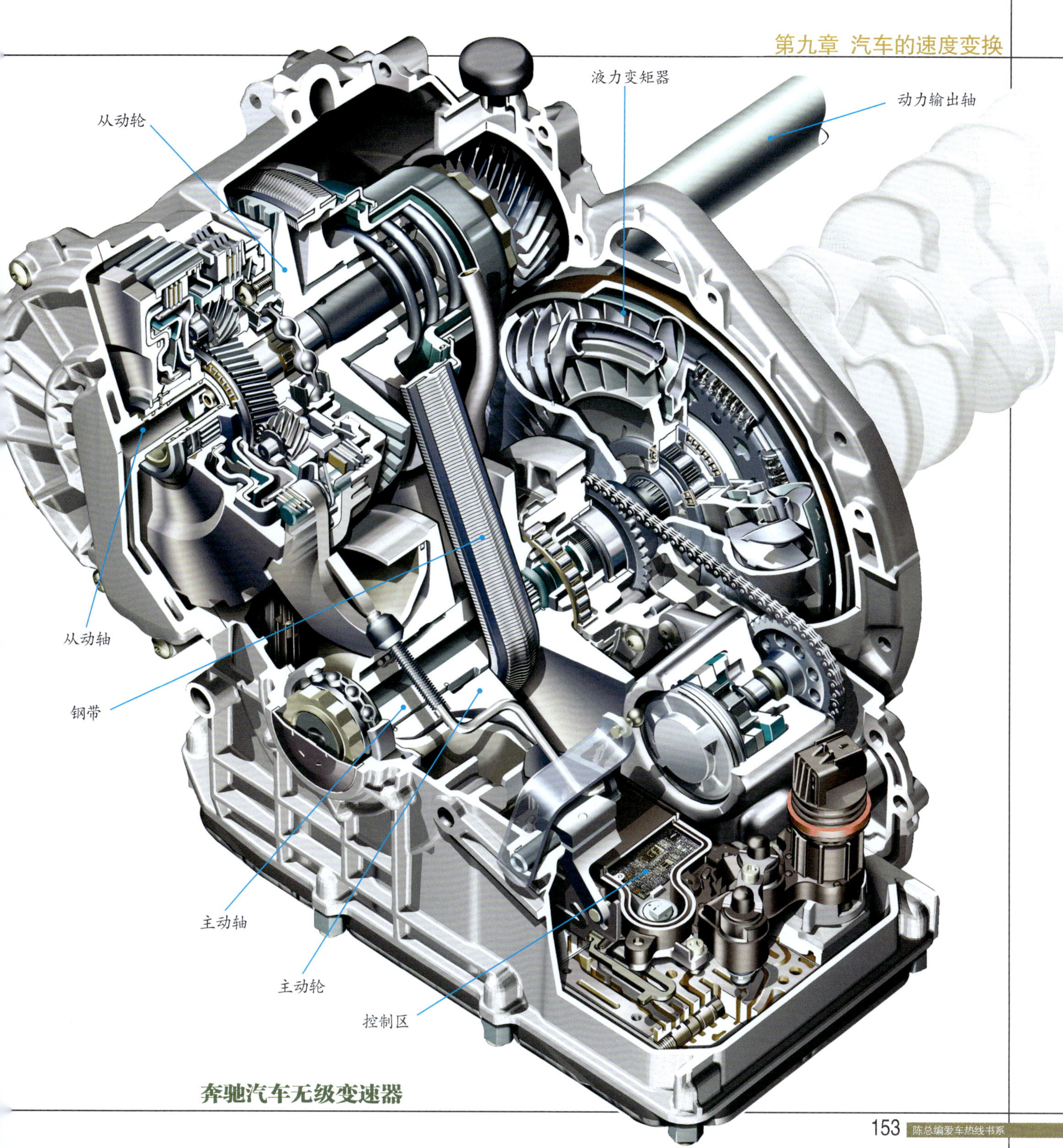

奔驰汽车无级变速器

Chapter 10 第十章

汽车的方向掌控

齿轮齿条式转向器VS循环球式转向器

汽车的转向机构主要分两种，一种是在普通轿车上最为常见的齿轮齿条式转向器，另一种是在越野汽车、载货汽车等上常用的循环球式转向器。

在齿轮齿条转向器中，转向柱末端是个斜齿齿轮，这个齿轮与一个齿条相啮合，而齿条则通过转向拉杆与前轮相连。当转动方向盘时，转向齿轮便会带动转向齿条左右运动，进而由转向拉杆推拉前轮进行左右摆动，这样就可以控制汽车向左转向或向右转向。

循环球式转向器则是利用滚球沿着沟槽运动来传递转向力的转向器。由于循环球的作用，能使驾驶人获得非常圆滑的转向手感，因此越野车上较多使用循环球式转向器，以便提高在坏路上行驶时的舒适性。

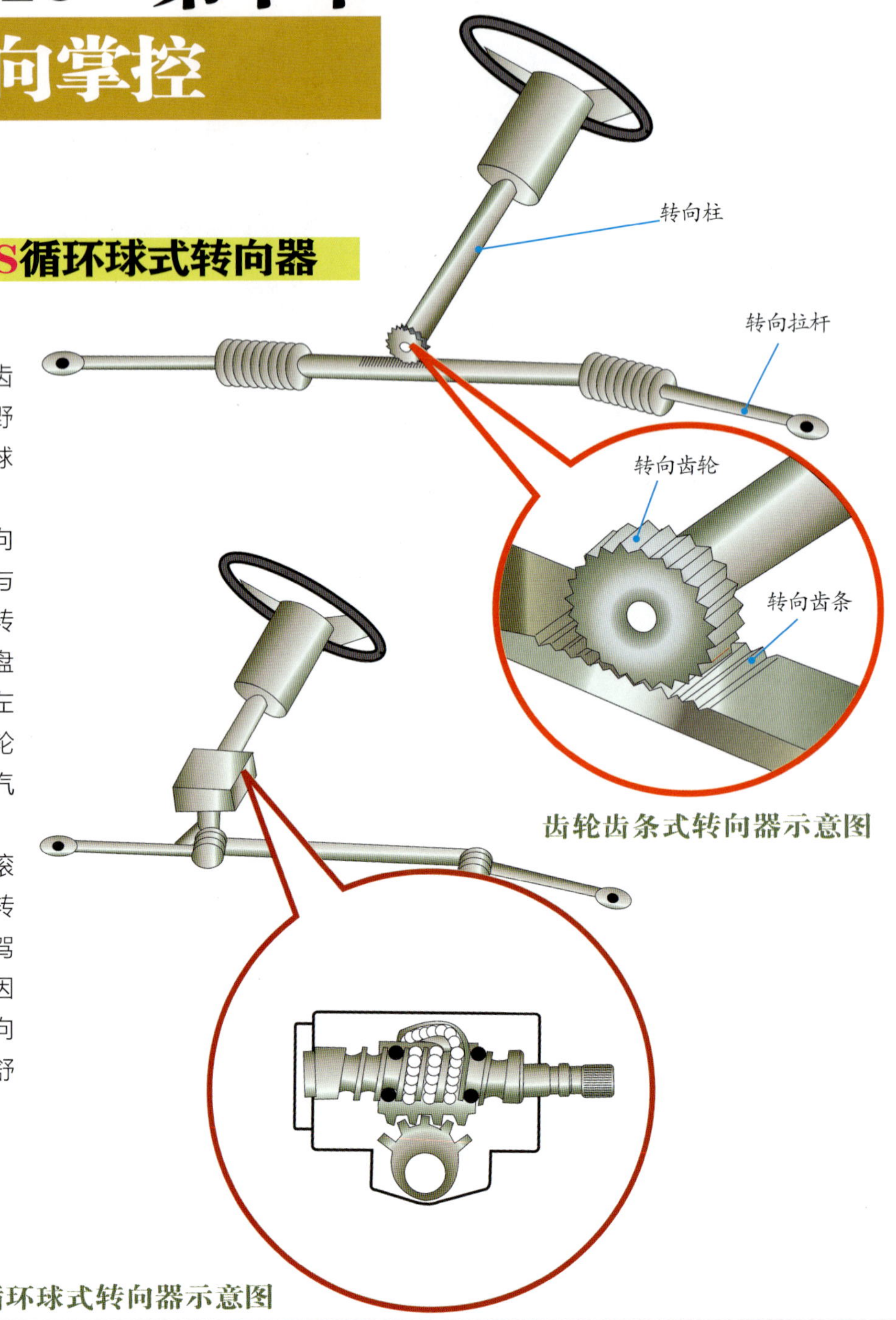

齿轮齿条式转向器示意图

循环球式转向器示意图

转向助力VS行车速度

转动方向盘也需要消耗体力，尤其是对于女性驾驶人来说，如果方向盘太沉，可能会更加费力。为此，人们为汽车转向增添了液压助力或电动助力，利用液压或电动机的力量帮开车人一把，使人们可以随意轻松拨动方向盘。

但是，后来人们发现，如果给予的转向助力太大，对高速行驶时的稳定性不利，如果在高速公路上行驶时，稍微一动方向盘，那么在助力的帮助下，前轮就可能有很大的转向动作，而这对于高速行驶的车辆来说非常危险。因此，后来又出现了随速助力转向，也就是转向助力的大小可以根据车速的高低而变化。当车速较低时，转向助力较大，以增加停车入位或转弯掉头时的灵活性；当车速较高时，转向助力较小，以保持行驶稳定性。

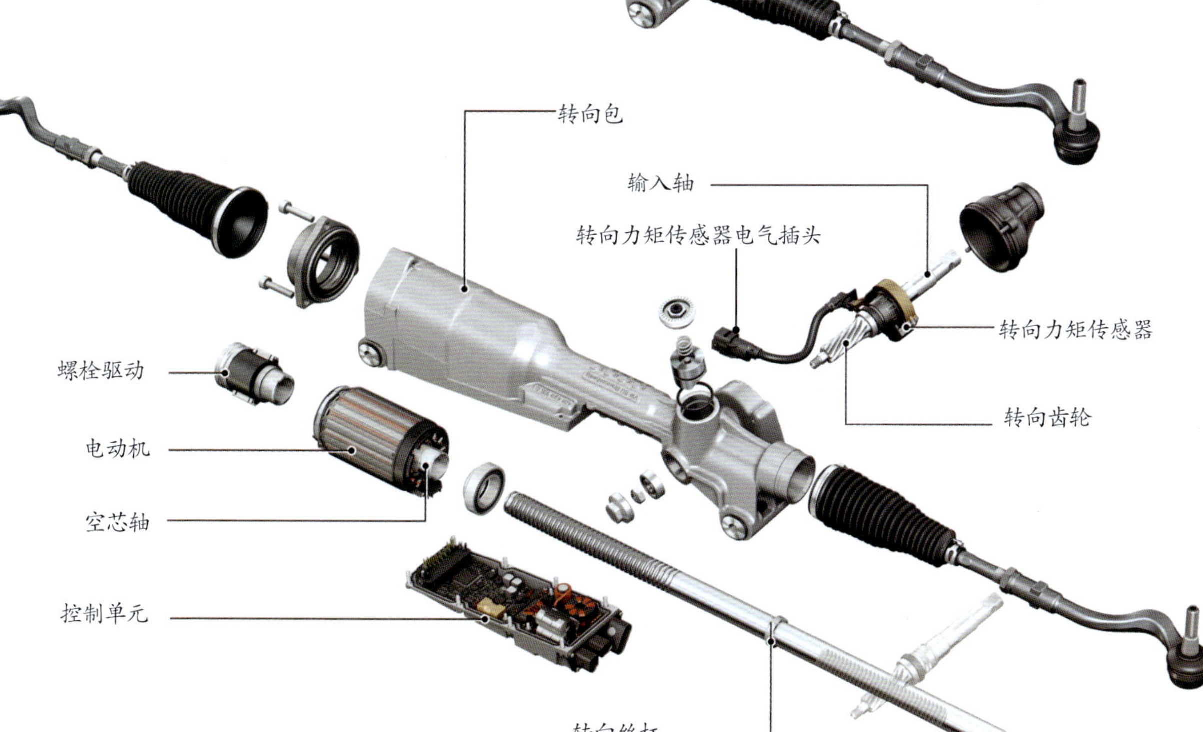

全新奥迪A6轿车电动随速助力转向系统

Chapter 11 第十一章 汽车的四条腿

车轮运动VS四大控制系统

车轮在运动中主要受汽车上的四大机构控制，它们分别是悬架系统、制动系统、转向系统（前轮）和驱动系统。

悬架系统主要负责车轮的上下跳动。前后轮都由悬架系统来控制，但一般前悬架和后悬架的结构不太一样。

制动系统负责让车轮减速和停止转动。前后轮都有制动系统，但一般前轮上的制动系统性能更好。

转向系统负责转向轮的左右摆动，也就是负责车轮转向。一般前轮上才有转向系统，极个别车型的后轮也能转向。

驱动系统负责驱动车轮转动。多数轿车的前轮上有驱动机构，豪华轿车多是后轮驱动，多数SUV则是前轮和后轮上都有驱动机构。

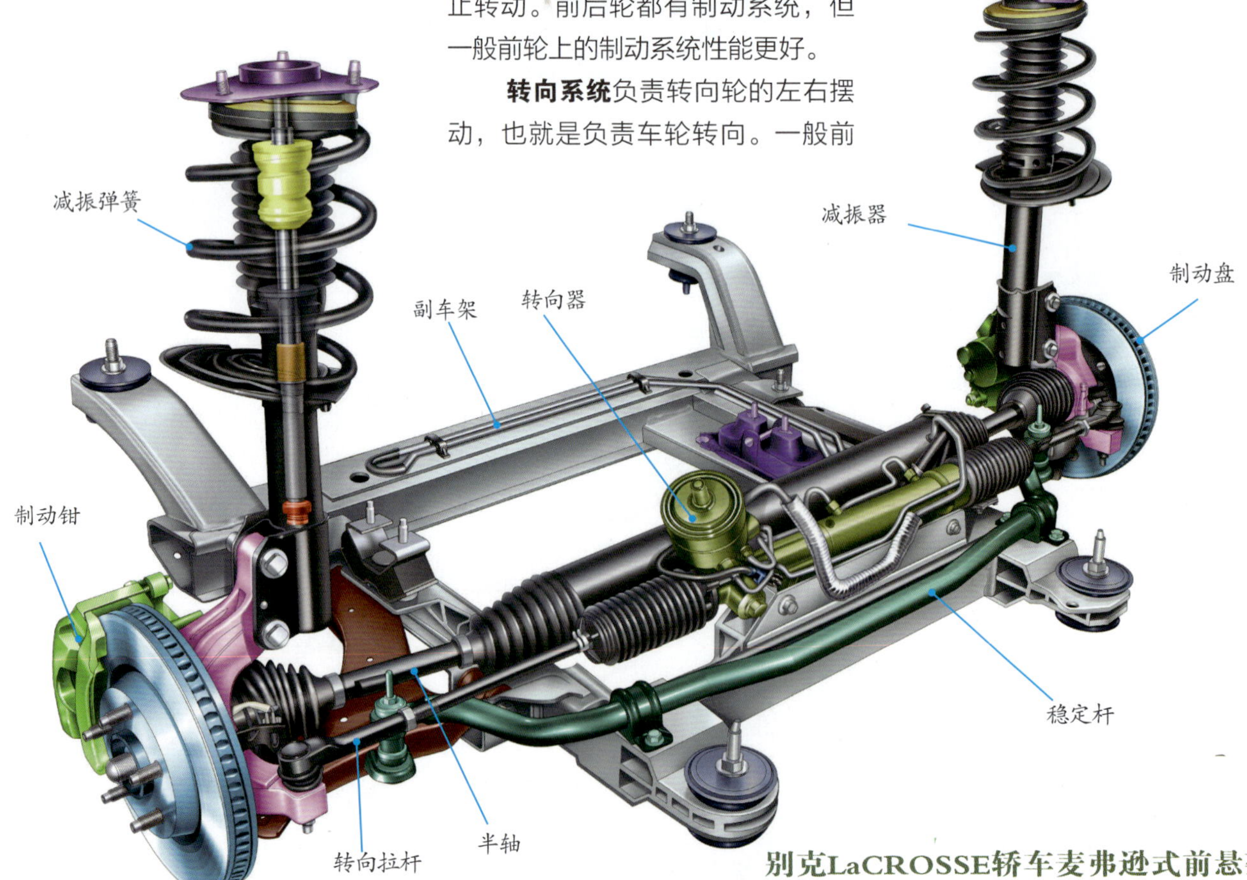

别克LaCROSSE轿车麦弗逊式前悬架

悬架系统VS妥协设计

为什么我们走在坑坑洼洼的路面上身体仍然能保持平衡，甚至我们上楼梯时身体也能保持垂直和平稳，就是因为我们的双腿能根据路况而自动弯曲和伸直，这样我们走起路来就不会左摇右晃。汽车也一样，当行走在不平路面上时，车轮与车身之间的悬架机构也会自动压缩、弯曲和伸直，使车轮尽量与地面保持最大的接触面，让车身尽量保持原来的平稳行驶状态。因此，悬架就像是汽车的腿，上面连接车身，下面连接车轮，起到承上启下的作用，可以保证汽车平稳行驶。

悬架系统既要满足舒适性的要求，又要兼顾操纵稳定性的要求，而它们往往又是相互矛盾的。悬架越软，乘坐越舒服；而悬架太软，就会出现制动点头、操纵不稳等现象，影响运动性能。因此悬架设计只好在舒适性和运动性之间做出妥协，根据车型定位确定它们的具体妥协点。

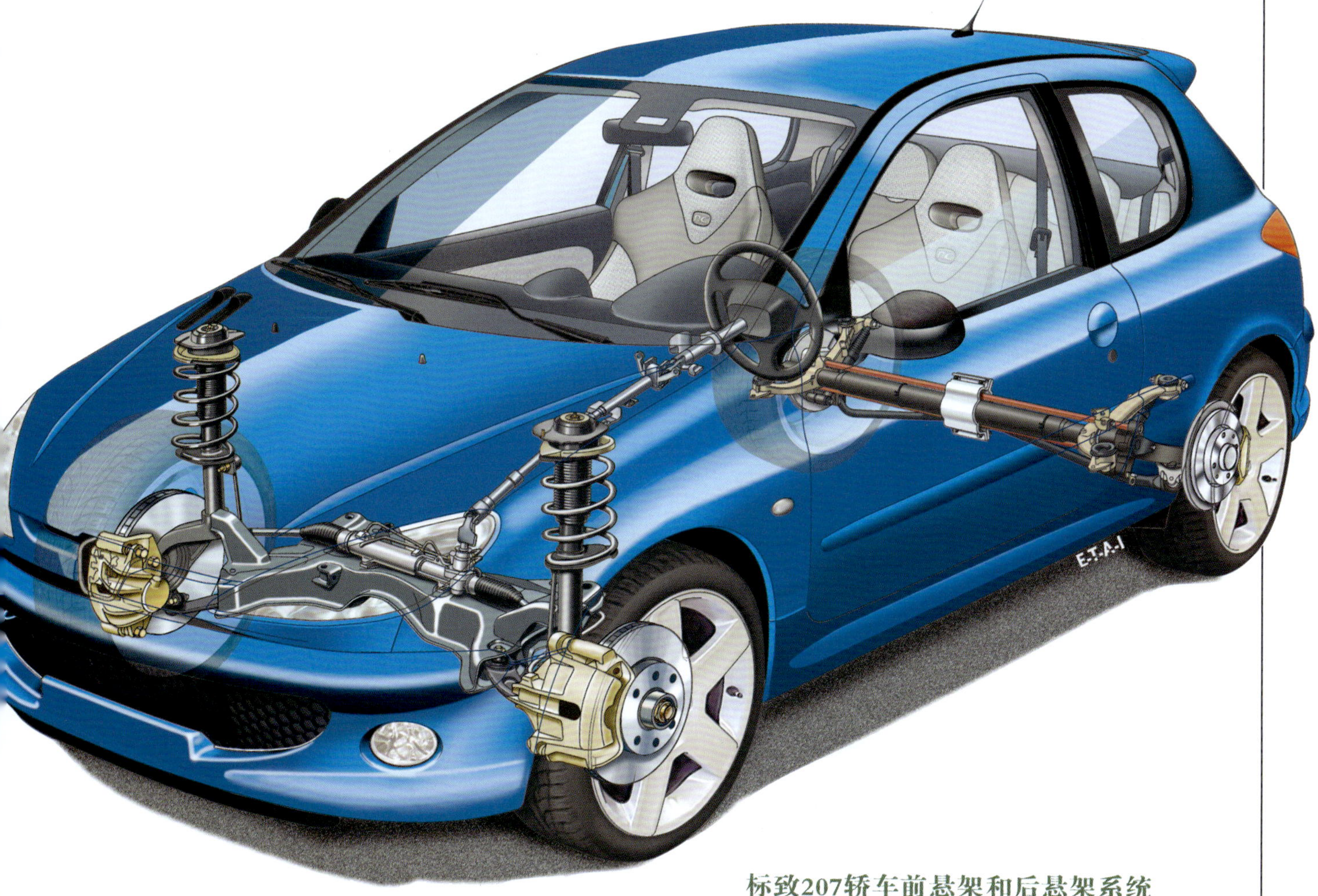

标致207轿车前悬架和后悬架系统

连杆+弹簧+减振器=悬架

悬架系统包括三种部件，连杆、弹簧和减振器。

连接车轮和车架的连杆，控制车轮运动的方式和角度，我们常听到的双臂式、单臂式、多连杆式等，就是指连杆的种类。

位于连杆与车架之间的弹簧，用来支持车身的重量，也可在车轮通过凸凹不平的障碍时发挥缓冲作用。弹簧的种类很多，有螺旋式、钢板式、扭力杆式，甚至是一种橡胶或者是一个充满空气的胶囊。

减振器的功能是抑制弹簧的过多振荡，除了能稳定车身，更重要的是确保车轮与地面有良好的接触。减振器有液压式的，也有充气式的，还有电磁式的。一般来讲，充气式和电磁式的减振器还可随行车情况而主动调节减振器的性能，实时改变减振器的阻尼系数。

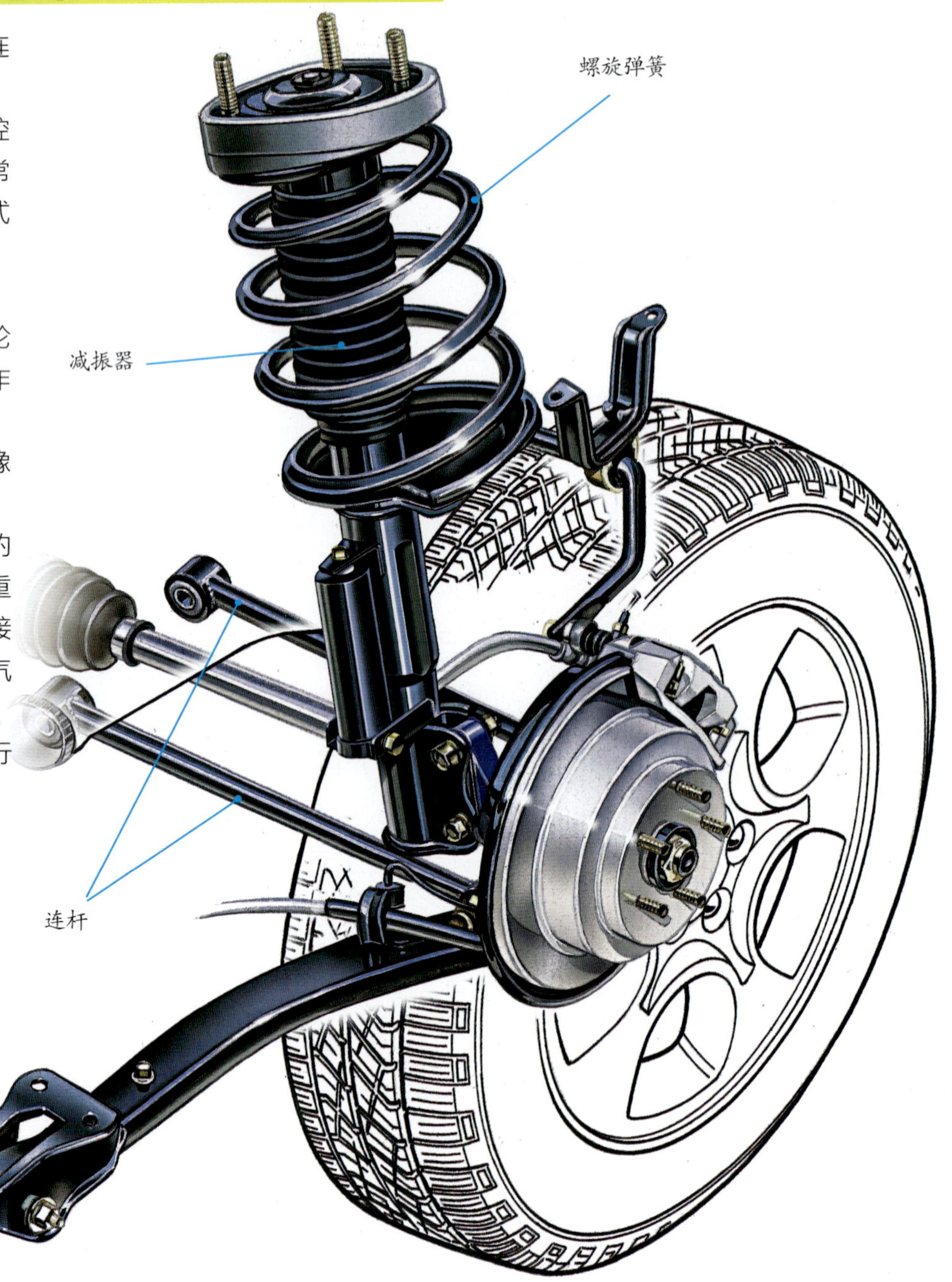

支柱式悬架系统

减振弹簧VS减振器

弹簧在车子受到路面冲击时，会以本身的压缩变形吸收振动的力量，能缓冲不平路面对车身造成的颠簸和振动。然后，在冲击力量消失的时候，弹簧会在恢复原状的同时释放吸收的能 量，自身拉伸变长，从而将车子往上弹，这种现象即称为回弹（Rebound）。回弹会使车中乘客感到不舒适，而且会造成车子操控困难，容易发生危险。所以在悬架中(一般是在弹簧圈中)装置减振器(Shock Absorber)阻止产生回弹现象。

若悬架中缺少了减振器，情况就如小贩所用的手推车，走起路来车身会不停地摇动。因为弹簧发挥了它的弹性功能，却没有减振器将车稳定下来。

弹簧的作用是缓冲地面的冲击，而减振器的作用却是限制弹簧的过分弹力，二者的作用截然不同。

液压式减振器是最常用的一种减振器。其原理是在一个钻有小孔和装有活塞的筒内注满压力油，当弹簧振动时油液会被迫流过小孔，因而产生限制作用。而小孔直径的大小，决定限制(或减振)的作用大小。如小孔直径较小，则有较强的限制，汽车稳定性会较高；反之，汽车乘坐更舒服。设计时小孔直径的大小要兼顾稳定性及舒适性。

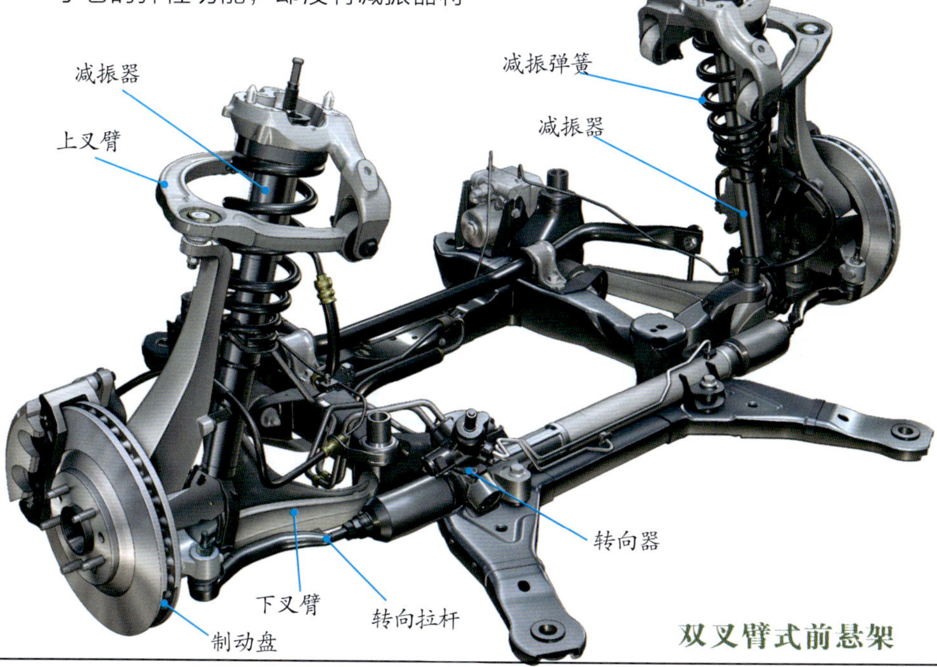

双叉臂式前悬架

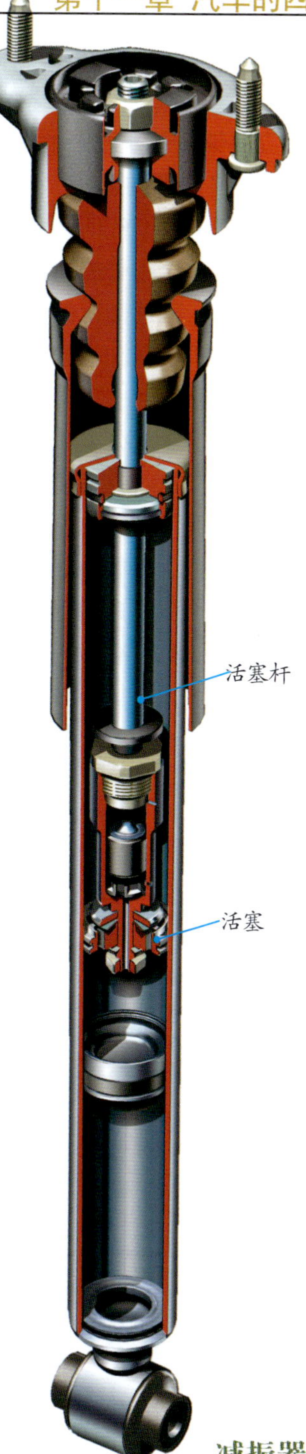

减振器

稳定杆VS防倾杆

稳定杆也称横向稳定杆或防倾杆，它是可防止或减小车身倾斜的杠杆。汽车在转向时，由于离心力作用使车身向外侧倾斜，尤其是独立悬架的汽车，左、右两轮相互独立，倾斜更严重。为防止这种倾斜，就用一弹性杠杆将左右两悬架连接起来。当车子倾斜时，外侧悬架压缩而内侧悬架伸张，从而将防倾杆扭转。由于防倾杆具有抗扭强度，故能抵抗这种扭转，阻止悬架压缩或伸张，从而减少车身倾斜。

扭转梁式悬架

扭转梁式悬架的别名有扭力梁式、扭梁杆式等。这种悬架的左右车轮之间通过一个扭转梁连接。一旦一个车轮遇到非平整路面时，那个粗壮的“扭转梁”仍然会对另一侧车轮产生一定的干涉，只不过干涉程度没有直接连接的硬轴大而已。现在厂家一般都把它宣传为半独立悬架，其实严格说，也应归入非独立悬架的范畴。

扭转梁式后悬架

麦弗逊式悬架

麦弗逊式悬架（McPherson）由螺旋弹簧中套上减振器组成，这样可以避免螺旋弹簧受力时向前、后、左、右偏移的现象，限制弹簧只能做上下方向的振动，并可以用减振器的性能来设定悬架的软硬性能。虽然麦弗逊式悬架在行车舒适性上的表现令人满意，其结构体积不大，可有效扩大车里乘坐空间，但由于其构造为直筒式，对左右方向的冲击缺乏阻挡力，抗制动点头作用较差。

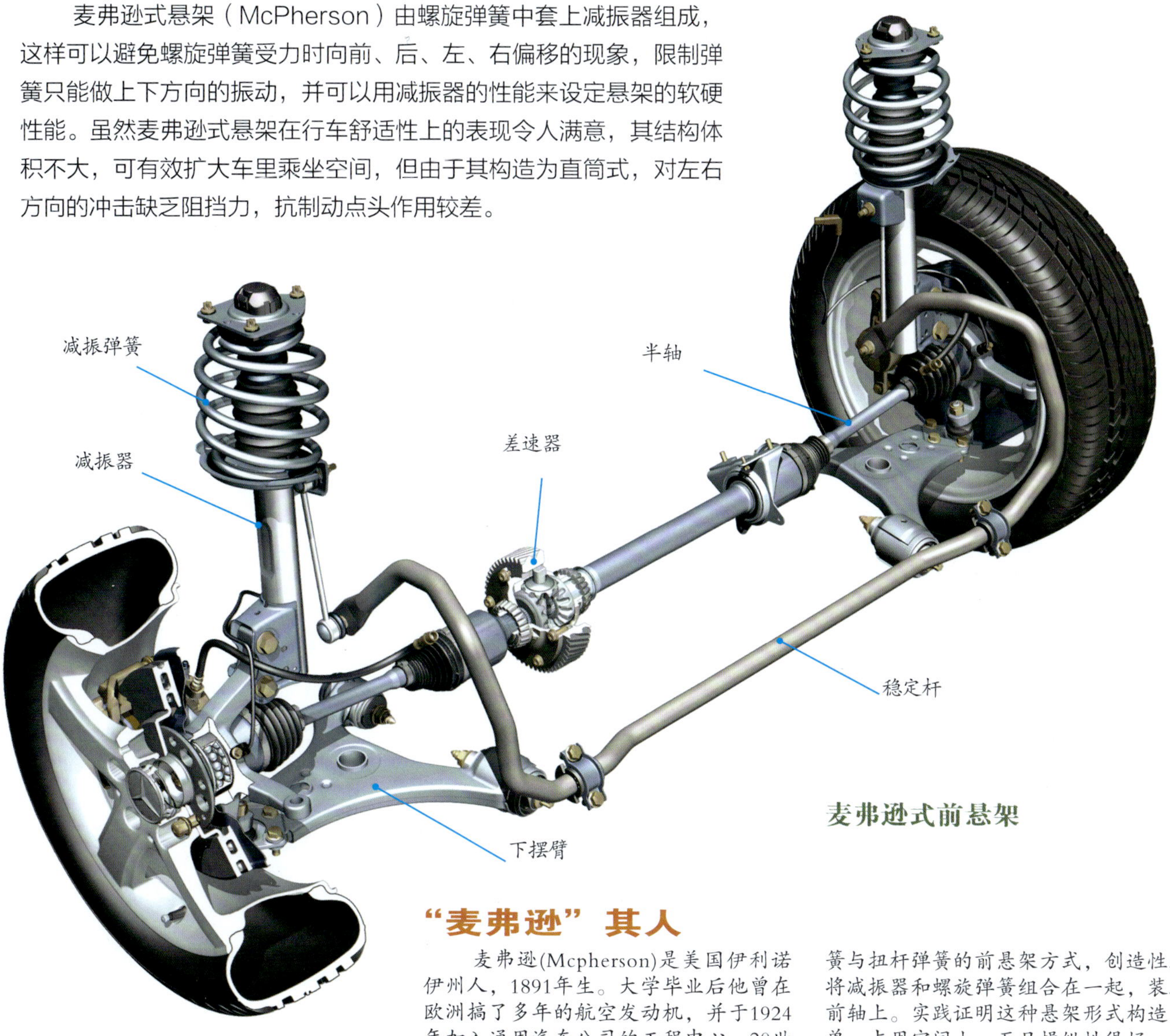

麦弗逊式前悬架

“麦弗逊”其人

麦弗逊(Mcpherson)是美国伊利诺伊州人，1891年生。大学毕业后他曾在欧洲搞了多年的航空发动机，并于1924年加入通用汽车公司的工程中心。20世纪30年代，通用的雪佛兰公司想设计一种真正的小型汽车，总设计师就是麦弗逊。他对设计小型轿车非常感兴趣，目标是将这种四座轿车的质量控制在0.9吨以内，轴距控制在2.74米以内，设计的关键是悬架。麦弗逊一改当时盛行的板簧与扭杆弹簧的前悬架方式，创造性地将减振器和螺旋弹簧组合在一起，装在前轴上。实践证明这种悬架形式构造简单，占用空间小，而且操纵性很好。后来，麦弗逊跳槽到福特，1950年福特在英国的子公司生产的两款车，是世界上首次使用麦弗逊式悬架的商品车。麦弗逊式悬架由于构造简单、性能优越的缘故，被行家誉为经典的设计。

双叉臂式悬架

双叉臂式悬架（Double Wishbone）也称双叉杆式悬架、双横臂式悬架或双A臂式悬架。它是利用上下两个横臂(叉形连杆)把车轮与车身连接起来，属独立悬架。这两个横臂一般不相等。双叉臂式悬架的主要部件包括叉臂、弹簧和减振器，实际上就是为克服麦弗逊式悬架抗左右方向冲击作用不佳的缺陷而改进后的悬架。这种悬架的优点是舒适性、稳定性好，抗左右方向冲击作用强，还能减少制动点头现象。缺点是结构复杂，转弯时车轮随车身向外倾斜，有侧倾转向副作用。双叉臂式悬架是轿车使用最多的悬架形式之一，无论前后都适用。

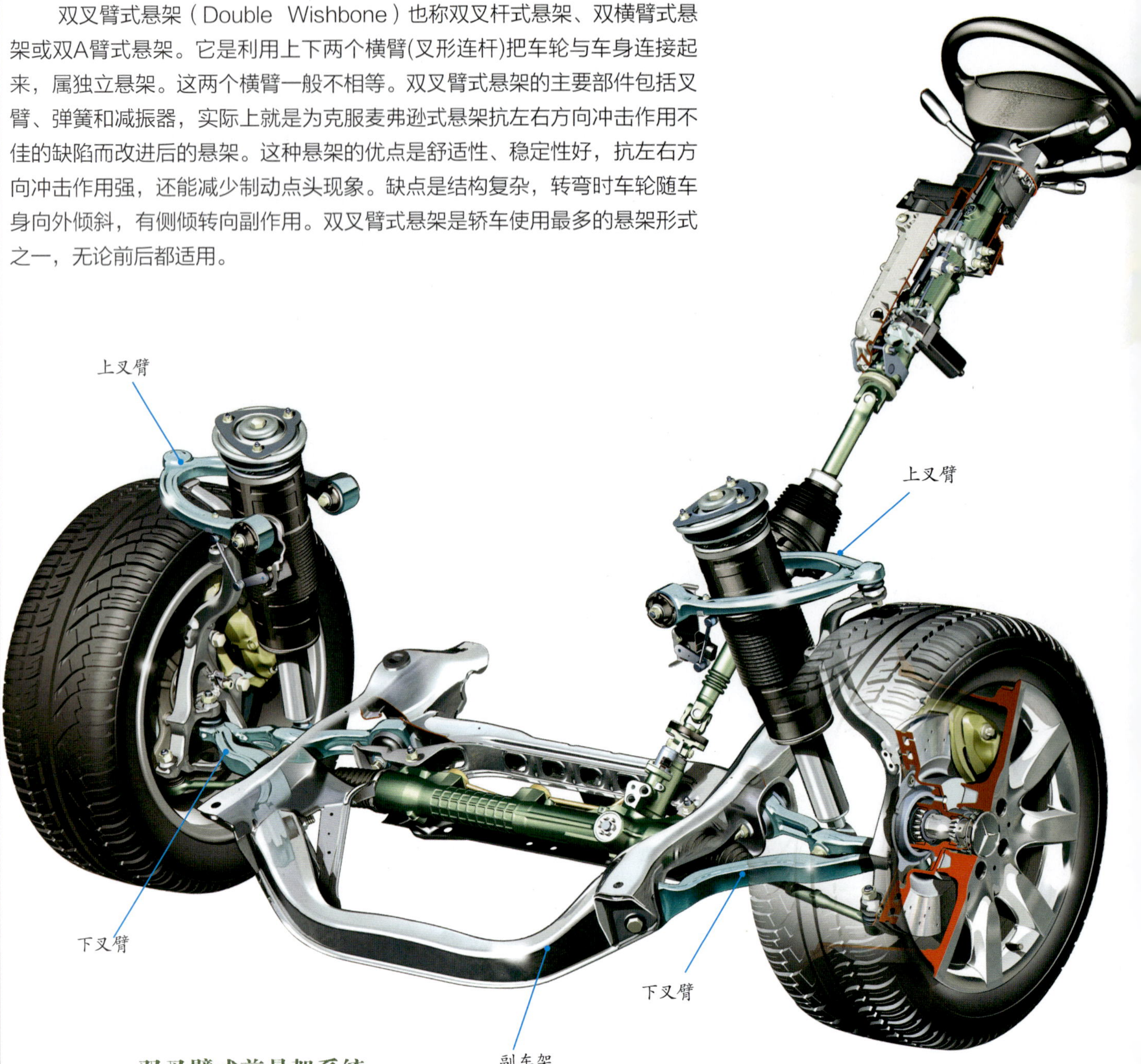

上叉臂
上叉臂
下叉臂
下叉臂
副车架

双叉臂式前悬架系统

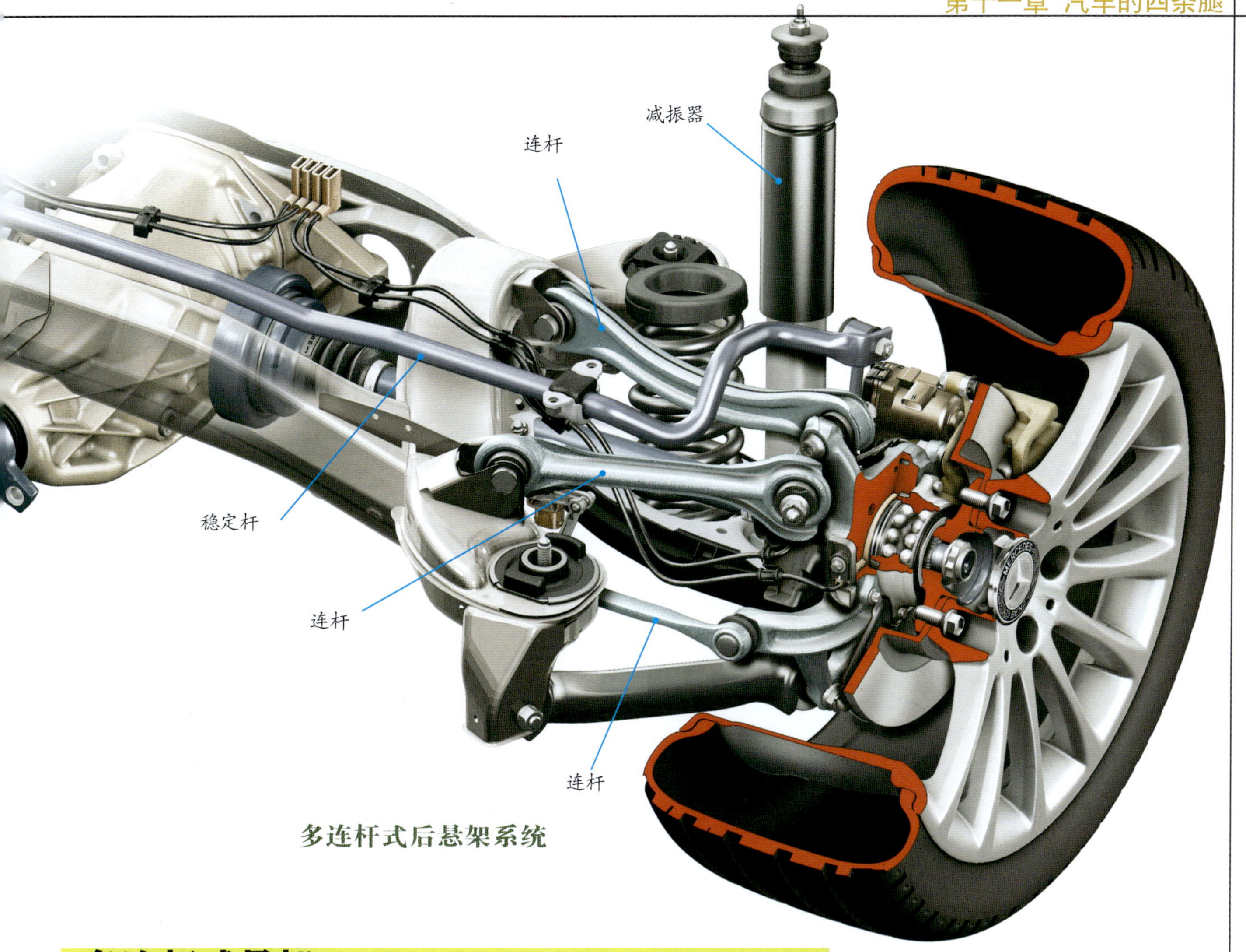

多连杆式后悬架系统

多连杆式悬架

悬架由连杆、减振器和减振弹簧组成，一般悬架只有两三个连杆，因此将连杆数较多的悬架，比如达到4个或超过4个连杆的悬架，就称为多连杆式悬架。多连杆式悬架首先出现在奔驰190E型轿车上，当时是5连杆悬架。现在的多连杆式悬架一般为4~6个连杆。

多连杆式悬架可以说是目前最为先进的悬架，它可以允许车轮与地面尽最大可能保持垂直、尽最大可能减小车身的倾斜、尽最大可能维持轮胎的贴地性，因此它们的舒适性和操控性都能兼顾。从理论上讲，多连杆式悬架是目前解决舒适性和操控性矛盾的最佳方案。

由于后悬架对汽车性能的影响更大，因此，一些车款只在后轮上采用多连杆式，但高档次的车型前后均采用多连杆式悬架，只是后面的连杆数较前面多而已，如后面5连杆、前面4连杆等。连杆越多，车轮的贴地性越好，对汽车的舒适性、操控性都有积极作用。

Chapter 12 第十二章 汽车的脚和鞋

车轮VS汽车的脚

车轮是指用来支撑轮胎并安装在轴上的金属部件。它由轮辋、轮辐和轮毂三部分组成。由于现在的车轮都为一体式结构，其结构不再分得那么详细，因此现在一般都将车轮统称为轮毂或轮圈。

车轮就像是汽车的脚，而轮胎则更像是汽车的鞋。

车轮一般都是由钢、合金等金属制成。钢车轮的主要优点是制造工艺简单、成本相对较低、抗金属疲劳能力强。它的缺点是重量大、惯性阻力大、散热性较差等。

合金车轮的优点是重量轻、制造精度高、强度大、惯性阻力小、散热能力强、视觉效果好等。合金车轮的缺点是制造工艺复杂、成本高。现在合金车轮主要有铝合金和镁铝合金两种。

过去的车轮都由三部分组成，即最外圈的轮辋、最中间的轮毂，以及连接轮毂与轮圈的轮辐。现在的车轮基本都为一体式结构

轮胎VS汽车的鞋

轮胎是汽车的最重要部件。请注意，我说的是“最重要”，它比发动机、变速器等都重要。发动机坏了可以不走了，但危险性并不大。而轮胎坏了，不仅不能行走，如在行驶中损坏，还会带来生命危险。我们知道制动性能是汽车的最重要性能，其实制动力百分百是靠轮胎与地面摩擦创造的，没有轮胎就没有制动。因此，可以说驾乘人员的性命都要靠轮胎来支撑。

所谓汽车的动力性和操控性，也都是通过轮胎实现的。没有轮胎的抓地力，何谈动力和操控。

汽车的舒适性也与轮胎有关。充气轮胎的发明，就是为了保证汽车的舒适性。

既然汽车的安全性能、动力性能、操控性能、舒适性能、制动性能都要看轮胎脸色，那还有比轮胎更重要的汽车部件吗?

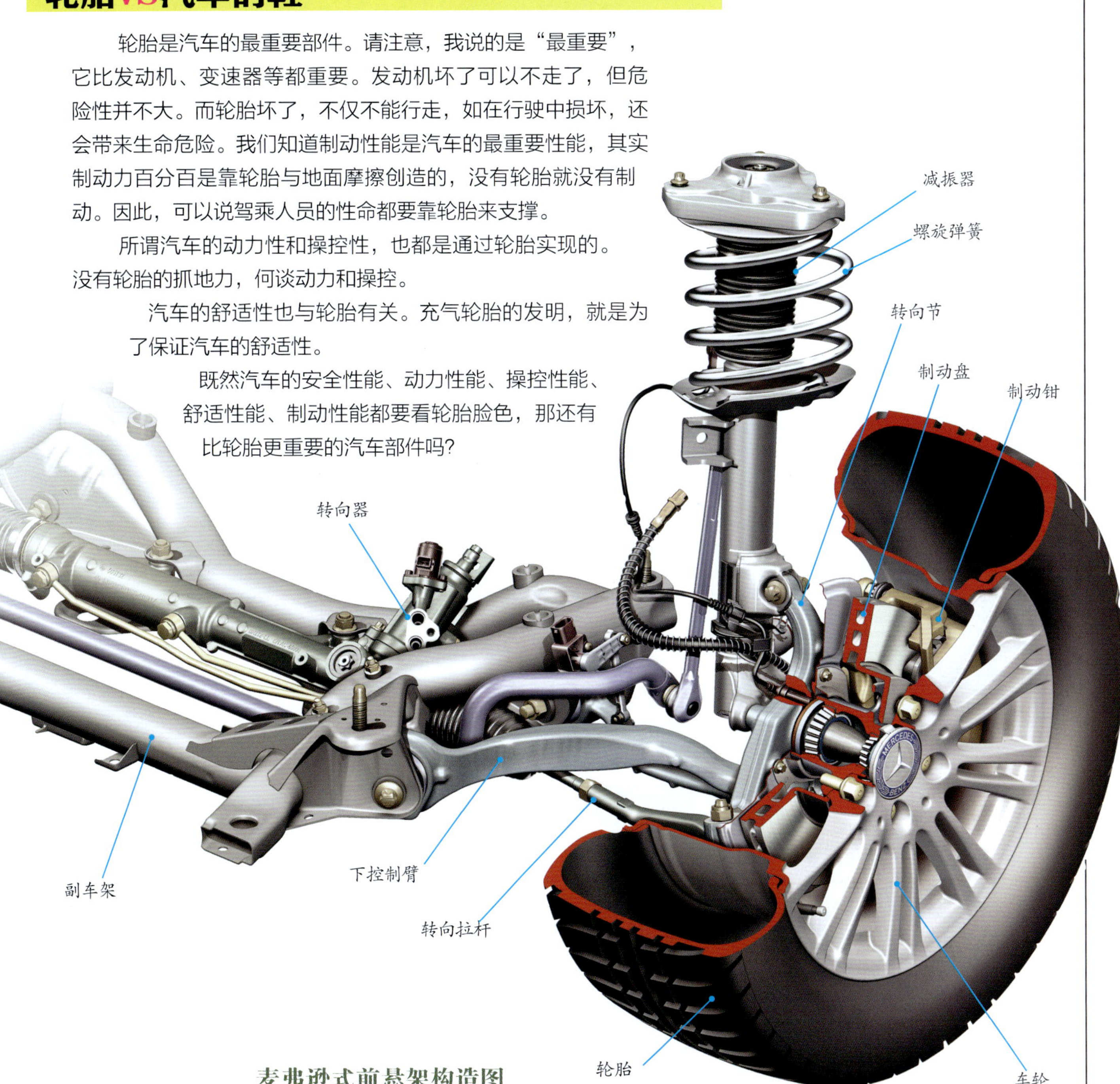

麦弗逊式前悬架构造图

鞋底VS胎面

汽车轮胎着地时的印迹大小，一般与成人一个鞋底的印迹差不多。

人们走路时就是依靠两个鞋底与地面的摩擦力前进的，因此鞋底都设计成花纹状，以增加与地面的摩擦力。当人向前走路时，实际上是在往后蹬地面，如果地面较滑，或者说鞋底与地面之间的摩擦力非常小，那么人就可能滑倒，不能前进。正是因为鞋底与地面有一个向后的较大的摩擦力，在作用力与反作用力原理之下，地面给你一个同等大小的向前的反作用力，使你能够向前移动。

汽车行驶时也一样，每个汽车轮胎与地面的接触面只有一个鞋印大小，总面积是成人鞋底面积的两倍，但它们要承受相当于20个成人的重量，行驶速度则是成人的10倍还多。

一个轮胎的着地面积和成人的一个鞋印面积相当

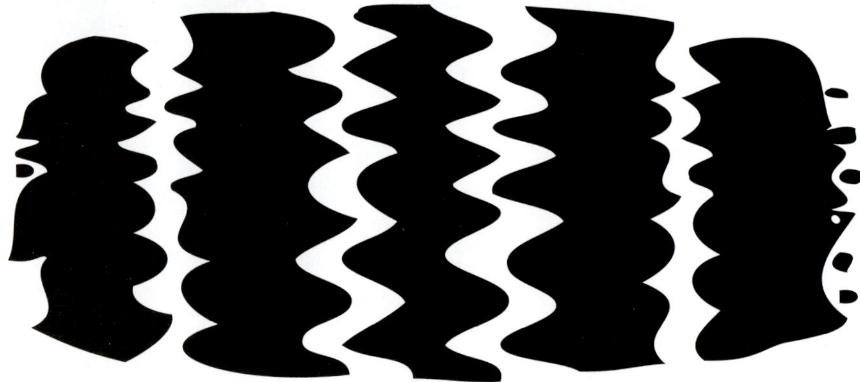

轮胎印迹

胎块VS沟槽

轮胎上的每个胎块和沟槽都不是随便设计的，每个胎块都是有分工的，它们各司其职。

一般最中间的胎块及两侧的肋块形成轮胎摩擦地面的主要区域，它们的作用就是要紧紧地抓着地面。

胎块和肋块之间的沟槽则起到排水的作用。当在雨水中行驶时，道路上的雨水可以通过这些沟槽及时排出去，以免在轮胎和地面之间形成一层水膜。一辆以100公里/小时速度行驶的汽车，每秒钟从轮胎下面要排出大约8升的雨水。

轮胎边沿上的细沟槽的作用则是可以让轮胎变形弯曲，以保证汽车的操控性能。

胎肩的作用则是当汽车转弯时可以保证轮胎有足够的抓地性，因为此时胎肩也要接触地面。

轮胎上还会有非常细的沟槽，在干燥路面上行驶时，可以提高汽车的舒适性；在雨水道路上行驶时可以及时切破水膜，提高汽车的安全性。

因此，如果轮胎花纹比较细腻，沟槽也比较浅，而且比较扁平，那么它可能就是偏重运动特性的干燥轮胎；反之，如果轮胎花纹较大，沟槽较深，那么就可能是雪地或冬季轮胎了。

胎噪

轮胎的噪声来源于两个方面，其一是轮胎凸起部分撞击路面的声音；其二是轮胎沟槽内的空气先是被压缩，当辗压过后又被释放，这相当于爆破的气球，因此也会产生一个个爆破声。由于轮胎转速较快，因此听起来就是连续不断的声音。

轮胎排水量

轮胎上的沟槽主要用于排水，以保证轮胎在雨天行驶时仍拥有抓地力。据估算，一辆以100公里/小时的速度行驶的汽车，每秒钟从轮胎下面大约要排出8升的雨水。

花纹VS性能

轮胎上的花纹花样百出，几乎看不到重复的样子。其实，轮胎的花纹都是根据车型定位特别设计的。

单导向花纹

轮胎的花纹具有明显的方向性，一般为V字形状。其特点是排水性能较佳，适用于中高级别轿车。

非对称花纹

轮胎的花纹左右不对称，对高速转弯时的操控性能极为有利，适用于运动性车型。

条形花纹

轮胎花纹呈条状，其特点是不易侧滑，噪声小，但制动性能一般，适用于普通轿车。

块状花纹

轮胎花纹相互独立，其特点是抓地力强，适用于越野车辆。

羊角花纹

轮胎花纹像是羊角，具有极强的抓地力，适用于工程车辆。

单导向花纹

非对称花纹

块状花纹

条形花纹

羊角花纹

$$\frac{\text{胎高}}{\text{胎宽}} = \text{扁平比}$$

结构VS标识

轮胎的最外层是特别耐磨的厚厚橡胶层，正是它与地面直接接触，依靠它与地面的摩擦力才使汽车能灵活前进、转弯。

它上面的花纹主要是为了增进轮胎的排水功能，保证轮胎的抓地力。

在橡胶层下面是坚固而有弹性的钢丝束带，它能防止轮胎发生突然爆破现象。

在钢丝束带下面是支撑轮胎并起骨架作用的胎体，它对减小轮胎变形起较大作用。一般它也是由钢丝及其他材料制作而成。

轮胎的标识内容主要由胎宽（毫米）、扁平比、轮辋直径（英寸）、负载指数和速度级数等组成。

Chapter 13 第十三章 汽车的保镖

盘式制动器VS鼓式制动器

制动形式主要分鼓式和盘式两大种类。它们的原理都是由固定不旋转的部分(制动蹄和制动钳)以一定的力量压迫与车轮一同旋转的部分(制动鼓和制动盘)，从而强制车轮制动。

盘式制动系统中有一个与车轮连接的制动圆盘，只要将圆盘停止不动，汽车也就制动住。在圆盘边缘有一个带制动片的钳子，夹着圆盘边缘。当踩制动踏板或拉驻车制动器手柄时，钳子便夹紧圆盘，使之停止转动，从而达到制动目的。

盘式制动器又称为碟式制动器，顾名思义是取其形状而得名。它由液压控制，主要零部件有制动盘、轮缸、制动钳、油管等。制动盘用合金钢制造并固定在车轮上，随车轮转动。轮缸固定在制动器的底板上不动。制动钳上的两个摩擦片分别装在制动盘的两侧。轮缸的活塞受油管输送来的液压作用，推动摩擦片压向制动盘发生摩擦制动，动作起来就好像用钳子钳住旋转中的盘子，迫使它停下来一样。

盘式制动器散热快，重量轻，构造简单，调整方便。特别是高负载时耐高温性能好，制动效果稳定，而且不怕泥水侵袭（离心力的作用可以将雨水飞散出去）。

鼓式制动器内有一个制动“铁鼓”。此鼓形状有点像脸盆，盆底用螺钉和车轮连成一体。在盆内有两片半月形的制动蹄片，当你踩制动踏板或拉驻车制动器手柄时，它们会用力顶紧盆边内侧，从而产生摩擦制动动作。

鼓式制动器有制动片磨损较少、成本较低以及维修较容易等优点，因此目前仍被中小型轿车采用。由于鼓式制动器的绝对制动力较盘式更强劲，所以被普遍用在轿车后轮上。

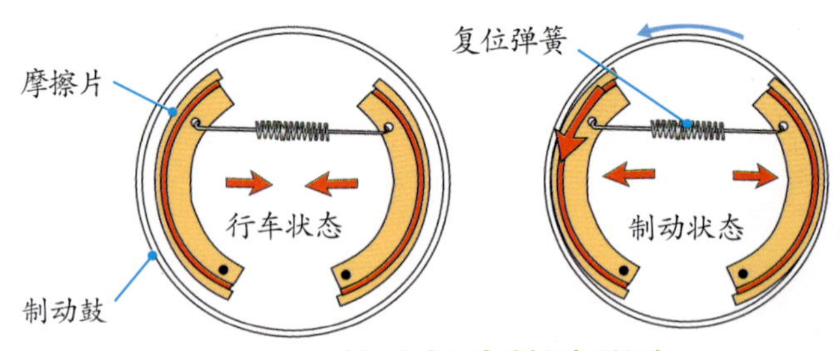

鼓式制动器原理图

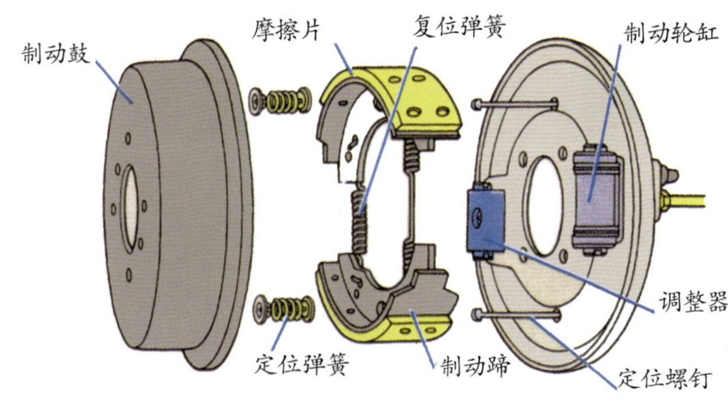

鼓式制动器构造图

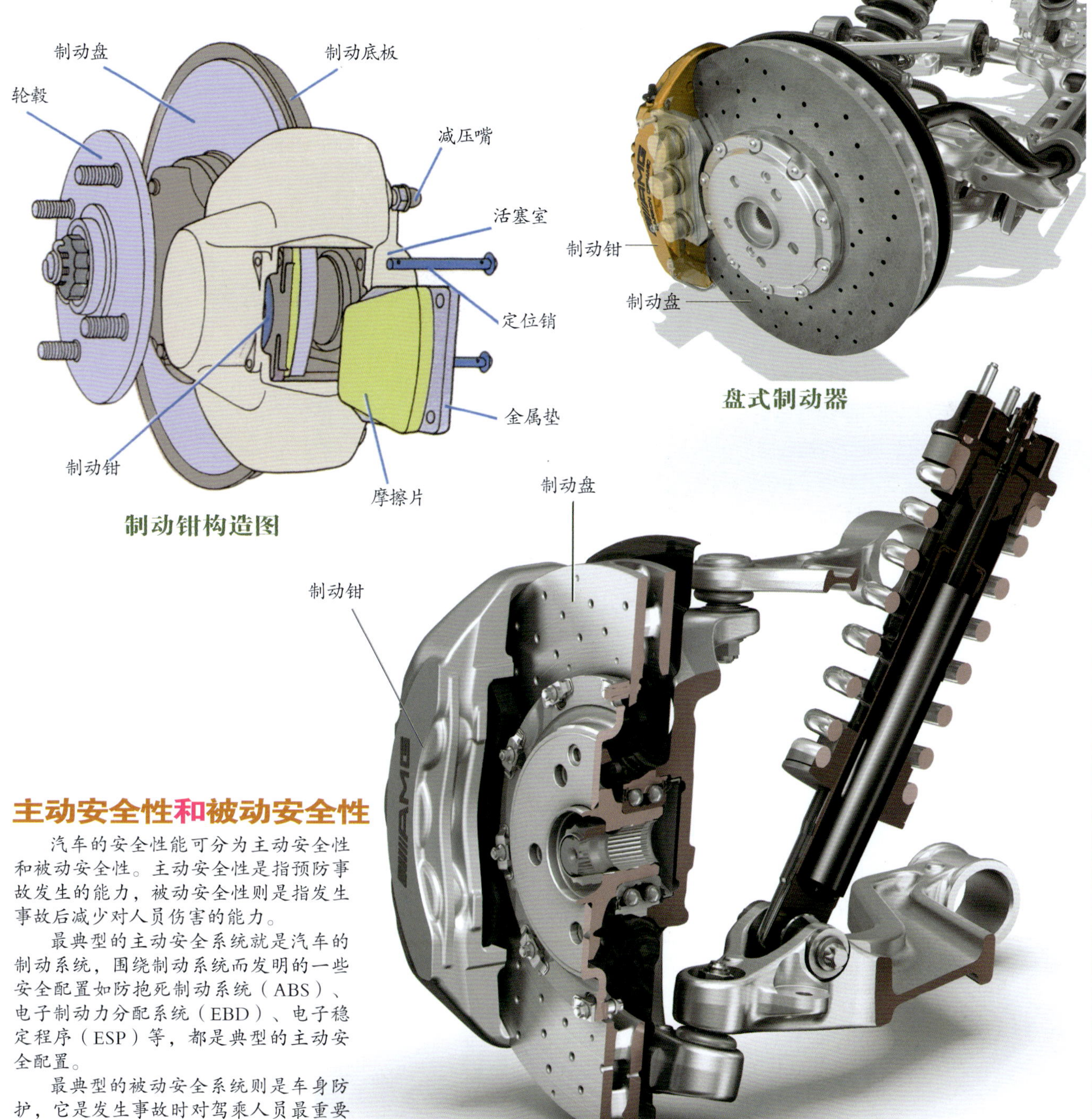

制动钳构造图

盘式制动器

盘式制动器构造图

主动安全性和被动安全性

汽车的安全性能可分为主动安全性和被动安全性。主动安全性是指预防事故发生的能力，被动安全性则是指发生事故后减少对人员伤害的能力。

最典型的主动安全系统就是汽车的制动系统，围绕制动系统而发明的一些安全配置如防抱死制动系统（ABS）、电子制动力分配系统（EBD）、电子稳定程序（ESP）等，都是典型的主动安全配置。

最典型的被动安全系统则是车身防护，它是发生事故时对驾乘人员最重要的防护系统，同时还包括安全带、安全气囊等，也都是被动安全配置。

真空制动助力器VS压力差的力量

即使有液压助力帮助驾驶人进行制动，但对于弱小女性朋友来说，如果没有足够的力量踩制动踏板，那么遇到紧急情况时如果制动力不够，也非常危险。因此，几乎在所有轿车的发动机室靠近驾驶人的位置，也就是在制动踏板与制动主缸之间，都安装一个像炒菜锅一样的部件，那就是帮你制动的真空制动助力器。

真空制动助力器的原理非常简单，它中间有个橡胶膜片将真空助力器的内腔一分为二，其中一侧引入发动机进气歧管内的负压。当驾驶人踩制动踏板时，真空助力器内腔的另一侧就会流进大气，这样在橡胶膜片两侧就会产生压力差（一侧是真空，一侧是大气），膜片就会在压力差的作用下被推动，从而产生制动助力。

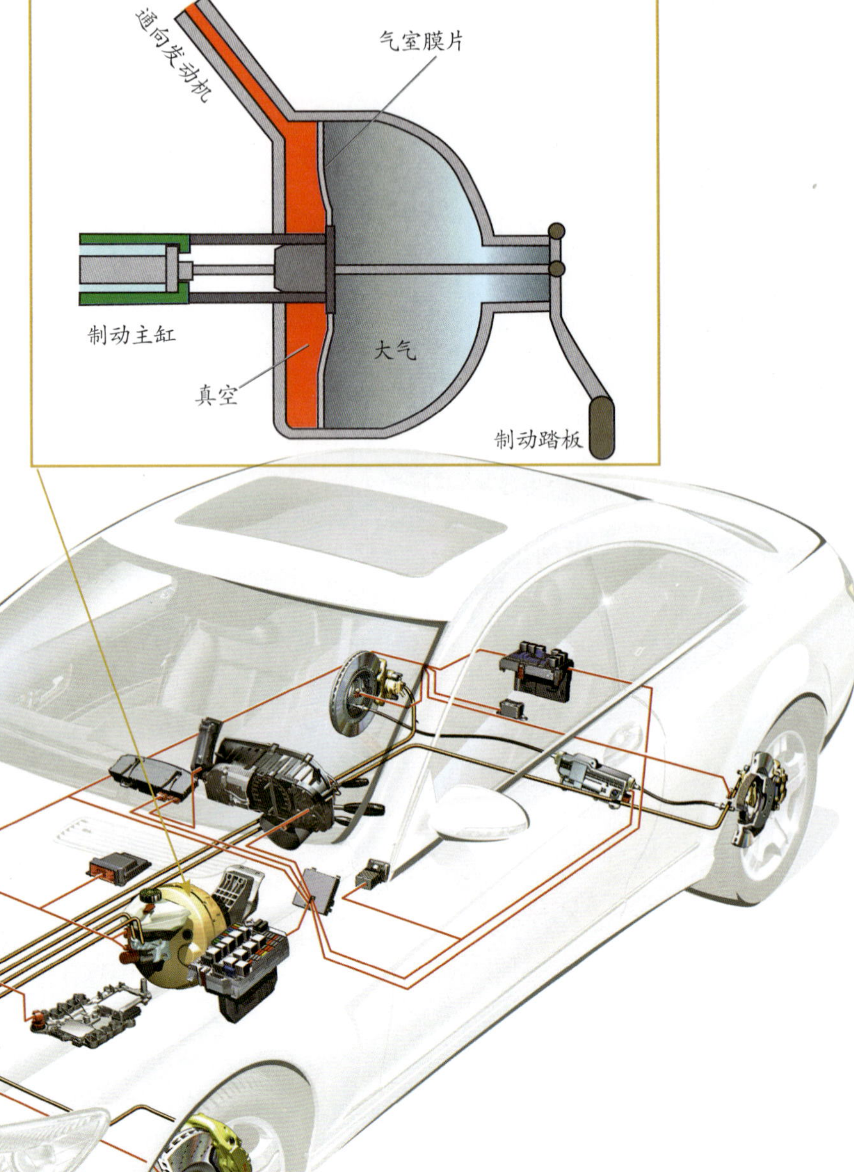

真空助力器位置和原理图

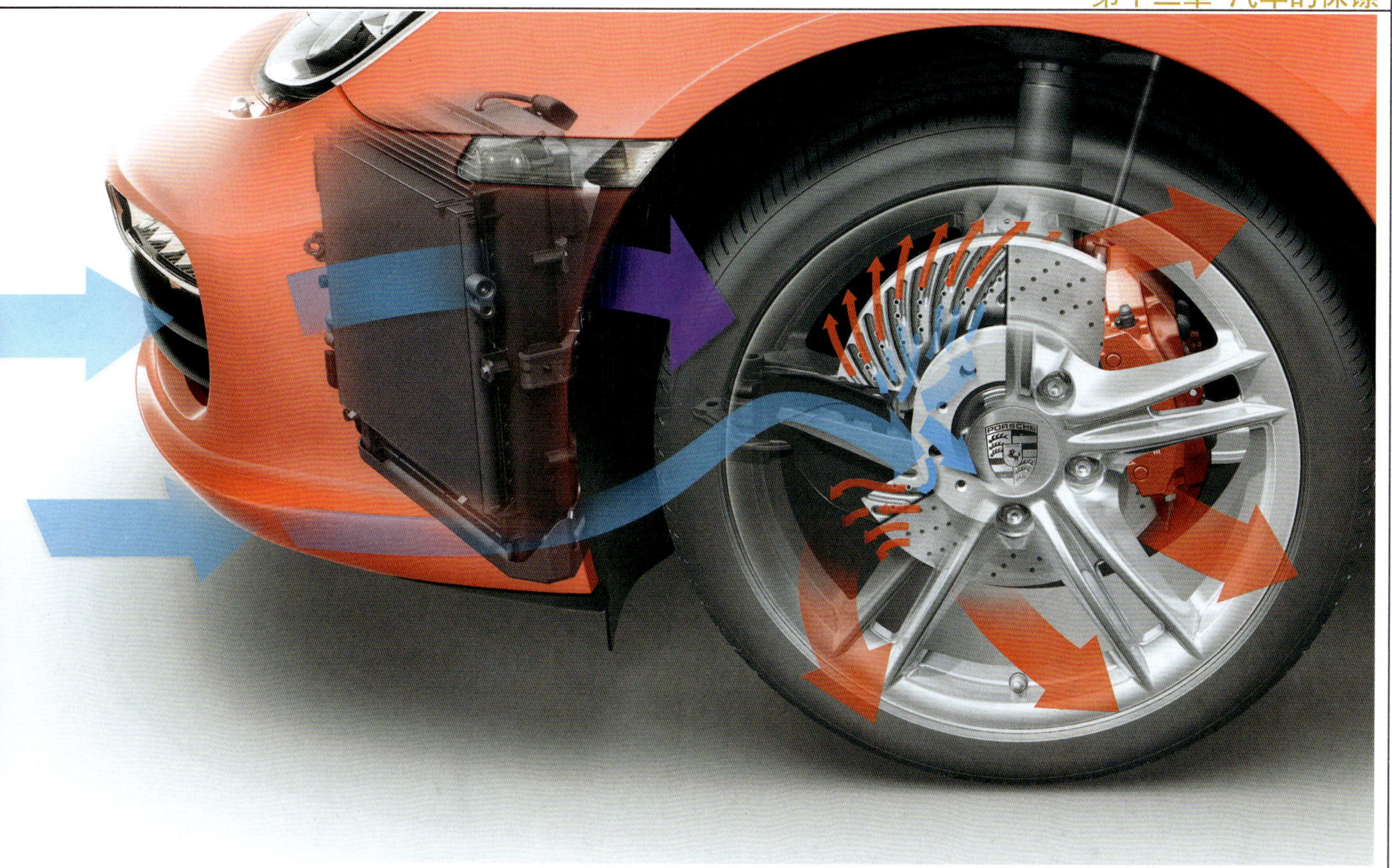

汽车的制动过程实际上就是动能转换为热能的过程，因此制动系统的散热功能非常重要

制动过程VS能量转换

从表面上看，将汽车制动停车是个简单的机械过程，只要用制动钳将制动盘使劲夹紧即可，车轮自然就会慢下来直至停止。实际上，汽车的制动过程是一个将汽车的动能转换为热能的过程。汽车为什么能够继续前进而不停止，即使不踩加速踏板汽车也会继续往前飞跑？因为汽车本身已经含有动能，只有把这些动能消耗殆尽，汽车才会完全停止。可是我们知道，总能量是不会消失的，也就是能量是守恒的，要想让运动着的汽车中的动能为零，只能是将其转化为其他能量方式，比如热能。

动能转化为热能的过程比较常见，比如我们用自己的两手相互摩擦就会生热、钻木取火等。用摩擦片或制动片来强制摩擦制动盘，制动盘上就会产生大量的热量，同时车轮上的动能在减少。为了提高制动的速度，或者说加快动能转化为热能的效率，要么加大摩擦力（如通过增大制动力、加大制动盘直径等），要么改善热量散发出去的速度（如通风式制动盘、打孔式制动盘等）。因此，一些对制动性能要求比较高的车辆，如跑车、赛车等，一般都使用散热性较好的大直径制动盘。

紧急制动VS动量定律

汽车的制动力源自摩擦制动盘，从而对车轮产生一个较大的制动力。制动过程就是将汽车的动能转换为热能，但这个转换过程是渐进的，不可能马上就完成转换，或者说不能让汽车突然停车，必须让汽车逐渐停下来。一是因为动能转换为热能需要有个过程和时间，不可能在瞬间就把汽车的所有动能都转换为热能，尤其是车速较高时，动能更大，所需要的转换时间更长；二是如果突然停车，车内乘员可能会从座椅上被抛向前方。安全带的作用其实就是阻止乘员在受到正面撞击时突然冲向前方而撞到风窗玻璃。

重量轻的汽车其行驶惯性较小，用较小的力量就能把汽车停住，就像自行车比汽车更容易制动，而火车则比汽车更难停住。这从物理学也可以用动量这个概念来解释。运动的汽车具有一定的动量，其计算公式是：

动量=质量×速度

如果汽车的质量（俗称重量）较大，或车速较高，那么它就具有较大的动量。而制动的实质就是要“消灭”汽车的动量，将汽车的动能通过制动盘转化为热能并散发掉。因此，动量较小的汽车更容易被制动停止，反之亦然。如果施加同样的制动力，那么重量较小或速度较低的汽车，就会有较短的制动距离。

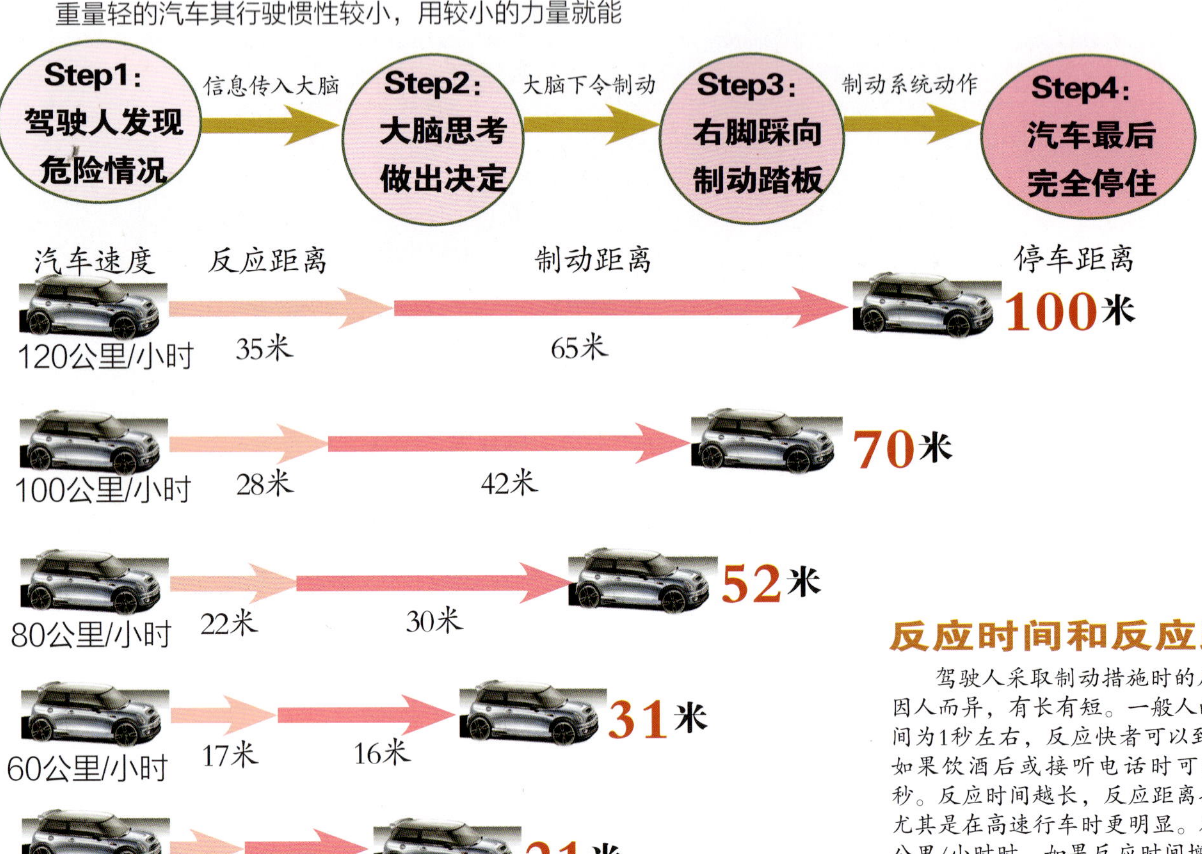

车速与制动距离关系图

反应时间和反应距离

驾驶人采取制动措施时的反应时间因人而异，有长有短。一般人的反应时间为1秒左右，反应快者可以到0.7秒，如果饮酒后或接听电话时可能是2~3秒。反应时间越长，反应距离也越长，尤其是在高速行车时更明显。在车速80公里/小时时，如果反应时间增加1秒，你的反应距离或停车距离就会延长22米！很容易导致交通事故。

加速时保护VS TCS（ASR）

汽车行驶时，驱动力取决于发动机的输出转矩，但又受到驱动轮附着力的限制，而附着力的大小又取决于路面的附着系数。对于雨雪、湿滑的路面，发动机过大的输出转矩将会引起驱动轮打滑，从而破坏了车辆行驶的稳定性。东北车主可能都有在冰雪上起步时踩加速踏板太猛，车辆出现不能起步的现象；而在行驶中如加速太猛，车子还会在冰雪上打转。这都是驱动力过大惹的祸。同样，在制动时，如能切断发动机施加给车轮的驱动力，也会有利于快速制动。

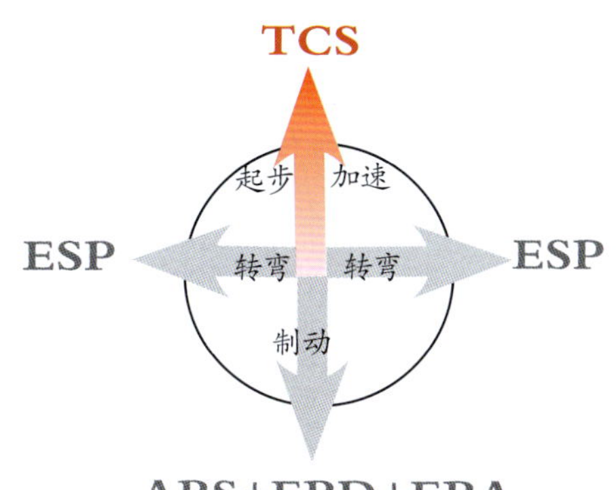

为了适时地根据行驶条件来调节发动机的驱动力，牵引力控制系统（TCS，Traction Control System）便应运而生。TCS与加速防滑控制系统（ASR，Acceleration Slip Regulation）、DTC（宝马）、TRC（丰田）等都是对同样系统的不同叫法。

TCS也是在ABS基础上发展而成。它遵循于车轮的滑转差介于10%~30%之间时车轮附着力最大这一原则进行设计。在汽车起步或加速中，当电脑监测到驱动轮的滑转差大于30%时，便向发动机发出指令减小驱动力，发动机便会减少喷油量，从而减小发动机转矩输出，使驱动轮的滑转差回到10%~30%之间，保证车轮始终拥有较大的附着力。同时，如果需要，还会向某个驱动轮施加一定的制动力，以阻止车轮打滑。同理，在制动时，除了完成防抱死和制动力自动分配外，还向发动机发出停止喷油的指令，从而切断发动机动力输出，帮助车轮快速制动。

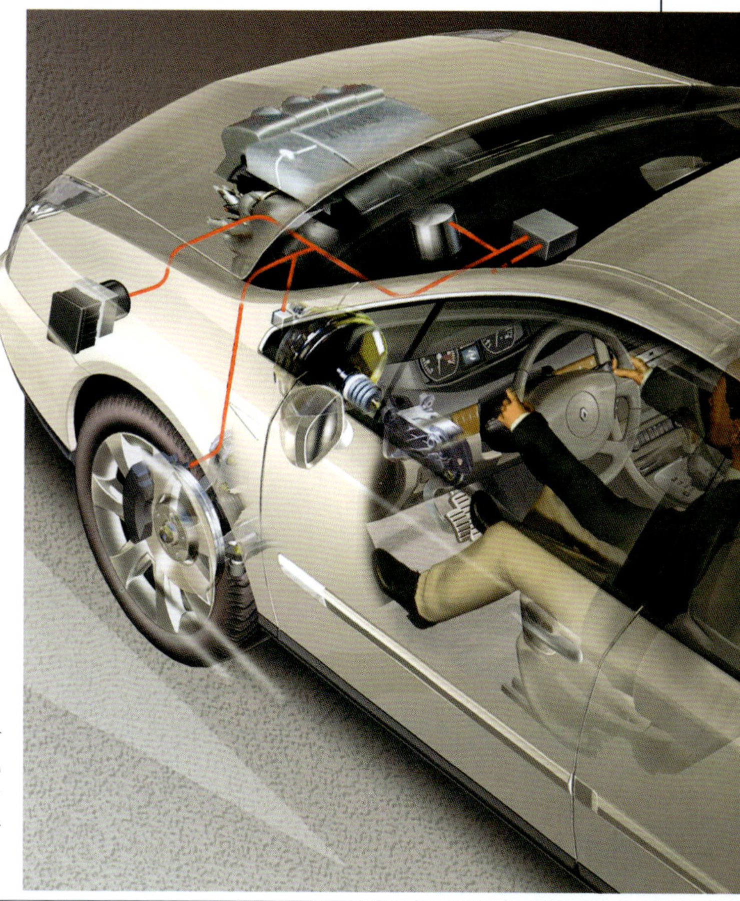

在汽车起步或加速时，TCS会根据车轮打滑的情况，自动减小发动机动力输出或向某个车轮施加一定的制动力，以阻止车轮打滑

制动时保护VS ABS+EBD+EBA

防抱死制动系统（ABS）

汽车在制动过程中，如果车轮未抱死，车轮本身具有承受一定侧向力的能力，汽车在一般横向干扰力的作用下不会发生侧滑现象，但一旦车轮被抱死，也就是车轮停止旋转，车轮就会立即丧失承受侧向力的能力，汽车在横向干扰力的作用下就很容易发生侧滑。ABS的作用相当于点制动，当检测到车轮抱死（也就是因制动力过大而停止转动）时，它会自动松开制动踏板，然后再进行重新制动，从而让车轮一直保持滑转而非滑动状态。ABS松开和重新制动的频率可达到每秒10~20次。

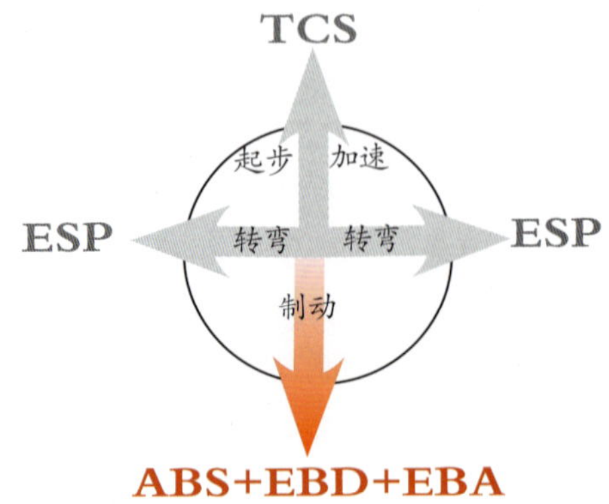

电子制动力分配（EBD）

当汽车制动时，如果也给它们同样的制动力，则会导致四轮的制动效果或摩擦阻力不一致，从而使汽车失去平衡。EBD的作用就是合理地分配每个车轮上的制动力，让汽车制动时尽量保持制动力平衡。

EBD可依据车辆的重量和路面条件来控制制动过程，自动以前轮为基准去比较后轮轮胎的滑动率，如发觉前后车轮有差异，而且差异程度必须被调整时，它就会调整汽车制动液压系统，使前、后轮的液压接近理想化制动力的分布，从而改善制动力的平衡，防止发生侧滑现象。

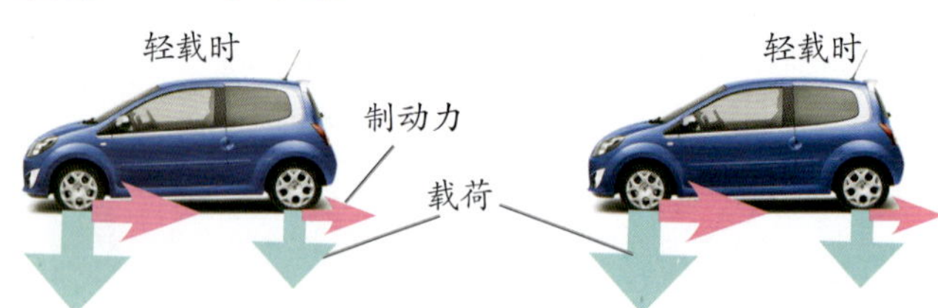

EBD工作原理示意图

电子制动力辅助（EBA）

在一些非常紧急事件中，驾驶人往往不能迅速地踩制动踏板，造成制动力不足。紧急制动力辅助（EBA，Emergency Brake Assist）就是为此而设计的。当EBA发现驾驶人迅速大力地踩制动踏板时，便会认为是一个突发的紧急事件，马上自动地提供驾驶人更大的压力，增大制动效果。不仅如此，其施压的速度也远远快于驾驶人，这能大大地缩短制动距离，增强安全性。尤其是对于脚力较差的女性及高龄驾驶人，在闪避紧急危险的制动时甚有帮助。

EBA起作用时，高位制动灯、制动灯和危险警告灯（双闪灯）都会同时闪亮

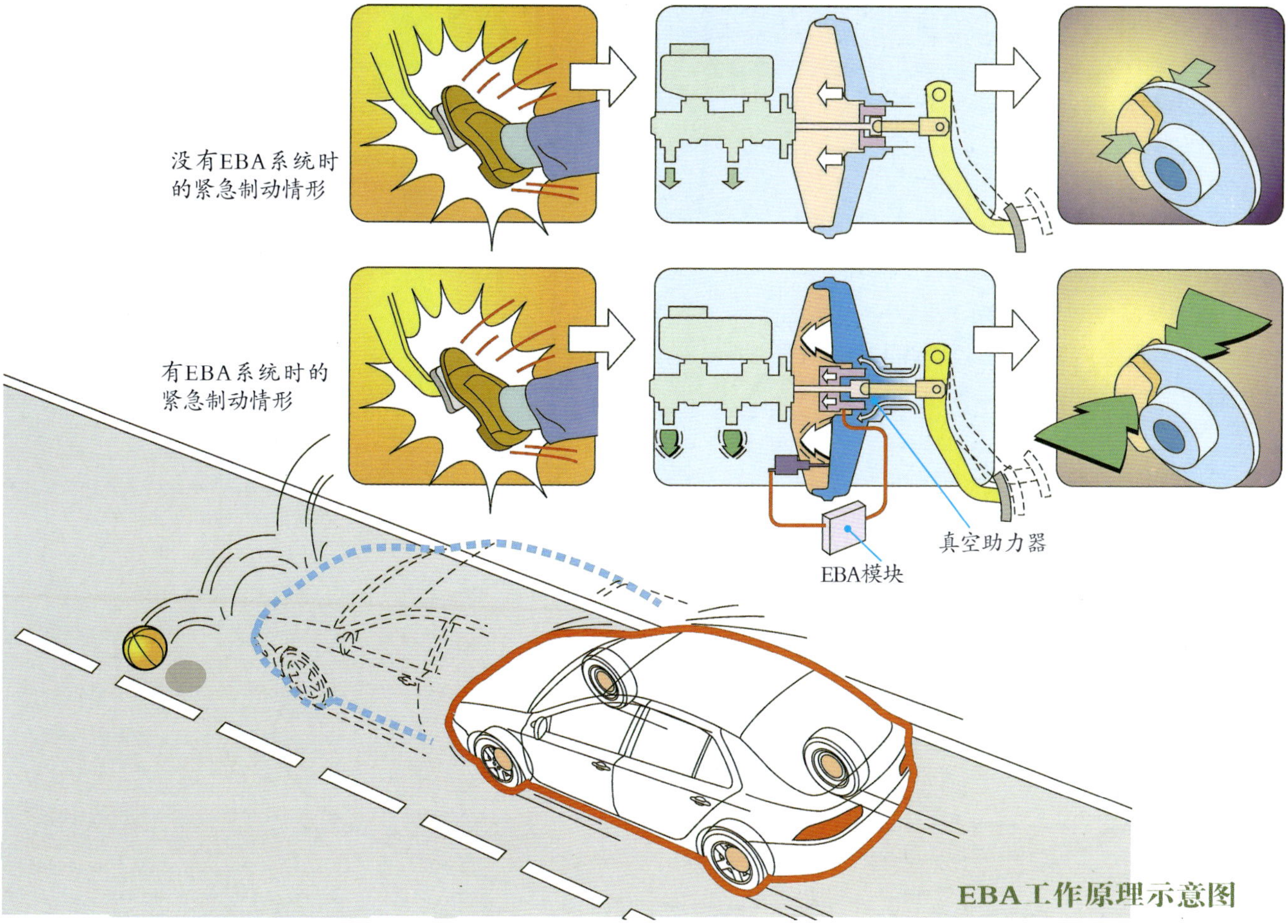

没有EBA系统时的紧急制动情形

有EBA系统时的紧急制动情形

真空助力器

EBA模块

EBA工作原理示意图

转弯时保护VS ESP

ESP是更高级的车辆稳定控制系统，它是在ABS、EBD、TCS基础上发展而来的，它不仅能包括TCS等功能，可以控制驱动轮的制动力，而且可以控制从动轮的制动，可以分别独立控制每个车轮，从而可以“纠正”更危险的车辆不稳定的状况。如后驱车在转弯中发生转向过度而要出现“甩尾”的现象时，ESP会制动外侧的前轮来稳定车辆；当前驱车在转弯时发生转向不足而要出现“推头”现象时，ESP便会制动内侧后轮来纠正车辆的行驶方向。尤其是急打方向盘时（如紧急躲闪路中突然出现的行人），ESP的介入能够大大降低车身失控（如侧滑、甩尾）的危险。

ESP是博世对车辆稳定控制系统的称呼，其他汽车公司对类似的系统有不同的称呼，如本田称之为VSA，丰田称之为VSC，宝马和马自达称之为DSC等。其实它们的原理和作用基本类似。

当汽车产生转向过度现象时，ESP会对外侧前轮进行适当制动，这样在物理定律作用下，车头便会向弯道外侧移动，车尾向弯道内侧移动，使车身恢复稳定状态

当汽车产生转向不足现象时，ESP会对内侧后轮进行适当制动，这样在物理定律作用下，车头向弯道内侧移动，车尾向弯道外侧移动，使车身恢复稳定状态

ESP工作原理示意图

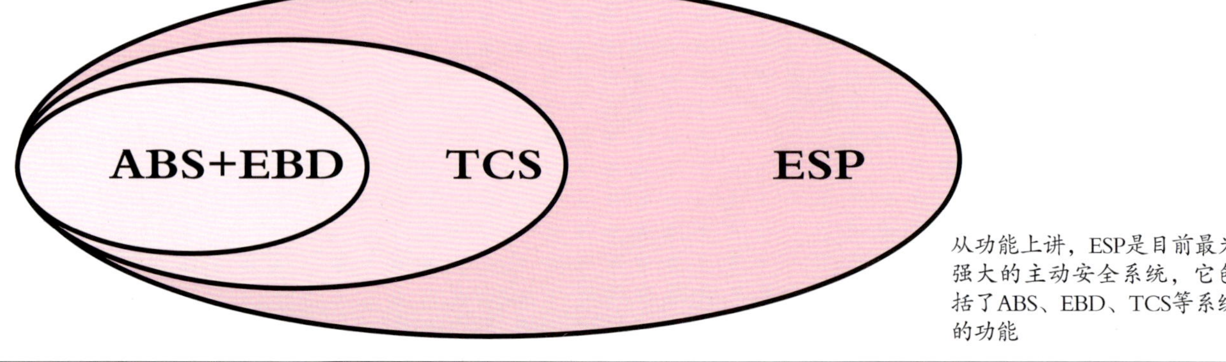

从功能上讲，ESP是目前最为强大的主动安全系统，它包括了ABS、EBD、TCS等系统的功能

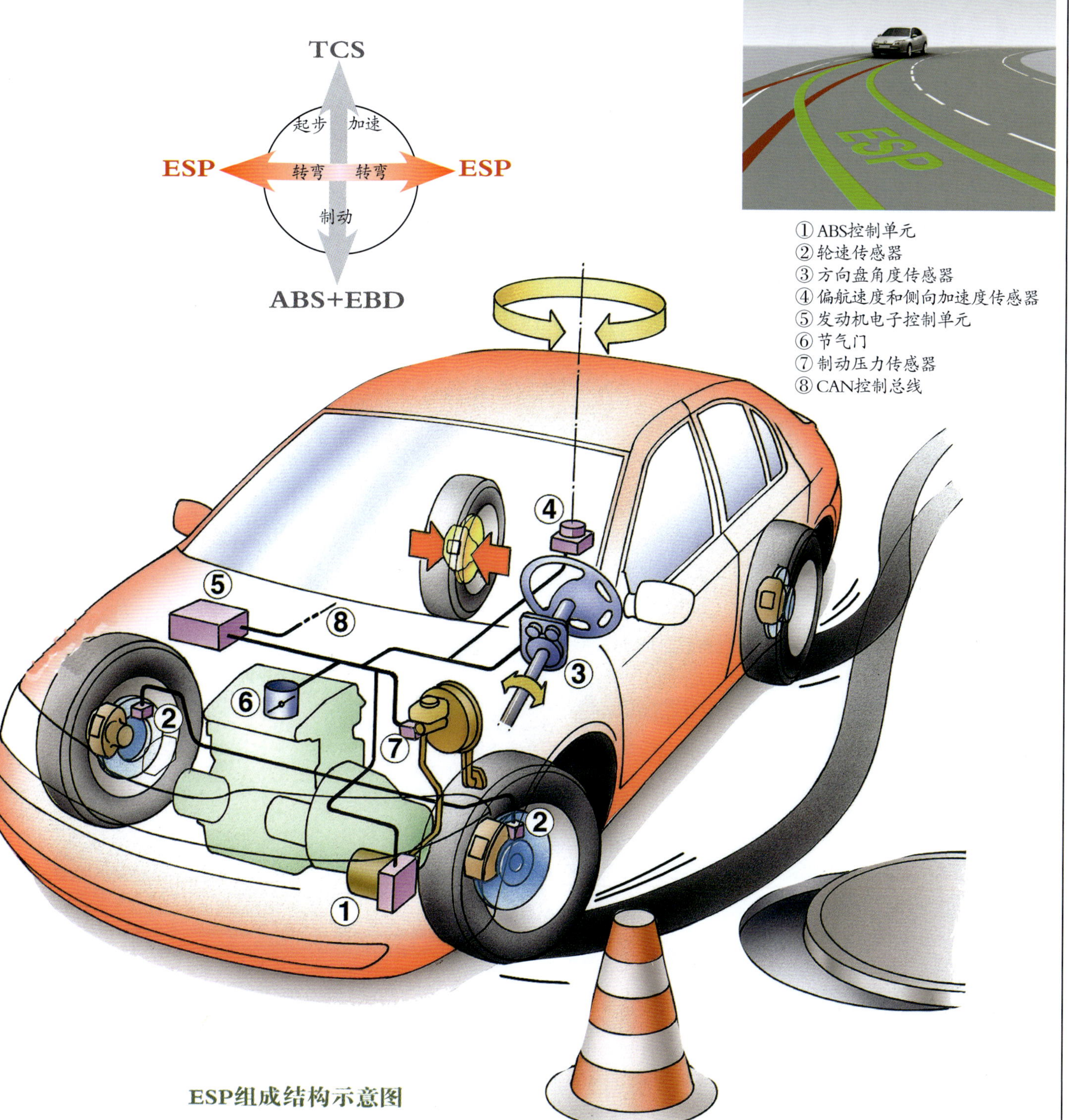
TCS
起步 加速
ESP 转弯 转弯 ESP
制动
ABS+EBD
ESP
① ABS控制单元
② 轮速传感器
③ 方向盘角度传感器
④ 偏航速度和侧向加速度传感器
⑤ 发动机电子控制单元
⑥ 节气门
⑦ 制动压力传感器
⑧ CAN控制总线
1
2
3
4
5
6
7
8

ESP组成结构示意图

Chapter 14 第十四章 汽车的眼睛

车灯VS颜色

汽车上有多种灯光，有些是照明用的，有的则是用来提醒他人的信号灯或警示灯。现在国际普遍根据不同的用途，采用不同的车灯颜色。

卤素前照灯

卤素前照灯（包括近光灯和远光灯）都采用白色偏黄的颜色，这样能保证即使在恶劣天气下也能照亮路面。

氙气前照灯

氙气前照灯的色温较高，它会发出淡蓝色的灯光。

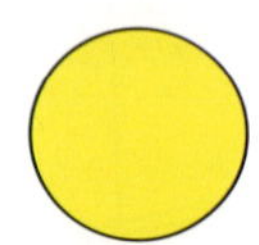

转向灯、雾灯

转向灯、雾灯和前示宽灯采用黄色，因为黄色在可见光里的波长是最长的，不论是良好天气还是恶劣气候，它传播距离远，颜色醒目，能较好地起到警示作用。

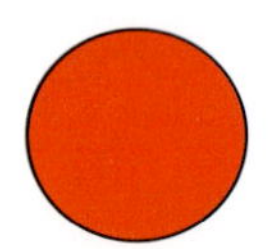

制动灯、示宽灯

制动灯、高位制动灯和后示宽灯都采用红色，因为红色刺眼，更醒目，能很好地提醒后面的车辆注意安全。

日间行车灯、倒车灯

车前部的日间行车灯和车尾的倒车灯采用白色。

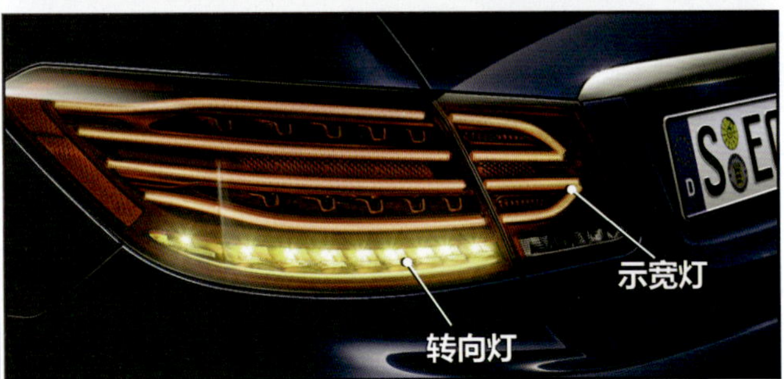

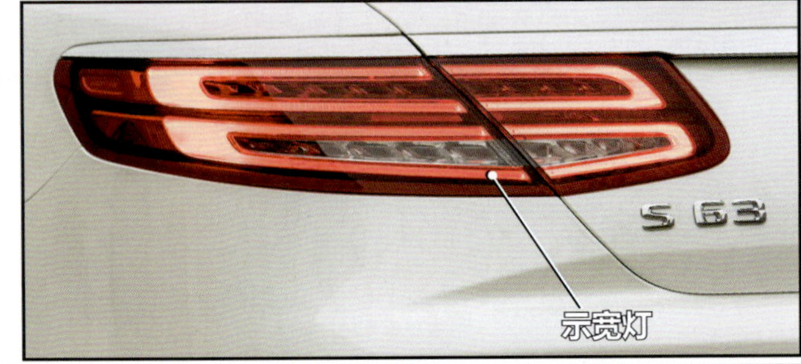

卤素灯VS氙气灯

卤素灯发光原理

灯丝在充有卤素气体的石英灯泡内发光。温度越高，发出的光就越强。卤素气体的作用就是在高温下保护灯丝。卤素车灯的能耗较高，每只灯泡的功率为55瓦。

氙气灯发光原理

氙气灯（HID）是一种含有氙气的新型前照灯，又称高强度放电式气体灯。它的发光原理是通过安定器以23千伏高压刺激氙气与金属卤化物，使其发出原子光谱而发光。光谱的色温与金属卤化物的成分有关，通常HID的色温可以达到4000~12000华氏度。仔细观察你会发现，在HID灯泡的灯管内还有一颗小小的玻璃球，玻璃球两端有两个电极，里面没有灯丝，这便是HID与卤素灯的区别。要使HID发光，需有一个23千伏的电压激发气体使其放电，所以真正的HID是气体放电。

一般的55瓦卤素灯只能产生1000流明的光，而35瓦氙气灯能产生3200流明的强光，亮度提升300%。

氙气灯是利用电子激发气体发光，无钨丝存在，因此寿命长，约为3000小时，而卤素灯只有500小时。另外，氙气灯功率只有35瓦，而发出的光是55瓦卤素灯的3倍以上，能节省40%汽车电力系统的负荷。

普通卤素前照灯一般采用反射式原理，发光体位于反射灯罩抛物线面的焦点。当光线照射到反射罩上后就会向车前方反射灯光，而且反射面越完整，发光效率就越高。普通汽车前照灯的反射面左右比上下完整，光源利用率大约只有40%左右，就是说只有40%的灯泡的光被反射到路面上

卤素前照灯构造示意图

氙气前照灯一般采用凸透镜装置，也就是采用所谓的投射式灯具。氙气前照灯的发光体位于后面椭圆镜面的焦点，而前面凸透镜的焦点与椭圆的焦点重叠，这样就可把灯光直射到车前方。与反射式灯具相比，投射式灯具光源利用率更高，可以达到80%，是普通卤素前照灯的两倍

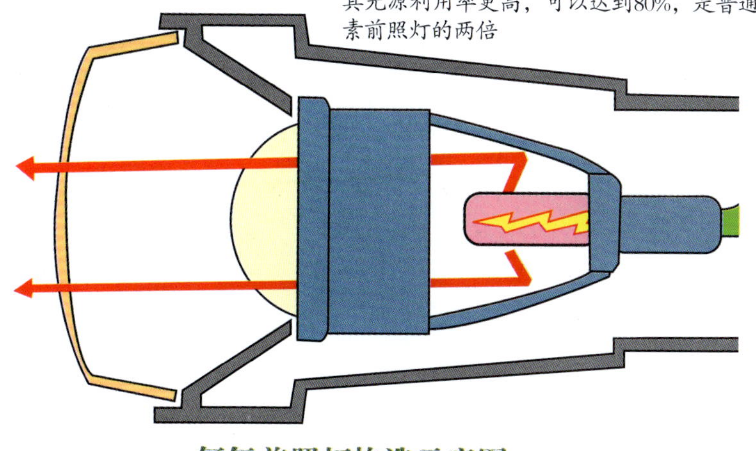

氙气前照灯构造示意图

随动转向前照灯VS会转动的眼睛

随动转向前照灯系统也称自适应前照灯系统（Advanced Frontlighting System，简称AFS）。在行驶过程中，当驾驶人转动方向盘时，前照灯也会转动一定角度（一般为15°），以消除照明死角。尤其是当弯道边上有行人或骑自行车者时，随动转向前照灯显得尤为重要。

随动转向前照灯系统不仅可以使前照灯左右转动，它还可以根据车身平衡度的变化而自动调节光柱上下角度，例如当制动、上坡和下坡，或当前后乘坐人员不等、车头下探或上仰时，灯光也会自动调整上下角度，以维持光照的范围不变，从而提高行车的安全性能。

随动转向前照灯示意图

① 自动调整机构
② 电动机
③ 蜗杆
④ 旋转驱动电动机
⑤ 旋转轴
⑥ 氙气灯泡

欧宝汽车随动转向灯构造图

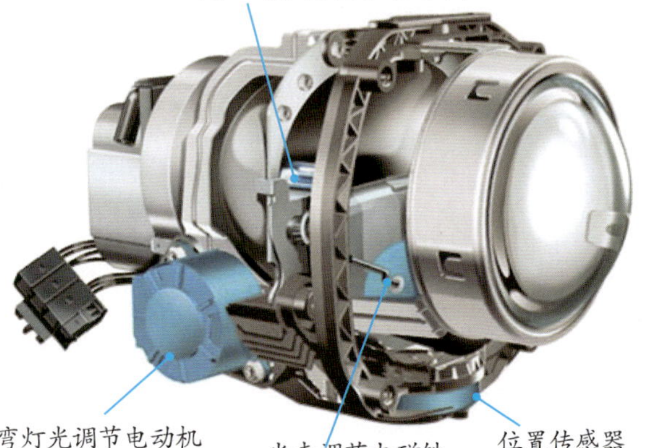

大众汽车随动转向灯构造图

LED车灯VS寿命长

第四代汽车前照灯光源是半导体发光二极管(LED)。它不是通过热能使物体升温而发光，而是由电能直接转换为光能，因而称为冷光，它的寿命更长。LED现在主要应用于汽车制动灯、示宽灯、日间行车灯、转向灯上，但LED车灯的发展速度非常快，一些豪华轿车上已实现全车LED灯，即远光灯和近光灯都采用LED灯。

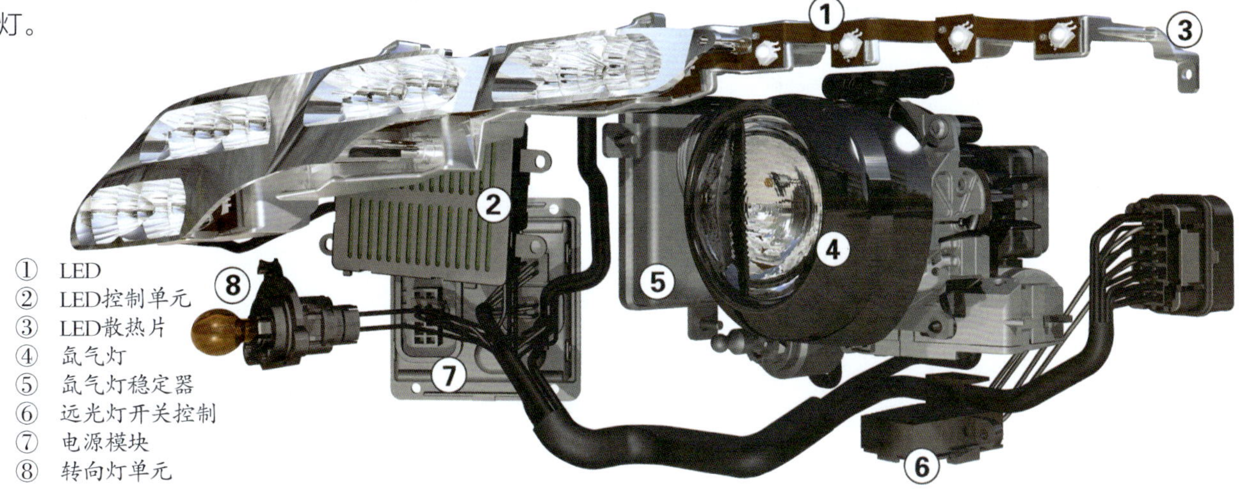

① LED
② LED控制单元
③ LED散热片
④ 氙气灯
⑤ 氙气灯稳定器
⑥ 远光灯开关控制
⑦ 电源模块
⑧ 转向灯单元

只有日间行车灯采用LED的前照灯构造

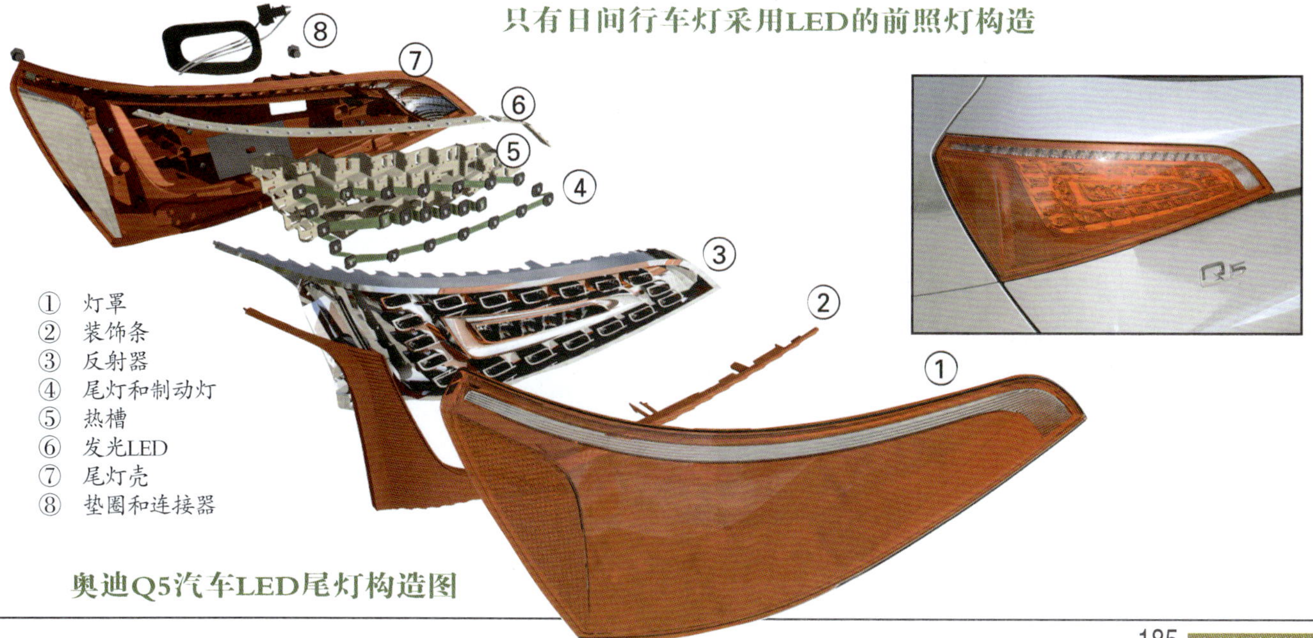

① 灯罩
② 装饰条
③ 反射器
④ 尾灯和制动灯
⑤ 热槽
⑥ 发光LED
⑦ 尾灯壳
⑧ 垫圈和连接器

奥迪Q5汽车LED尾灯构造图

日间行车灯VS 边灯

为提高行车安全性，欧盟规定自2011年起，欧盟境内所有新车必须安装日间行车灯（Daytime Running Light，简称DRL）。日间行车灯不是为了照亮车前道路，而是为了让其他车辆和行人看到自己，从而提前避让。

随着LED灯光技术的进步，LED日间行车灯越来越流行，加上LED日间行车灯对车辆的辨识度非常高，又能增强汽车造型的美感和个性，现在几乎成为新车型上的必备车灯。

当发动机起动后，日间行车灯就会自动点亮，当打开近光灯时，它便自动熄灭。现在大多车型都采用LED作为日间行车灯，因此它的耗电量极小，甚至可忽略不计。

边灯在转弯时才会点亮，以照亮转弯方向的道路。第一代AFS上就存在边灯，第三代AFS时仍然存在。

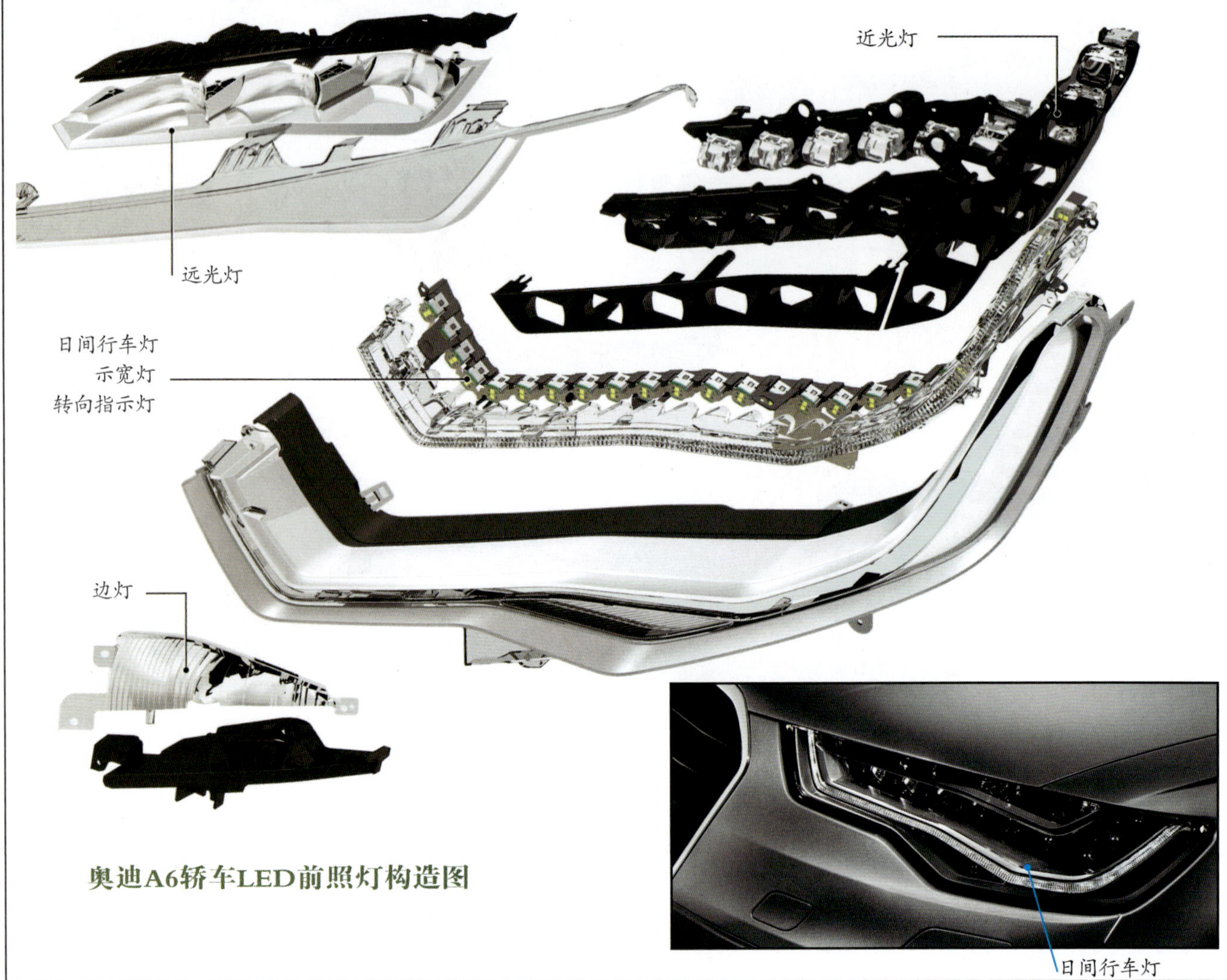

奥迪A6轿车LED前照灯构造图

全天候灯VS 雾灯

全天候灯现在已替代了传统的雾灯，它与传统雾灯有两大不同：一是它与前照灯整合在一起；二是当在下雨潮湿的路面行驶时，它会自动调整，以防被自已车的灯光反射眩目。

由于雾灯被全天候灯所取代，因此在这样的汽车上已看不到设置下方的雾灯。

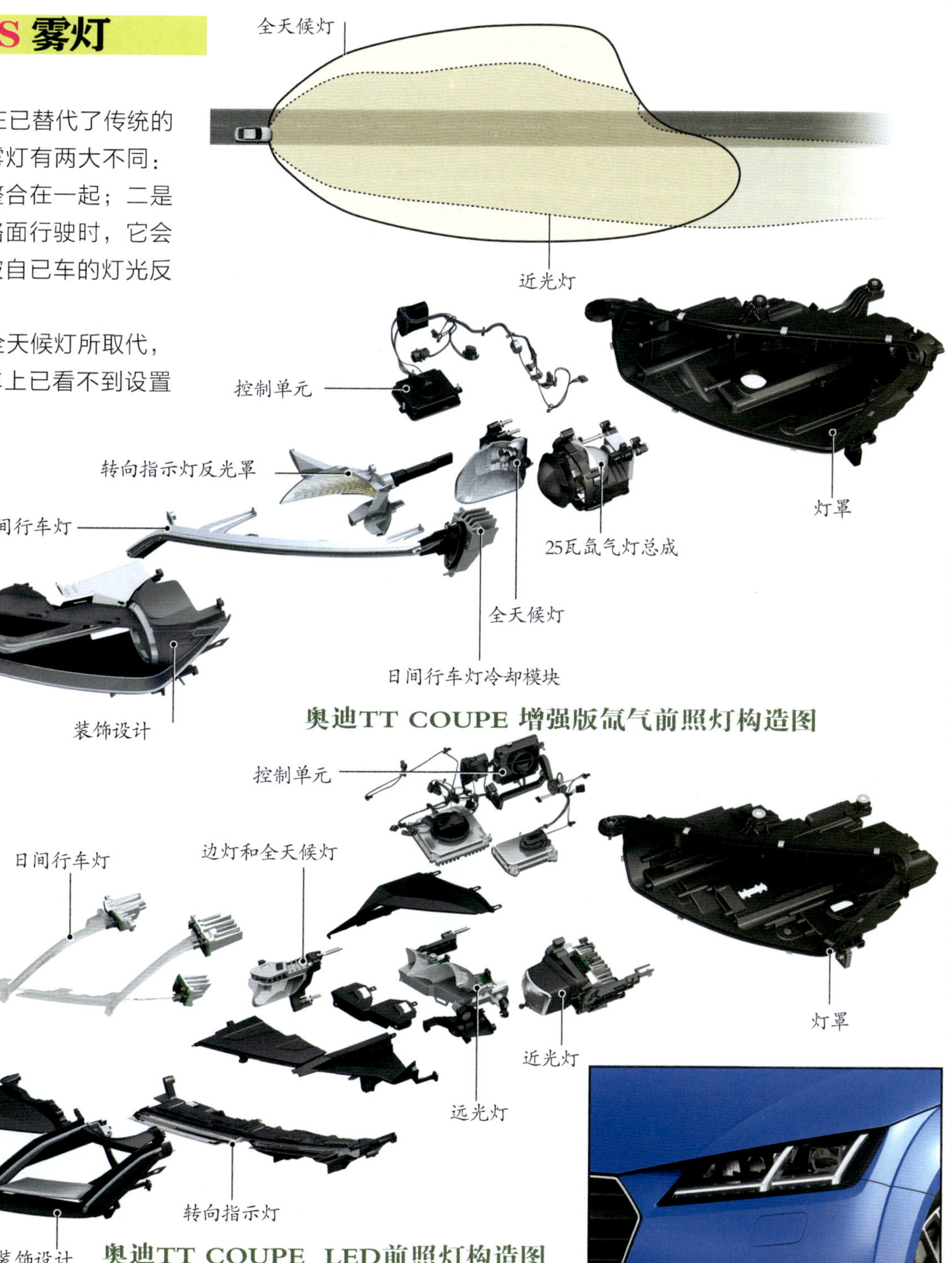

奥迪TT COUPE 增强版氙气前照灯构造图

奥迪TT COUPE LED前照灯构造图

自动前照灯VS 光线传感器

自动前照灯系统中有两个光线传感器，一般都固定在车内后视镜与前风窗玻璃之间，一个用来检测车辆前方的光线，一个用来检测车辆周围的光线。事先设定一个光亮度区间，当前方或周围的光亮度低于设定亮度区间的下限时，就会将信息传递给中央控制单元，由中央控制单元指挥前照灯点亮；当前方或周围亮度高于设定亮度区间的上限时，前照灯就会熄灭。

雷诺汽车自动前照灯控制系统示意图

Chapter 15 第十五章 汽车上的附件

雨感刮水器VS 雨量传感器

雨感刮水器的核心部件是雨量传感器。它可以检测落在前风窗玻璃上的雨量，然后将信号传递到中央控制单元，由它来控制刮水器电动机的工作。

雨量传感器有多种形式，如红外线等。右图是法国雷诺公司采用的二极管传感器，它利用发光二极管向风窗玻璃投射光线，如果有雨滴落在玻璃上，就会反射光并被光敏二极管接收，光敏二极管的电压就会发生变化。光敏二极管有一个设定好的电压值，当超过这个电压值后，中央控制单元就会指挥刮水器的电动机工作，并根据电压值的大小来自动调节刮水器的工作频率。

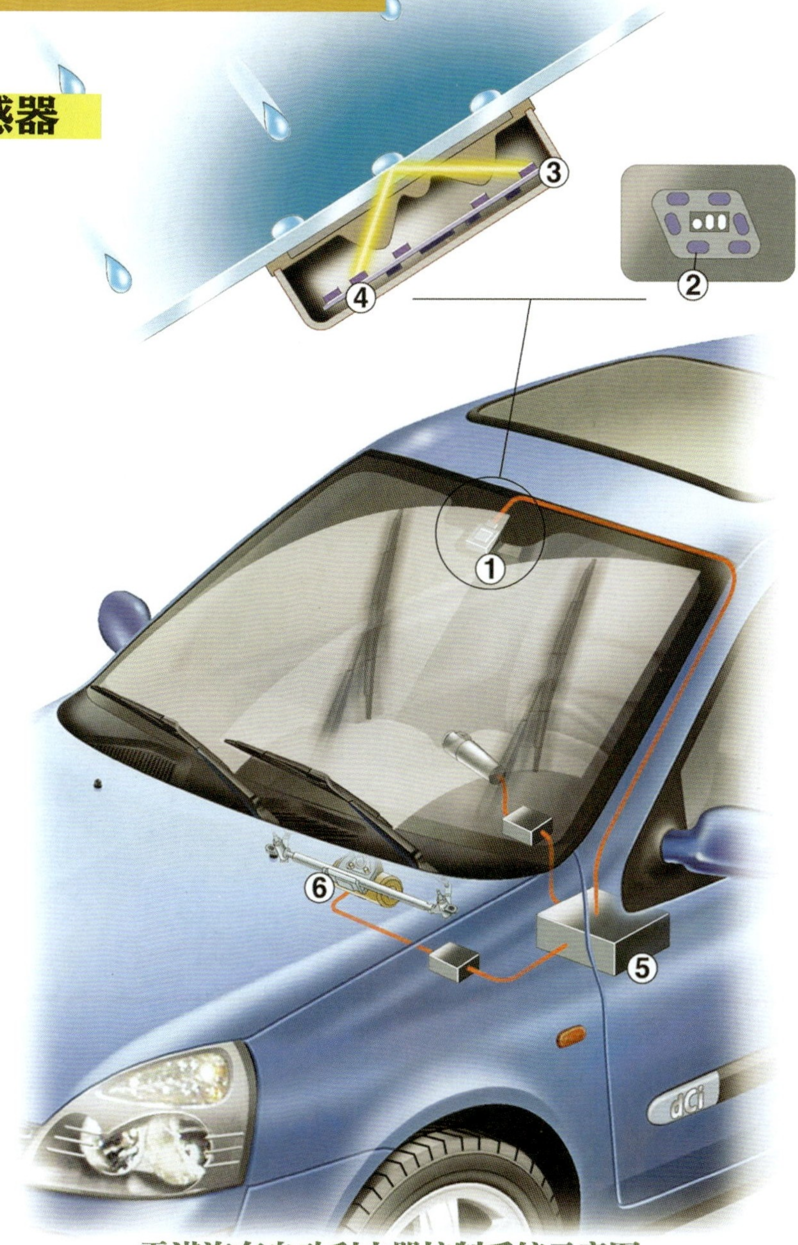

1. 固定位置
2. 雨量传感器
3. 发光二极管
4. 接收二极管（光敏二极管）
5. 中央控制单元
6. 刮水器电动机

雷诺汽车自动刮水器控制系统示意图

抬头显示VS 平视系统

抬头显示（Head-up Display,简称HUD）也称平视显示系统，它默认显示行车速度，还可以显示自适应巡航（ACC）的相关信息以及导航的路口转向等信息。驾驶人几乎不需要低头观看仪表板就能了解行车和导航信息，极大地提高了行车的安全性。

HUD的构造主要包括两个部分：资料处理单元与影像显示装置。资料处理单元是将行车各系统的资料如车速、导航等信息整合处理之后，转换成预先设定的符号、图形、文字或者数字的形态输出；影像显示装置安装在仪表板上方，接收来自资料处理装置的信息，然后投射在前风窗玻璃的全息半镜映射信息屏幕上。如下图所示，显示内容先被投射到固定矫正镜上，然后反射到旋转矫正镜，再投射到前风窗玻璃上，最后在驾驶人面前一定距离显示模拟图像。

奥迪A6轿车抬头显示系统

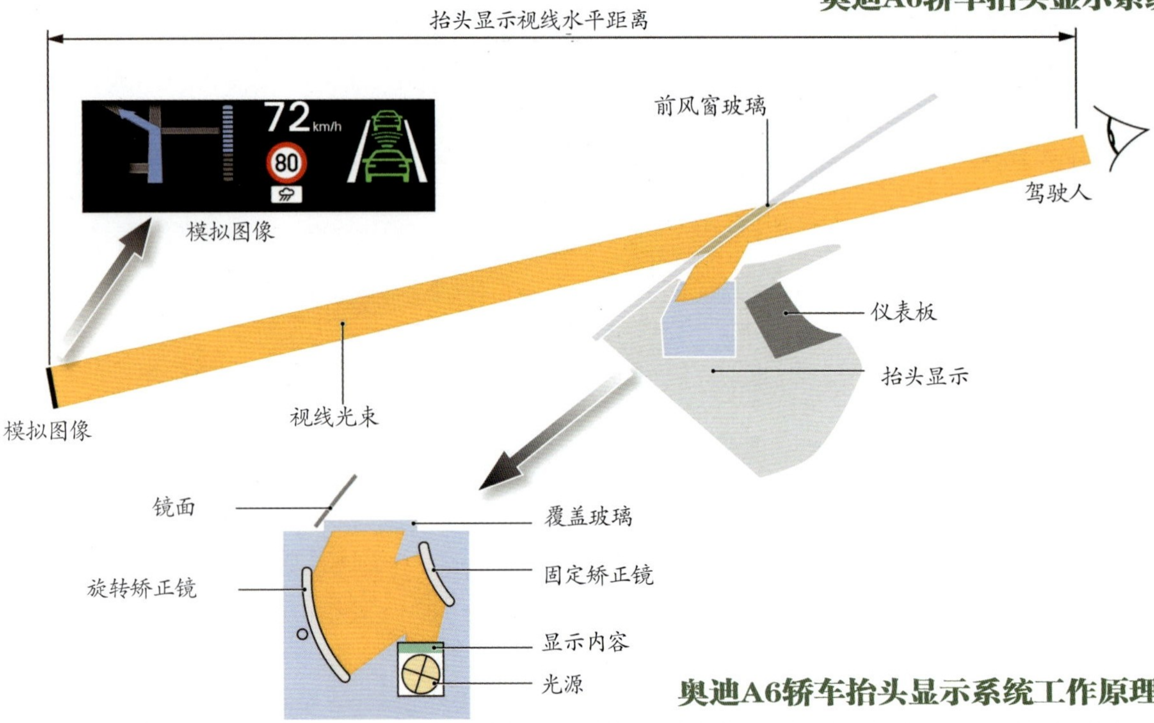

抬头显示视线水平距离

前风窗玻璃

72km/h

80

模拟图像

驾驶人

仪表板

抬头显示

模拟图像

视线光束

镜面

覆盖玻璃

旋转矫正镜

固定矫正镜

显示内容

光源

奥迪A6轿车抬头显示系统工作原理示意图

汽车空调VS 工作原理

当小孩发高烧时，最有效的物理降温法是用酒精来擦拭皮肤，酒精挥发时（由液体变成气体）就会带走孩子身上的热量。也可以用烧开水来比喻，当水烧开时，水便由液体变成了气体，在此过程中水吸收了很多热量。空调正是利用了这个原理：通过压缩机把制冷剂由气体压缩为液体，也就是先对制冷剂进行“液化”。此后，再通过管路把液态制冷剂释放到压力正常的环境中，制冷剂汽化的过程中吸收热量，从而冷却了周边的空气。为了将汽化后的制冷剂再变成液体并释放出它携带的热量，采用空气压缩机以高压压缩制冷气体，使它在冷凝器转变成液体后再循环使用，这样就可持续地制冷。

压缩机由发动机驱动，因此只有在汽车起动后，空调系统才会工作。

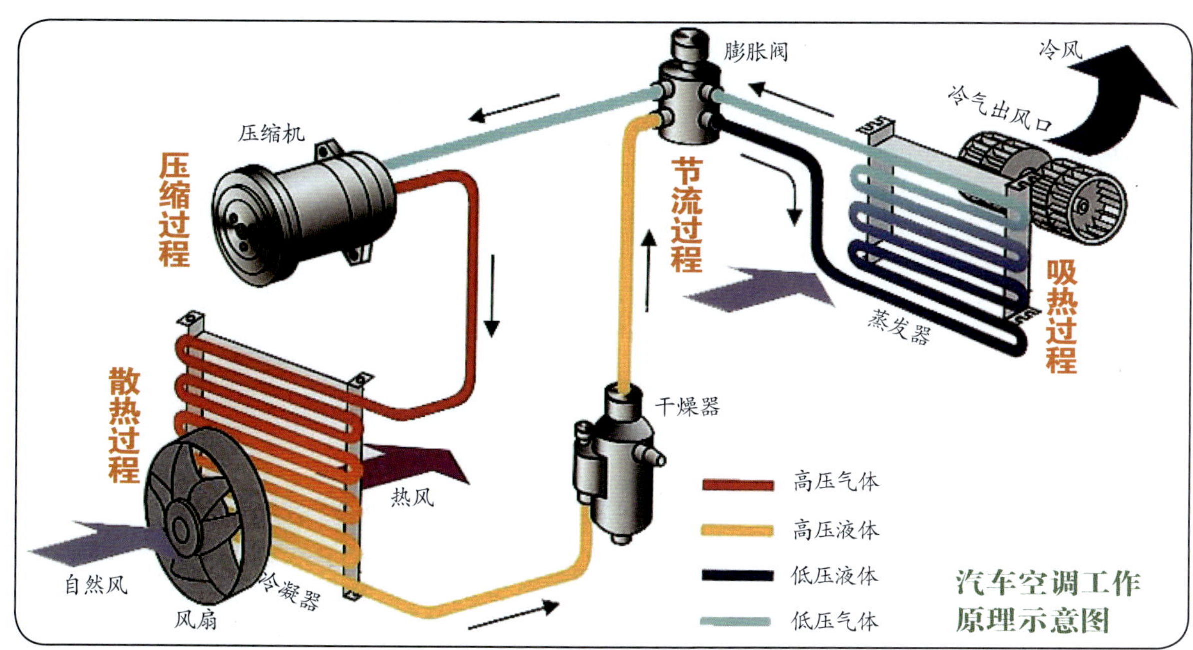

汽车空调工作原理示意图

空调系统工作时，制冷剂以不同的状态在这个密闭系统内循环流动，每个循环又由四个基本过程组成：

压缩过程

压缩机吸入蒸发器出口处低温低压的制冷剂气体，把它压缩成高温高压的气体排出压缩机。

散热过程

高温高压的过热制冷剂气体进入冷凝器，由于压力及温度的降低，制冷剂气体冷凝成液体，并排出大量的热量。

节流过程

温度和压力较高的制冷剂液体通过膨胀装置后体积变大，压力和温度急剧下降，以雾状（细小液滴）排出膨胀装置。

吸热过程

雾状制冷剂液体进入蒸发器，因此时制冷剂沸点远低于蒸发器内温度，故制冷剂液体蒸发成气体。在蒸发过程中大量吸收周围的热量，而后低温低压的制冷剂蒸气又进入压缩机。

上述过程周而复始，达到降低温度的目的。

座椅加热VS 座椅通风

座椅加热功能是采用碳纤维加热元的方式，在加热垫的整个加热区域上并联或串联许多微小的碳纤维网，它可以使加热更均匀。座椅通风系统则采用电动风扇配合多孔皮革，可以使座椅表面的空气也能流通，降低座椅表面温度。座椅加热与座椅通风相配合，就可为驾乘人员调到合适的座椅温度。

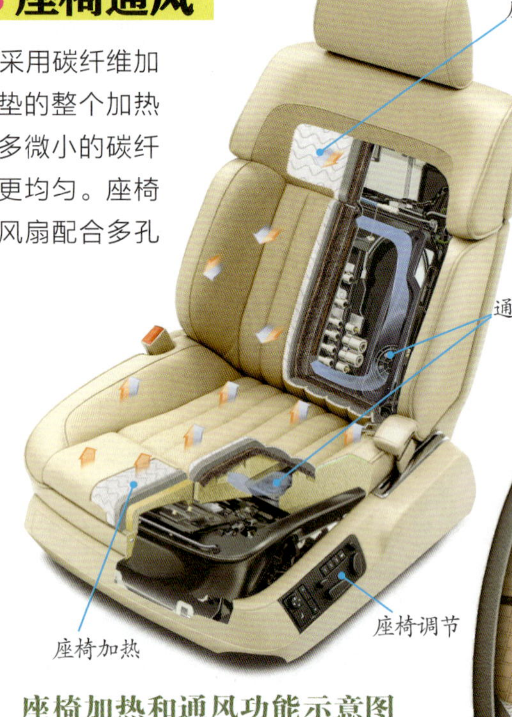

座椅加热和通风功能示意图

反转风扇

奔驰车型首次将反转风扇用于主动式座椅通风系统中。其特点是风扇的旋转方向以及座椅结构内部的气流可以反转。当通风功能刚刚启动时，周围较冷的空气会被吸到座椅表面上方，从而使座椅的表面温度快速下降。4分钟后，风扇将自动切换到风机模式以减弱气流，从而继续保持这种舒适感。座垫中的4个风扇、靠背中的2个风扇与多孔皮革相互配合，确保驾乘人员身体与座椅接触的部分拥有统一的相对空气温度。风力强度可根据个人要求进行三级调节。

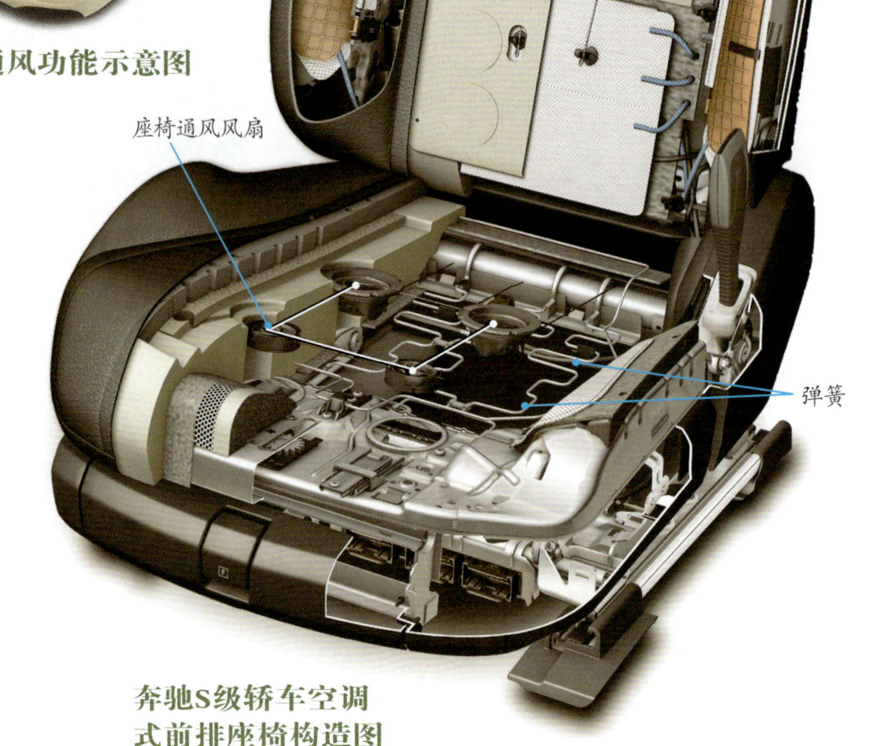

奔驰S级轿车空调式前排座椅构造图

安全气囊VS爆炸装置

安全气囊由折叠好的气囊、充气器、点火器、氮气固态粒子和相应的加速度传感器、控制器等组成。它的工作过程是：当碰撞发生时，控制器根据传感器发出的加速度信号，识别和判断碰撞的强度，当碰撞强度达到设计条件时，引爆气囊的传感器迅速触动点火器并引爆炸药，爆炸时产生的氮气固态粒子迅速充满气囊，使气囊膨胀起来，以缓冲前排乘客所遭受的冲击力，主要保护其头部不受伤害。

由此看来，安全气囊就是个爆炸装置，但它不会轻易启爆。一般说来，只有以一定速度撞击硬性物体时，汽车的安全气囊才可能会打开，汽车后碰、翻转或较低车速碰撞时，甚至轿车追尾钻入大货车尾部中时，安全气囊都不一定能启爆。

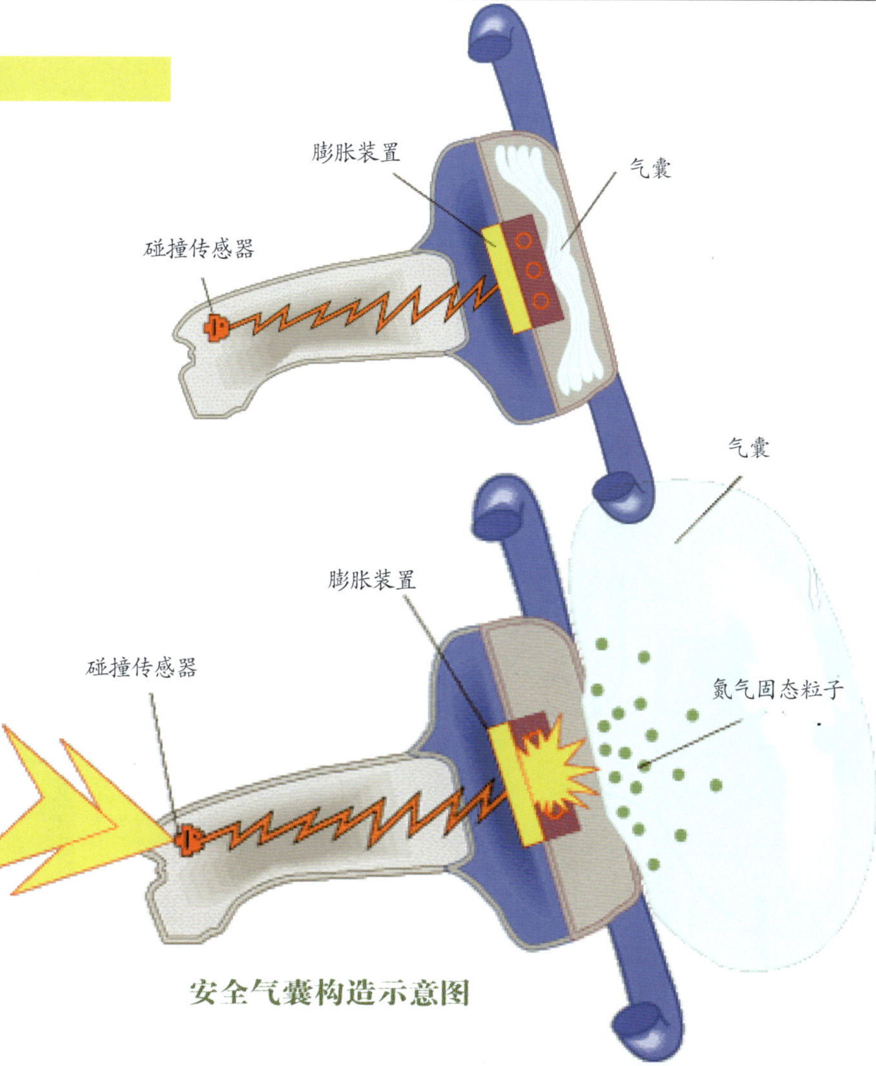

膨胀装置
气囊
碰撞传感器
气囊
膨胀装置
碰撞传感器
氮气固态粒子

安全气囊构造示意图

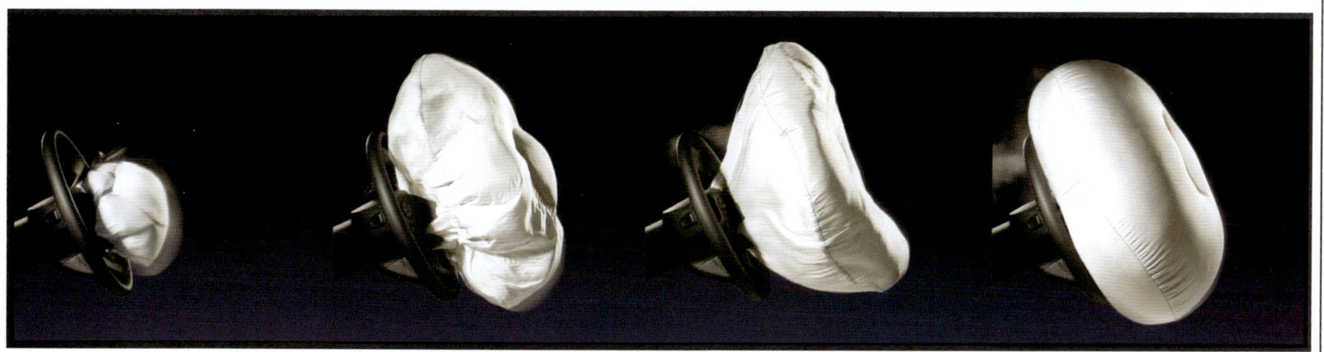

安全气囊启爆过程图

陈总编爱车热线书系已出版图书

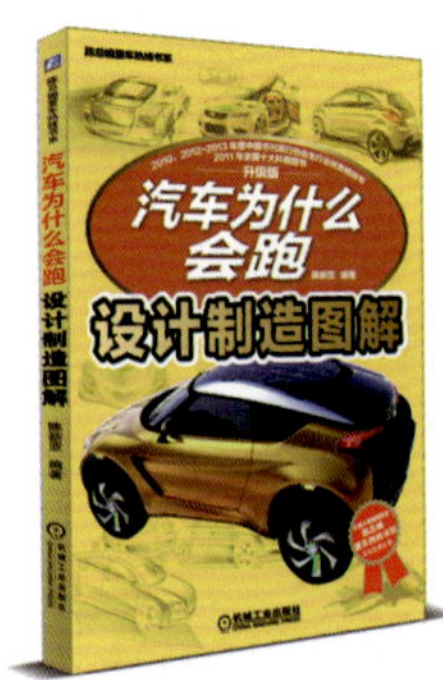